筑摩選書

伊藤正敏
Ito Masatoshi

アジールと国家

中世日本の政治と宗教

アジールと国家【目次】

アジールと国家　中世日本の政治と宗教

序章

日本中世のアジール

魅惑のアジール

アジールは人々を魅了してきた。網野善彦『増補　無縁《むえん》・公界《くがい》・楽《らく》』（平凡社選書、一九八七年、初版『無縁・公界・楽』一九七八年）は、原始以来、人々の生活の中に脈々と生きつづけ、権力や武力と異質な自由と平和「無縁・公界・楽」、アジール的な世界を叙事詩さながらに描いた。現代人はどこかにこんな世界への憧憬《しょうけい》を持っている。またこういう場が現代社会にもどこかにあると信じたい。この書は、おのおのの読者が、おのおののイメージを、自己の姿を投影しながら、自由に、奔放に広げる手がかりを与えてくれた。そのためこの書は中世史の枠を越える大きなブームとなった。もちろんこういう大きな構想には逸脱が付き物である。それはしかたのないことだろう。

『アジール――その歴史と諸形態』

アテネのキュロン派の人々は、アジールから出るときに神像に糸を結びつけておく。そうしている限り、彼らは危害を加えられない。

（プルタルコス『英雄伝』（1）京都大学学術出版会）

「しかし、神殿内では、誰もが武器を持っていなかった。なぜなら、そこでは神殿の聖性が支配していたからである。」

（『エギルのサガ』第四九章）

「神殿に武器を持ちこむことは、しきたりに反することである。あなたは神々の怒りに身を曝《さら》すことになるであろう。それは耐え難いものである。」

オルトヴィン・ヘンスラー著『アジール―その歴史と諸形態』（国書刊行会、二〇一〇年、舟木徹男氏訳・解題）の一節である。アジール世界を象徴的に示し、読者の想像力をかき立てる魅力にあふれ、圧倒的な説得力をもって迫ってくる。

すでに戦前に平泉澄によって、西欧アジールが紹介されている。『中世に於ける社寺と社会との関係』（一九二六年、至文堂）であるが、これはヘンスラー以前の法学者やロマニストの研究が未整理のまま紹介されているだけであり、古典と見なすことはできない。

この書はドイツで一九五四年に出版されていた。これが邦訳出版されたことの意義は非常に大きい。日本のアジール研究は、阿部謹也の研究を除き、これとは独立に、悪く言えば研究者各人の恣意的関心にもとづいて進められてきた。必読の古典が長く邦訳されなかったことは、日本における研究を大いに遅らせたと思われる。この書の出版が今後の研究に大きく資することは論を待たない。なお舟木氏の解題も理解の助けになる。

アジール論は主として西欧中世をモデルとして組み立てられてきた。最初に強調しておきたいのは、その像が必ずしも確かな証拠から導出されたものでないということである。素材はエッダ・サガ・神話・旧約聖書などで、歴史学の立場からは到底依拠できないものばかりである。

『ゲルマーニア』などの歴史書も、同時・同所性を満たすものではない。そこに書かれた観念が同時代のものである証拠はどこにもない。そしてそれらに脚色が施されていることも当然考慮すべきである。中世後期の都市法は証拠たりうるが、中世前期、一三世紀のザクセンシュピーゲルなどは、慣習法を文字化したものであり、詩的な表現も多く一次史料ではない。

以上の資料は象徴的な記述が多いけれども、実際にあった歴史上の事件がほとんど挙げられておらず、事実の裏付けに乏しい。……いつ、どこで、誰が、どのような事件に直面したのか、それがアジールの存在によって、どのように現代の常識と異なる帰結を迎えたのか……歴史家が知りたいのはそういう実例である。時間・場所・人間は、実在したものでなければならない。

実体は必ずしも理念とぴったり合ったものでなければならないわけではない。また実体を通して得られた知見は、理念とのギャップが必ずあるものと思わなければならない。一方、理念は現実をより容易に説明できるものでなければならない。

網野は「(西欧アジールは)日本のように、多様で、錯雑とした形はとっていない」と述べる。阿部はアジール研究が「わが国の日本中世史研究の進展によって格段に豊かにされつつある」[1]という。より明瞭な日本の事例……そもそも歴史事象は多様で錯雑としている……から、アジール像を抽出する作業こそがむしろ必要なのではないか。否、従来のアジール論の根拠が不確かであるとすれば、日本史の史実からアジール論を構築するのが本筋ではないか。

日本史の可能性

アジールは人類一般に存在する。これだけ多くの国々、交流のない地域で共通する観念が見いだせるから、神話・伝説の伝播などで説明することはできない。背景に人類共通の何かがあると考えざるをえない。その何かを、神話・伝説でなく、より確かなもので跡づける方法はないか。これは当然おこってくる興味である。依拠できる一次史料の文書・日記、また考古資料が豊富にある地域はないだろうか。

一六世紀以前について言えば、古文書学の国際会議などを経て比較検討が進んだ結果、一次史料、文書・日記の残存数は、日本が世界一多いことが明らかになった。比類がないほどに飛び抜けて多い。西欧や中国より多いのである。従来の歴史書はこの常識についての指摘が不十分であり、読者に対して大変不親切なものになっている。

実は一五世紀までの西洋史・中国史は、後に記された史書・年代記、そうした二次史料による記述が多く、一次史料による叙述はごく少ない。日本でも『日本書紀』『続日本紀《しょくにほんぎ》』を始めとする六国史《りっこくし》や『吾妻鏡《あずまかがみ》』『徳川実紀』などは、同時代史料ではなく、多くは後世に政府によって編纂された歴史書（正史）なので、同時代史料より価値が落ちる二次史料である。だからこれらは残存数に含められていない。西洋の歴史より、日本史のほうが詳しくわかるのである。

ヴァンデホルストによれば、ヨーロッパ中世の識字率は低く、メロヴィング朝からカロリング朝にかけての支配者の大多数は文盲であり、王でさえも読み書きができない人物が多く、聖職者にも一四世紀中葉まで書く能力はほとんどなく、騎士層に至っては中世以後も読み書きの能力は評価されず、いわゆる騎士文学と称するものも多く文字と関わらぬものであり、その作者の多くも後代においてすら読み書きができなかったという。[2]

　史料が多いということは決定的に有利である。たとえば気候変動史研究のうえで日本の史料は重要な意義を持っている。貴族は毎日の日記の冒頭にその日の天気のことを書くのが普通である。また水害・地震などの記事を詳しく記す。平安時代以後、皇族・貴族の日記は連綿と続いている。こんな国は世界のどこにもない。日本の気候の変化を追跡できるだけでなく、世界規模の気候変動を追究するうえでも、日本の日記は極めて有益である。

　また歴史時代の考古学の水準も世界一といってよいものがある。このような多くのデータを背景に、地についたアジール論の構築を試みる意味は十分にある。日本の歴史事象こそが最も大きな寄与をなしうると思われる。ほかならぬ日本史から世界標準のアジール像を構築しようとする試みは無謀ではないだろう。

　日本に一次史料が多く残った理由として、官人が文書を自邸に持ち帰って仕事をしたため、その家が残った場合に文書も残ったからと言われる。外国では戦争などにより公文書の保管施設や図書館が滅びたときに、すべて消失した。日本でも、鎌倉・室町幕府そのものが保管していた文書は焼失・散逸して皆無である。鎌倉幕府文書は北条氏の庶流金沢氏の金沢称名寺《しょうみょうじ》にわずかに残っているだけである。

　もちろんそれだけではない。残存文書数は寺社文書が圧倒的に多い。寺社では火災などに際して文書を避難させるため命がけの努力がなされた。また寺社がアジールとして戦火を免れたことも大きな理由である。

こうした多数のデータの存在に加えて、日本は外国からの適当な距離がある。第二次大戦までは征服されたこともない。頻繁に国境が揺れ動く西欧などに比べて、小世界として取り出して観察するには有利である。試験管の中を観察するようにはいかないが、日本史は世界史のケーススタディのよきサンプルとなる可能性が高い。このことはアジール論だけでなく歴史学の諸分野についても言えるだろう。

ただし問題もある。西欧・北欧の資料には明文の直截《ちょくせつ》なアジール法が象徴的・詩的に書かれている。日本の中世法には、それらにあるような明文のアジール法が少ない。根本である基本法そのものは成文化されないことが多い。基本法は当然の前提として法の条文に記されず、施行細則のみが記されるのが普通である。同様のことは『御成敗式目《ごせいばいしきもく》』以下の幕府法についても指摘されている。[3]アジール法についてのみならず、古い時代の法制史研究に常につきまとう困難である。

本書の試み

私が今まで取り組んできた寺社勢力論はすべて具体的事件を取り扱っている。当然ながら現象は錯雑としている。アジール的現象について、政治史・経済史上の無数の実例を挙げることができるけれども、そこから新しい理論を抽出することは容易なことではない。

今までの著書を執筆しているとき、寺社勢力にアジール的性格を見いだしながら、この言葉の使用を避け「無《む》縁所《えんじょ》」の語を使ってきた理由は、巨大な経済核である寺社勢力が権力や武力と無縁とは言えず、平和秩序の追求を目的とするアジールとするには、あまりにも多くの不純物を多く含んでいると感じたためである。しかし理念と実体の不整合はある意味で当然のことである。無数の実例があるのに、不純物が多いから（当然のことである）と言って、捨て去ってしまうのは惜しい。

本書は従来の日本の歴史事象の見方を、アジール論から再解釈することを第一の目的とする。逆に歴史学から従来のアジール論を修正し、あるいは精密化することが、次の目的となる。なお筆者の著作がアジール論として取り上げられる機会が多いことを考慮して、今まで使ってきた「無縁所」の語は、史料に明記されているものを除いて、「アジール」に置き換えることとする。この語句の変更によって、今までの著書の論旨が変化をきたすことは基本的にない。

なお本書はヘンスラーの関心に寄り添いつつ、実利主義的段階（アジールの諸段階については後述）のアジールに論をしぼる。これをアジールの典型と見るからである。後述のように様々なアジール法がその姿を現すからである。最初にヘンスラーの学説と日本史の事実との対比を行いたい。もっとも筆者は日本中世寺社勢力論を専攻しているだけなので、題材はその分野を大きく出るものではない。また本書は最初の作業であるから、ヘンスラーの問題関心の範囲を一歩出るのが精一杯であろう。

マクロ - アジール論

本書では従来のアジール論でよく言及される遊行民《ゆぎょう》、境界領域、山林・街道・宿駅・墓所、商人・職人などにあまり触れない。アジールと最も対立する存在は国家であるから、国家制度に関わるテーマを優先的に取り上げる。必然的に政治・経済の問題に触れることになる。いわばマクロのアジール論である。従来の研究は今列挙したような素材を扱うミクロ - アジール論が多かったと思われる。

日本と世界の文献史料については以下が参照できる。

『東京大学史料編纂所所蔵影写本収載古文書の検索システムの開発』(一九八七年度科学研究費研究成果報告書、研究代表者笠松宏至氏・報告書執筆永村真氏、安藤正人氏『記録史料の管理と文書館』北海道大学図書刊行会、一九九六年、保立道久氏「アーカイヴスの課題と中世史料論の状況」『記録史料の情報資源化と史料管理学の体系化に関する研究』研究レポート no. 1、国文学資料館史料館、一九九七年)。東京大学史料編纂所は日本史のデータ管理を行っている。以上の論考は同編纂所の専門家の手によるものである。また九州大学の坂上康俊氏の研究報告 http://www2.lit.kyushu-u.ac.jp/~his_west/siryo_ron/houkoku_syo/H18/PDF/H18_5_symposium.pdf も参照できる。

なお本書では原則として故人の敬称を省くことにする。

第Ⅰ部　概念

第一章

アジールとは何か

1　概略

定義

アジールの理念とアジール法、あるべき姿と法の行使の実際との間には、当然ずれがあるはずである。それを事実に即して検証していきたい。その際に理念論と実体論の両方に目を配ることを怠《おこた》らないようにしたい。まずはアジールを理解するための諸理論を紹介する。ここからの記述で「　」で囲った文章・語句は大半がヘンスラーの意見である。

さて、ヘンスラーはアジールを、

一人の人間が、特定の空間、人間、ないし時間と関係することによって、持続的あるいは一時的に不可侵なものになる。その拘束力をそなえた形態

と定義する。阿部謹也はヘンスラーによるアジール論の基本的理解について特に異論はないと述べている。ヘンスラーの書の解題者舟木氏はアジールの語は庇護《ひご》そのものだけでなく、庇護を提供する場所それ自体を指すためにも使われるとして、

平和聖性にもとづく庇護、およびその庇護を提供する特定の時間・空間・人物と再定義している。これだけではわかりにくいと思うので後に詳説する。筆者もこれらに大きな異論はない。

本質

古い時代においては、アジールが形成されるにあたって、宗教的・魔術的観念が必要不可欠である。ヘンスラーはその観念を宗教学で「オレンディスムス」の名で呼ばれる領域に見いだす。あらゆる事象を規定するような、とりわけ強い効力を持つ有形無形の諸力や諸霊が存在し、特定の区域にその周囲の空間よりも多くのオレンダ（神的な力）が凝集する。そして「本質的なのは、このようなオレンディスムス的な力が、これと接触した対象に転移するという考えである」「たとえて言えば、どんなものと接触してもそこへ流れ込む電流のようなものである。なぜなら、この力はつねにそれに触れたもののすべての部分に広がるものと考えられているからである」。ゲルマン世界ではオレンダにあたるものはハイルと呼ばれる。オレンダに接触した人間はアジールによる庇護を受ける。これは感染呪術・接触呪術と言われるものである。読者にはそちらのほうがなじみ深いかもしれない。

ヨーゼフ・コーラーは「アジール法は実定法の秩序よりはむしろ、それを超えた平和秩序に属する」という重要な指摘をしている。実定法（国家秩序）と平和秩序（全体社会の秩序）とを区別しているわけである。そしてヘンスラーは「聖性の法的意義」の項において、「法は、その最も深い部分において、一つの平和秩序である。しかし、平和それ自体は、その本来の意味において、「ハイルに満たされた」状態のことである。したがって平和において、神的存在（ハイル）と世俗的存在（法）の最高の統一がみられる。平和聖性という語は、この観念を表すために造り出された特徴的な語である」とする。

アジールのやさしさ

阿部謹也は、

歴史的形態としてのアジールについて興味を惹かれるのはそれが近代国家における裁判や警察権などのように、何らかの実力によって裏づけられていないという点である。アジールは家のばあいドアひとつ、ばあいによっては赤い紐一本をはりめぐらせば成立し、誰でも事実上は何の物理的障害なしにアジールを侵すことができた。にも拘わらずアジールはこれが存在する限りにおいてひとつの制度としての性格を保持していた。アジールは人々の間の了解のもとに、はじめてその意味をもちえたのであった。本来は何らの人為的な外在的権威に基づくものではなかったと考えられる。つまり人間の恣意、感情、実力に翻弄されるものとしての制度であって、近代人が考える意味での制度 Institution とはかなり性格を異にしている。制度というものの幻想性をそれ自体のなかにはっきり刻み込んでいるようにみえるのだが、これが実質的な意味をもち、そこへ辿りついた人は心の底からしばしの休息を得たのである。暴力的とされる封建社会のなかでの人間関係のやさしさというものが如実に示されているのがアジールの制度なのである。

（「ドイツ中世後期におけるアジール」『阿部謹也著作集』八）

アジールに対するこの感覚は他の論者も多かれ少なかれ共有している。人間関係のやさしさへの希望なくしては誰も生きてゆくことはできないだろう。まさしくアジールの本質の一面を言い当てている。幻想性という言葉は、何らかの実力の介在が避けられない場面……すなわち現実の歴史的事件……に際しては、アジールの純粋性が損なわれてしまいかねない脆《もろ》さ、それがアジールとは見えなくなってしまう可能性を暗示している。

ヘンスラーは、アジールが「法としての特徴を欠いているにもかかわらず、生存のための闘争を制限し調停する手段として機能している」（傍点引用者）と述べている。法として確立してしまうと幻想性の半ばは失われてしまうのかもしれない。

アジールと暴力――スケープゴート機制

舟木氏は阿部のアジール論を、大宇宙の荒ぶるカオスを何らかの方法で統御できた場合に（大宇宙と小宇宙を媒介する、墓を作られない死者や竈神《かまどがみ》の働きなどにより）、平和聖性が支配する小宇宙が成立し、古代ゲルマンのアジールもこの統御ができたことにより成立する平和領域を意味することになる、と理解する。しかしそれでは大宇宙の諸力という外在的要因によって人間世界のすべてを説明することになってしまい、動物が持ち合わせない人間固有の聖性観念やアジールを説明できなくなると批判する。ただし阿部はこの通りに述べているわけではないので、この記述の半ばは舟木氏の理解である。

問題にすべきはあくまで人間社会である。この問題を解決するため、舟木氏は宗教学者ルネ・ジラールの理論を紹介する。ジラールによれば、「平和を壊乱するカオス的な力として最も根源的なものは、人間自身の内なるカオスとしての暴力」であり、「聖なるものの真の核心、ひそかなる中心をなすものは、そうした暴力なのだ」という。

平和聖性には暴力が内包されている。「暴力（≠聖性）を統御するための普遍的機制としてジラールが示すのが、集団全員がひとりの人間に攻撃性を集中させて満場一致でこれを殺害する機制、すなわちスケープゴート機制である。集団の攻撃性を一身に引き受けるがゆえに、犠牲者は逆説的に、集団を平和秩序のもとにまとめる存在となる。（中略）スケープゴート機制を通じて、聖性（≠暴力）は平和聖性へと転化される」スケープゴート機制は、人間が集団をなして平和に生活することを可能にする条件、すなわち「平和創設的暴力」とでも呼ぶべきものである。これによって成立した平和が乱されることは、暴力の連鎖のカオスが平和秩序の内部へと再び流入する危険を意味する。その際、原初の「平和創設的暴力」に類似したものを儀礼的に反復することで、修復の努力がなされる。ジラールによれば、世界各地に普遍的に見られる供犠《くぎ》は、この「平和修復的暴力」としての意味を持つ。古ゲルマン世界においても、平和秩序を壊乱させた犯罪者は、共同体が受けた傷を癒やすべく犯罪の種類に応じた方法で神々への供犠として処刑された。これは原初のスケープゴート機制の反復であり、傷ついた平和秩序がこれによって修復された。ただし供犠はそれ自体としては暴力の一形態にほかならないため、互いの暴力の連鎖、すなわち最悪の形の暴力の蔓延を引き起こしてしまう可能性をつねに持つ。

なお舟木氏は暴力性を統御する方法が、スケープゴート機制以外には存在しないのか、という疑問を呈しつつ、同書ではさしあたりジラール理論に依拠するという立場を表明している。ジラールの理論は『暴力と聖なるもの』(叢書・ウニベルシタス、法政大学出版局、古田幸男訳、一九八二年)で参照できる。

ジラールの説はあらゆる人間集団を考察の対象としている。これはアジール論ではない。けれどもアジールも人間によって担われ、人間本性の不完全性を基礎にもつ以上、当然対象の内に入る。アジールの平和論とアジールの暴力論、アジールを理想視する理念論とそれに懐疑的な実体論との岐路は、ここにあると思われる。

これにつき私の考えを述べておこう。ヘンスラーが挙げるように、歴戦の剣《つるぎ》は討伐のハイル、また軍人の血筋とみられる男性は闘いのハイルを持つと信じられた。ハイル自身が暴力的である。また進軍する軍隊がアジールと見なされることがある。暴力がアジールに内包されている、ないしはアジールの中核に暴力がある可能性を否定することはできない。ジラールの説を舟木氏が引用する意味が理解できる。

様々なアジール

アジールの実例として、寺院・教会・家・市場・山林・公道・墓地などがほとんどの論者によって挙げられる。また他にローランの銅像・ユダヤ人など様々なものがある。さらに境界地点、航行中の渡し船、職務遂行中の官吏、進軍する軍隊すらもアジールと見なされることがある。

ヘンスラーは、まず古代ローマにおいて、皇帝崇拝とともに、帝国の全域において、すべての寺院、礼拝堂、現任統治者である皇帝の図像、さらにはすべての大隊旗と鷲旗がアジール領域と並んで保護を提供したことを挙げる。その一方、中世ドイツにおいては、同様の現象がよりいっそう極端な形態で見られ、教会・修道院・都市・賦役農地・住居・水車小屋・鍛冶場《かじば》・(居酒屋内の)自由の椅子、自由のテーブルなどがアジールとされたとする。これらは無制限に増殖した終末期のアジールを挙げたものである。このように日常的にあちこちにあるあらゆるものがアジールになりうる点に注意したい。

有名なのは実利主義的段階において出現する犯罪人・奴隷・外国人が駆け込むアジールである。

アジール法

アジールは死をもって迫ってくる強者(国家など)に捕らえられない自由領域であった。また「神殿内では、誰もが武器を持っていなかった。なぜなら、そこでは神殿の聖性が支配していたからである」というように平和領域でもあった。

ヘンスラーは異教時代についてアジール法を三つの類型に分けている。これはアジールの諸段階について通用する分類である。

アジール法は、Ⅰ、場所的なアジール法　Ⅱ、人格的なアジール法、Ⅲ、時間的なアジール法、に分類される。オレンダに包まれ、ハイルに満ちたときに法が発動される。神霊が常在する場所、神霊的人格に接触している時空、神霊が滞在している時間が、それぞれに対応する。

Ⅰは場所であるからわかりやすいであろう。Ⅲで代表的なのは祭礼・神事・法会《ほうえ》などの期間、聖なる時間であるから、これも理解しやすい。Ⅱとして、ヘンスラーは王・女性・家長・聖職者・魔術師などを例示する。そして「どこか統一性に欠けており、法的に固定した在り方が存在しないという印象を受ける」とする。

アジール法は次の過程をたどって盛衰する。この諸段階はおおむね時系列に沿っているが、必ず一直線に現れるとは限らず、古い段階のものが永く残存したり、復活したりする場合が数多くある。本書もそういう事例に行き当たることになる。

アジールは三段階で理解される。

Ⅰ、宗教的・魔術的段階、Ⅱ、実利主義的段階、Ⅲ、退化と終末の段階、である。

Ⅰは「宗教的な制度と社会的な制度の大部分が同一であるような文化段階」のもので、オレンディスムスが比較的なまの形で出現する。「この段階では（アジールによる）保護関係は原則として承認される。しかしながら、その制度はまだ合目的的な形で整備されていない」。

たとえば「黄金海岸では、呪物を納める小屋の周囲を聖なる森が取り囲んでいる。そこでは血が流されることが一切あってはならず、それゆえまた動物のアジールとして機能している」「イスラム教以前のアラブ人においては、誰であれ天幕のなかにいる限りは安全であり、そればかりか、狩りたてられて天幕の中へと逃げ込んだハイエナでさえも同様の扱いを受けた」。たしかに合目的的とはいえない。

侵犯者に対しては、人間の側からの関与を何ら必要とせずに諸霊の怒りや復讐そのものによって制裁が行われる。そのため人間が介入措置（侵犯）を一切差し控えなければならない領域が発生し、タブーが生まれる。聖職者や首長、魔術師がタブー侵犯の制裁に関与するが、彼らの俗界での力や強制権力は、神霊の意志を純粋に執行するだけの、あくまで二次的なものである。

Ⅱの段階では、「現在われわれが定義するような意味においての世俗国家」が発生し国家の法が形成される。しかしその法は「正しきものを承認し不正なものに罰を与えることを、個々の事例のすべてにおいて行えるほどに強力なものではない」。ヘンスラーは「実利主義的な段階において、アジール法はその文化史・法制史上の頂点に達する」と述べる。本書はこの段階に多くのページを費やすことになる。

この段階でも「外見上は、宗教的な形態が基本的に維持されている。しかし、その内容の整備は、合目的性の考慮に依拠している。アジール法を侵犯から保護するための保障は、もはや超感覚的な観念によってではなく、国家の強制権力によって与えられる度合いが一段と増す」。ただこの段階における国家の法は、強力でないのみならず、十分に公正なものではない。

アジールはタブーだけで守られるわけではなくなり、国家による法的制裁が必要になってくる。

侵犯者に対する処罰が「人間の側からの関与」による度合いが増すことでもある。世俗的処罰が厳しく行われるようになる。

なお舟木氏は「この場合の実利とは、主として世俗国家にとっての実利である」と述べているが私には異論がある。

Ⅲの段階になると、利己的な目的のためにアジールに逃げ込む人々が増え、聖職者やその他の諸権力もまた利己的な目的のためにアジールを提供するようになる。さらにアジールが無制限に増えすぎて、Ⅱの実利主義的段階のアジールの主要目的であったはずの平和の確立が、アジール法のみによっては達成されず、かえってその実現が阻まれることになる。そしてアジールの制度が「不必要であるだけでなく、法に敵対するものとなる」。そしてアジールは廃止されていく。

有名の法、無名の法——律令と幕府法の浸透度

『御成敗式目』制定にあたって、北条泰時《ほうじょうやすとき》は「田舎では律令の法に通じているものなど万人に一人もいない。それなのに律令の規定を適用して処罰するのは、獣を罠にかけるようなものだ。律令を知らない状態で世を過ごしている人々のために、既存の秩序の成り立ちを嚙みくだいて示すことが趣旨である。だから誰にもわかる「道理」に基づいてこの式目を作ったのだ」と言っている。

とはいえその鎌倉幕府も、幕府法を布告・伝達するシステムを持っておらず、幕府法が一般に広まっていたとは言いがたい。現代の裁判では想像もつかないことだが、幕府法廷の裁判であり

ながら、原告・被告が過去に出された幕府法が実際に存在することを証明する責任を負わされていた。[1]

大半の法律はほとんど知る人がない状態だった。このため法律や裁判所はあっても、どのような法があり、どのように裁判を行えばよいのかわからない人々が、御家人《ごけにん》にあってすら多かったのである。当事者主義といえば当事者主義には違いないが、ほかならぬ幕府自らが出した法を幕府が知らないということがあった。幕府法廷の不備、すなわち国家制度の不備があまりにも目立つのである。誰でも知っている御成敗式目や徳政令のような法と流布しない法との違いについて、笠松宏至氏は「有名の法」と、そうでない「無名の法」との区別の必要性を強調している。無文字社会ではないにもかかわらず、成文の幕府法は多く周知されなかった。

ヘンスラーは実利主義的段階のアジールの初期には、「宗教的な法形態のほうがより知られており、また支配的な力を持っている」と述べている。少なくとも鎌倉時代までの日本はそういう段階に見える。律令や幕府法がほとんど知られていない一方、宗教的な法、アジール法は誰もが知っていた。宗教的な法としては後述する仏陀法《ぶつだほう》などの大法《たいほう》がある。大法とは立法者が誰かもわからないのに誰もが知っており、中世を通じて効力を持ち続けた法である。

国家によるアジールの取り込み

阿部謹也『刑吏の社会史』（中公新書、初版一九七八年）では、「特別平和とは、国王や領域君主が古ゲルマン以来の慣行となっている民衆の平和意識（神の平和）を、行政の観点に立って、上から取り込み位置づけ、新しいものを追加してゆくための措置」であったと述べている。下からの平和運動を上から取り込んで行く過程である。

なお西欧では教会のみならず、皇帝もローマ皇帝の伝統を踏まえて特定の空間をアジールとする権利をもつと主張し、聖界の各所領も皇帝からアジールの特許状を得ようとした。教会が本来もっているアジールに重ねて、世俗支配者がアジール権を与えるという形をとった（「ドイツ中世後期におけるアジール」）。しかし日本ではこの「皇帝のアジール付与権」は見受けられない。

氏は総じて上からのアジールの取り込みに焦点を当てている。日本でもアジールの平和理念を上から取り込んで行った事例が見られる。

アジールの盛衰

フランスでは一五三九年に、イングランドでは一六二四年にアジールが廃止される。ドイツでは一八世紀末から一九世紀初頭になって、やっと一部のラントがアジール権を撤廃する。プロイセンにおける一般ラント法によるアジールの撤廃は一八二七年である。日本では「「アジール」を廃止する」と直截に述べた法はないが、豊臣平和令、刀狩令はアジールの実力を奪うのが目的である。平和令が出された一五八八年を日本におけるアジール廃止と解釈するのが私の説である。始まりに目を向ければ、日本で明確なアジールが検出されるのは一一世紀である。ところで魔術的・実利主義的・退化と終末期という区分は理論上の段階設定であって、おおむね妥当であるにしても、実際にはこの諸段階の現象が、時系列上一直線に現れない。魔術的なアジール法が一五世紀にも部分的に生きている場合がある。これを「日本のアジールは」と一国限定的にいうべきではない。世界史的にもその可能性があるのではないか、と考えるべきだろう。

高野山《こうやさん》は一一五七年の保元新制の段階では悪僧集団として指弾されていない。特に顕著な暴力的活動がなかったのだろう。また安貞二年（一二二八）には、六波羅探題《ろくはらたんだい》の命により、本間忠家《ただいえ》、賀島盛能《かしまもりよし》らの武士の立ち会いのもと、伽藍《がらん》の中心である大塔《おおとう》の前庭で寺が持っている武器を焼き捨てた。[2]公権のもとで行われた平和領域維持の試みである。この時期の高野山の独立性は弱く、朝幕や本寺である仁和寺《にんなじ》・東寺《とうじ》に従属的な御用寺社という性格が強い。北条政子や安達泰盛《あだちやすもり》の帰依を受けた。寺社勢力とは言いにくいし、アジールの典型とも言えない。

これより少し前、建久一〇年三月一八日（一一九九）に、幕府に敵対的な比叡山《ひえいざん》でも兵具を用いないことを起請《きしょう》している（『天台座主記』）。こちらはもちろん幕府の立ち会いなどはない。平和秩序を自主的に保とうとする姿勢が見られる。寺社勢力も自らを平和領域（＝アジール）であろうと試みた。アジール自身が平和理念を持ち、そのために武器の放棄を試みたことは決して忘れてはならない。しかし現実に武器の廃棄が成功をおさめた例は少ない。なお、朝廷・幕府は武器の放棄をしていない。

さて高野山は蒙古襲来の祈禱を行った頃から権威を高め、室町時代には守護と鋭く対立するまでに成長した。またその勢力は全国に展開し、比叡山を上回るほどの影響力を持つに至った。

室町時代に足利義持《あしかがよしもち》・義教《よしのり》二代の政治顧問をつとめた「黒衣の宰相」、三宝院満済《さんぼういんまんさい》の日記『満《まん》済准后《さいじゅごう》日記』には、加賀の守護斯波満種《しばみつたね》が足利義持の怒りに触れ、京都を没落し高野山に遁世《とんせい》したこと、またその次の守護富樫満成《とがしみつなり》がやはり義持の怒りに触れて高野山に遁世したこと（応永二一年六月八日条、同二五年一一月二四日条）など、高野山に逃れる人々が描かれる。高野山は科《とが》を逃れて遁世するアジールの典型と見られるようになった。ずっと後にも真田《さなだ》信幸《のぶゆき》・信繁《のぶしげ》父子などの関ヶ原の合戦の西軍武将が、贖罪の場としてではあるが、高野山への遁世によって死一等を免ぜられている。

本書は、題材が平安時代からいきなり室町時代に飛ぶといったことが少なくない。歴史書を読み慣れた方には違和感があるかもしれない。だがこのことは、中世という時代、国家がアジールと共存せざるをえない状況がずっと続いており、時代相がさほど変わっていないことの反映なのである。

2　アジール法と国家の法

国家・全体社会とアジール

前節でヘンスラーの学説と舟木氏の解説を略述した。そろそろ私説も述べて行きたい。実定法は国家の法である。一方、アジール法を含む自然法は国法になっていない場合が多い。国法が不十分な時代、全体社会の平和秩序維持において、アジール法が国法を補完したことを意味する。

国家を超える全体社会の存在を前提とする考え方で、私が共感するところである。

筆者の説の大前提は国家と全体社会の峻別《しゅんべつ》にある。概念図をかかげよう（次頁）。この図は当然のものであるが、しかし重要なことを物語る。人々の生活が営まれる場、及びそのいとなみのすべてを指して、「全体社会」と呼ぶ。最初にあるのは全体社会である。国家はその後に発生し、軍事・警察・裁判権さらには徴税権を核として、政治・行政をつかさどる機関である。国家が全体社会の人々の生活全般を管理しきることはできない。たとえはあまり適切でないが、GDPは必ず国家予算より大きい。政治・文化面においても同じことであり、国法の規制が及ぶ範囲はごく限られている。

全体社会は国家の法が予定していない事柄に溢れている。けれども「国家＝全体社会」は非常に陥りやすい先入主的図式である。常に「国家と全体社会は別物」「国家は全体社会に含まれる最大の組織」ということを忘れてはいけない。

二番目のアジール図に目を移そう。アジールは国家と国家の外の全体社会の両方にまたがっている。アジールと国家が重なっている部分（国家の内部）においても、国家の外にある部分と同じく、国家の法はアジールには直接に適用できない。国家が検断権（警察権）を無条件で発動することもできない。ここでは官僚制・身分制などの国家法的原理は働かない。ここは自由領域たらざるをえない世界であり、人間の自然のいとなみが生のまま出現しやすい。また即物的な経済原理で動く世界でもある。

なお社会学の最初の目的は国家を超える「社会の発見」にあった。だがこの目的は未だに達成

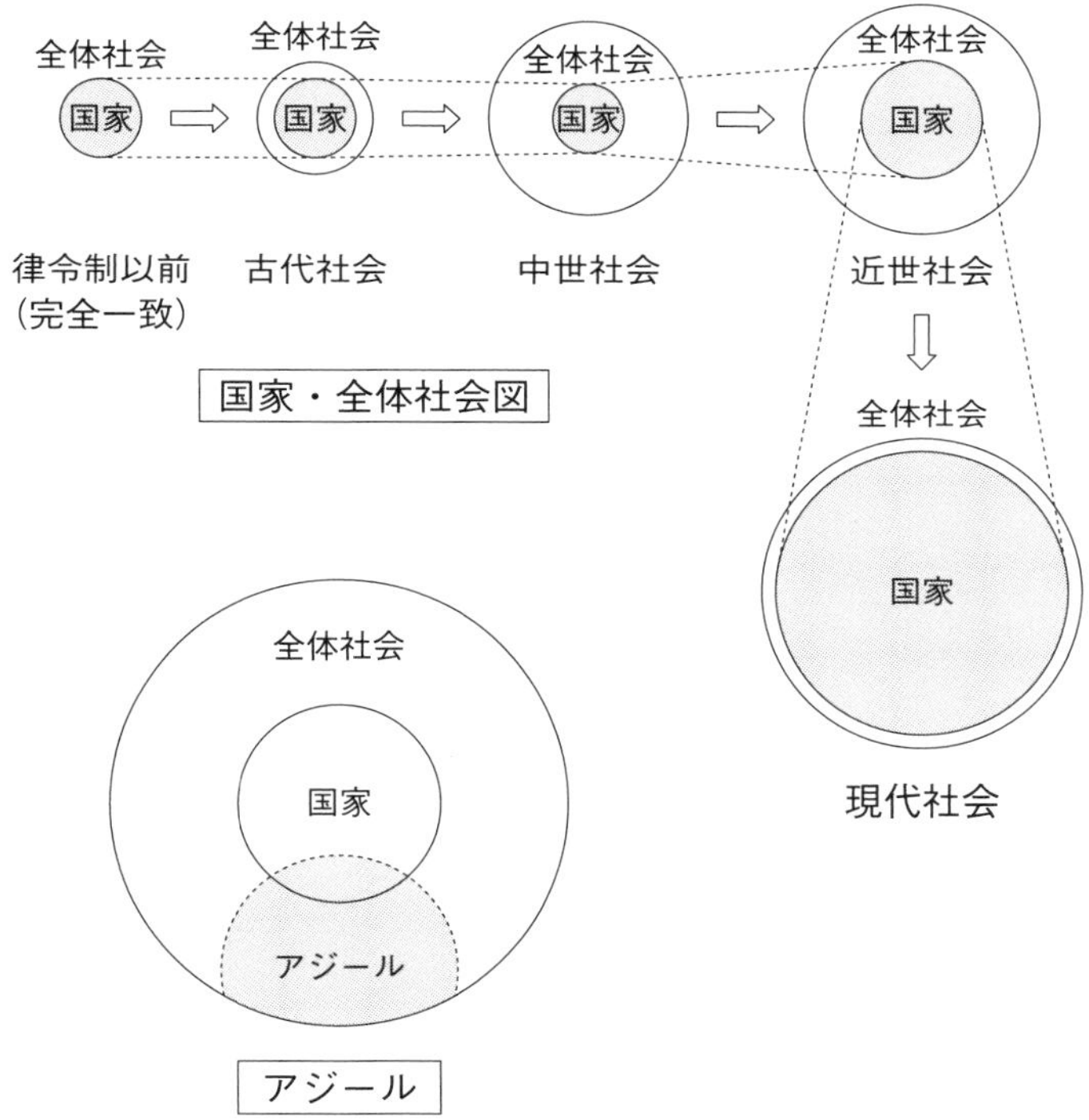

1図　国家・全体社会図、アジール図
今までの著書に載せた図では、アジール（無縁所）が全体社会の外にまで延びていた。だが一国・一全体社会を示す模式図では、全体社会の外を問題にするのは無用な混乱を招く。よってこのように訂正する。なおこの全体社会の背景には人間の力が及ばない自然災害などを引き起こす外在的な大宇宙がある。前近代社会では大宇宙も祈禱により統御可能と思われていた。国家や様々な人間組織はみな小宇宙である。

されていないようである。本書では「全体社会」という語は国家外に社会が存在することに注意を喚起し常に念頭に置いていただくために使用している。全体社会については社会学で様々な議論があるが、筆者はそれほど厳密な定義は持ち合わせていないし、本書においてそこまでの議論は必要ないであろう。

日本中世にはアジールが無数にあった。南都《なんと》北嶺《ほくれい》と呼ばれる興福寺《こうふくじ》・延暦寺《えんりゃくじ》ほか多数の寺社勢力がその代表で、寺社境内はもとより門前や飛地の所領荘園も治外法権の場である。またその活動は社会の営為、わけても経済の重要部分を占めていた。寺社勢力の所領は、北海道・沖縄を除くすべての都府県にある。

国家と全体社会との乖離《かいり》、全体社会の大きな核である絶対アジールの全盛、これこそが五百年にわたる中世という時代の特質である。

国家は完全なものであってほしいものだが、それを担う人々の人間本性の不完全性がどこよりも密集しているのが国家である、という点は大いなる皮肉である。

絶対アジール・相対アジール

国家・全体社会とアジールについての視点からは、アジールは絶対アジールと相対アジールの二つに分類して考察するのがわかりやすい。外部権力と対等に渡り合える武力・経済力を備え、なおかつ国家との対決を辞さない強固な意志と実力を持つアジールと、そうでないアジールの存在を区別することは絶対に必要である。

前者は大宇宙に、後者は小宇宙に奉仕するといえよう。私は『寺社勢力の中世』『無縁所の中世』で、絶対アジールを「絶対無縁所」と呼び、「相対無縁所」と区別した。今後はそれぞれ「絶対アジール」及び「相対アジール」と呼ぶことにする。

絶対アジールは神霊に奉仕することにより大宇宙の平和を祈る。これを神霊至上主義と呼ぶことにする。このためときに国家と対立する場合がある。日本における神霊はほとんどが習合した仏神である。

一方の相対アジールも大宇宙の平和秩序を祈らないわけではないが、それと同時に、あるいはそれ以上に、国家や檀越《だんおつ》の安穏、それら小宇宙の平和祈念を第一の任務とする。いわゆる「鎮護《ちんご》国家《こっか》の寺」「氏寺《うじでら》」「菩提寺《ぼだいじ》」であり、国家や檀越に対抗する意志はない。これを国家至上主義・檀越至上主義と呼ぶことにする。

平泉澄・網野はこの整序をしておらず、議論が寺社一般ないし宗教一般の問題として扱われている。混同である。絶対アジールと相対アジールの事例がないまぜのまま、「社寺」「寺社」と一括りに論じられている。なお後述するように黒田俊雄にも混同が見られる。阿部は民衆世界から自生したアジールと権力により設定されたアジールの区別をしている。そして後者が前者を取り込んだ事例を多く取り上げている。前者が神霊至上主義、後者が国家至上主義に対応するであろう。

最初は鎮護国家の寺として建立された官製寺社であっても、祭祀のありかたが国家至上主義から神霊至上主義に変貌する場合がある。中世寺社勢力の独立である。私はこの独立をアジールの

「自生」と呼ぶ。第五章で古代東大寺《とうだいじ》が廃滅し中世東大寺として自生したことについて述べる。

アジールの第一次的機能

なお、従来あまり指摘されていないので、ここで注意を喚起しておきたいことがある。場所的アジールはアジールである以前に、必ず別の機能を持っている。アジール論でよく取り上げられる都市はまず第一に人々の集住地である。家は大宇宙の脅威にさらされることなしに家族生活を営みうる場所である。固定した成員はいないが、人間が往来する市場は交易の場である。神殿や寺社にあっても、祭祠という機能が第一義であって、避難所というアジール機能はそれから派生した二次的なものである。避難所以外の機能を全く持たないアジールは存在しない。第一次的機能はアジールと不可分であり、切り離して考察することは決してできない。このことを最初に確認しておく。

本書の目的はアジールの理念論と実体論の統一的理解であるが、個々の歴史事象がアジール法を原因として発生したのか、他の政治的・経済的理由で起こったのかを、一々について弁別することは難しい。理念と実体との乖離という問題は、本書の最後までつきまとうであろう。アジール侵犯は最大の罪と考えられた。平和なやさしいアジール論に似つかわしくないものが多いが、アジール法の実効を知るためには、侵犯者に対する処罰についての追求をおろそかにしてはならない。第三章で詳述する。

法は平和を創造しそれを維持するために制定されるものである。法の実効について研究する場合、法の精神だけを知ればよいわけではない。具体的事件に際してどのように法が執行されたか、どのような判例が出されたのか、という点の研究が必要である。アジールは生身の人間が作るものだけに、時に平和なアジールとして、時に平和に対立する「勢力」として現れる。生身の部分が第一次的、アジール的性格は第二次的なものである。

また従来のアジール論はアジールを担う人々、アジールの構成員についての言及に乏しく、結果として彼らを軽視しているというそしりを免れない。アジールに対する国家のかかわり方についての記述一辺倒である。第一次的機能を担う人間、たとえば祭司（村落の宮座など専門の教団祭司がおらず俗人が臨時に祭司の役を務める未分化の場合を含む）の企図が含まれると、ますます「理念」から遠ざかり純粋性は欠けてくる。だからアジールにはアジールらしからぬ「不純物」が必然的に含まれる。

アジールもそれ自体の存立が必要である。後述する敗軍の受け入れ拒否は、「あらゆる人間が庇護されうる」というアジールの理念に反するようだが、アジールの担い手にとってはアジールを守るための当然の行為である。

アジール論の未開拓部分は随分ありそうである。

3　実利主義的段階のアジール研究

宗教的・魔術的段階のアジール

ヘンスラーは、宗教的・魔術的段階について、

異教時代のアジールの諸形態は一般に、宗教的・魔術的段階に属しているということである。われわれが実利主義的な諸形態を見出すところでは、重要なのはつねにキリスト教時代の法源であり、それらが成立し整備されてゆく過程は、国家が次第に発展する過程と明らかに連関している。（中略）アジール法の諸形態の実利主義的な整備……たとえば公正な罪の、フェーデの禁圧、そして国家の法の貫徹などの観点からの……のうち、異教時代に遡《さかのぼ》ることのできるものは、さほど本質的でない点に限られると言える。

として、その追究の困難を自覚している。

宗教的・魔術的段階のアジールは、神話・伝説の中にしかないから、その直接の研究はできない。実利主義的段階から遡るしか方法がない。後の段階のキリスト教や仏教で説明できない歴史

事象を丹念に探し、整合しない部分の中に古い時代の残滓《ざんし》をさぐるべきであろう。幸いなことに魔術的段階の残滓はかなり後世になっても見いだされる。ヘンスラーもそれによる研究方法をとっている部分が多い。

後述するように、南都焼討という罪を犯した平清盛が、なんら人間の関与なしに、大仏の罰で熱病にかかり死去し、ついには平家滅亡に至ったとされる。この間の朝廷の動揺が九条兼実《くじょうかねざね》の日記『玉葉《ぎょくよう》』に詳しく書かれ、宗教的・魔術的段階の社会のあり方をよく示している（時代は実利主義的段階であるが）。

神話・伝説に見られる観念が通用していた年代を考察する場合に重要なポイントがある。その設定年代の意識と速断してはならないということの認識である。まして「原始」「原初」まで古く遡ってはならない。神話・伝説の成立時期とそう遠からぬ時期に下げて考えるのが常識である。厳密に言えば神話・伝説が文章で書かれた時期に近い時点にである。

また、宗教的・魔術的段階、網野の「原無縁」などの原アジールは、西欧でも日本でもそうだが、散在しており横の連帯がない。そのため社会的に能動的な役割を果たすことが難しいと思われる。国家の欠陥を補い、時に対立するような、全体社会規模の政治的・経済的プレゼンスとなることは困難である。交通・流通がまだ十分盛んになっていないためであろう。「実利主義的アジール」には、キリスト教や仏教による諸アジールの統合が随伴している。この散在ということが、宗教的・魔術的段階のアジールが、史料上検出できにくい理由の一つであろう。また国家が十分に熟する以前の段階では国家との対立が起きる頻度が低いため、史料に現れにくいのではないかと思われる。だからといって私はその存在自体を否定することはしない。

アジール・法

「アジール・法」という表現は「不可触性と不可侵性」についての「法」という二重の表現である。前者は文化学や宗教学の対象となる宗教的・魔術的な領域に属し、後者は法学に属する。「だがあえてこれを一方の領域に分類するならば宗教的な「法」制度と見なす」、とヘンスラーは冒頭で述べる。

　アジール・法の執行・制裁は、最初は人間の関与を何ら必要とせず、諸霊の怒りや復讐そのものによって行われる（宗教的・魔術的段階のアジール）。その後、世俗国家（人間）が執行者となる場合が増えてくる（実利主義的段階のアジール）。とすればアジール・法が発達するのは、タブー侵犯に対する世俗国家の関与が発生してから後のできごとである。国家とアジールとの関係こそが最も重要だから、アジール論の中心的課題は実利主義的段階のアジールであるべきである。本書はこれを叙述の中心とする。

　注意すべきは、国家のほかに宗教教団（未整備のものでもよい）や聖職者（専門分化が進んでいなくてもよい）の手によって制裁が執行される場合があることである。ヘンスラーは彼らの権力を神霊の媒介者としての二次的な権力にすぎないとして軽視するが、それは妥当でない。アジールの担い手を無視して論を進めることは許されない。

　日本ではむしろアジールの成員が主体となって制裁が行われる場合が多いのである。強訴《ごうそ》がその一例である。通常の政治史では、こういう制裁を迷信的な突発事件として軽視し、ほとんど触れないのだが、本書ではそれらをアジール論の素材として光を当てることにする。

タブー侵犯者の処罰は、最初は、宇宙の秩序の乱れを修復する供犠、として行われる。だが徐々に賠償金で決着するという、ある意味実利主義的な性格を帯びてくる。

ヘンスラーは「敢《あ》えて‐侵害‐せず」「敢えて‐しない　Nicht-Wagen」こと、すなわちタブーをアジール法の最も重要な特徴として挙げる。ある特定の異常事態は神霊の怒りが具現化した怪異現象である。これに対する「人間の側からの関与」は諸霊との安定的な関係を乱すおそれがあり、危険きわまりない。

実利主義的アジールの成立

日本でアジールの存在が明瞭に見えてくるのは中世である。平泉は山背大兄王《やましろのおおえのおう》の例を挙げて古代アジールの存在を否定している。だがそのような古い時代でなく、一次史料が存在する奈良時代、平安時代前期に明確なアジールが確認できない事実がより重要である。ただし私は古代のアジールの存在を否定はしない。

最初に明確に認められる絶対アジールは、筆者が『寺社勢力の中世』で述べたように、一一世紀の不入《ふにゅう》の祇園社《ぎおんしゃ》の寺社境内・門前である。絶対アジールの成立過程については第三章で詳述する。原始の自由が次第に国家によって侵蝕されていく、という通念とは異なる立場であることを確認しておきたい。

第二章

魔術と迷信の中世

1　非科学的世界

室町時代の迷信

ヘンスラーは「祭祠が有する最も深い意味および目的は、神とのあいだの平和の保障ならびにハイルの絶えざる更新であった」と述べている。満済は北野《きたの》社《しゃ》の御正体《みしょうたい》（本地仏）が墜落したことを聞いて、過去の不吉な例を思い出した（『満済准后日記』正長元年五月二七日条、一四二八）。墜落の先例は二・三度あり、その直後に光厳院《こうごんいん》・後円融院《ごえんゆう》が崩御したり、明徳の乱や応永の乱が起こったりした。

同正長二年六月二四日条は、二一・二二日の両日、東大寺の灯明《とうみょう》が消えたことを聞いて、その前年の四月に東大寺の灯明が消えた後、七月に称光院《しょうこう》が崩御した暗い記憶が呼び覚まされ、新たな災厄への恐怖に脅かされる心境を綴っている。

御正体の墜落や灯明の消滅……聖地における一切の異変は、神とのあいだの平和の保障の断絶ならびにハイルの更新の断絶を意味している。それは宇宙の秩序の壊乱に直結する。これらの記事を書いた満済は大真面目である。室町時代においても、幕府要人ですら迷信におののいていた。宗教的・魔術的思考は厳然と残っていた。僧侶であり呪術の効果や限界をよく知っているはずの満済にしてこれである。

籤引き将軍足利義教

日本史の中で重要な意義がありながら、正当な評価を受けていない事件・事象が数多くある。低く評価されている事件の最たるものは、応永三五年（一四二八）正月に起こった次期将軍、すなわち次期日本国王を決定するために行われた抽籤《ちゅうせん》であろう。[1]

足利義持は正月七日に突然発病し、数日を経ずして絶望視される病状に陥った。諸大名は大いに慌て、後継者問題が喫緊の政治課題となった。満済はこの混乱を義持に伝え、後継者指名をしてくれるように願った。

だが義持は「候補者は将軍の器ではない。義持が指名したとしても、諸大名がバックアップしてくれなければ政治が成り立たない。だから指名はしない」と返答した（『建内記』）。やむなく籤引《くじび》きによる後継者指名ということになった。

そこで義持の弟四人、青蓮院義円《しょうれんいんぎえん》・相国寺永隆《しょうこくじえいりゅう》・大覚寺義昭《だいかくじぎしょう》・梶井門跡義承《かじいもんぜきぎしょう》を候補者として抽籤が行われることになった。籤の名札の作成は満済、封印は山名時熙《やまなときひろ》、管領畠山満家《かんれいはたけやまみついえ》（ほとんど読み書きができなかったと言われている）が抽籤・開封ということになった。この手続きは不正を防止するための厳重なもので、満済・時熙・満家、いずれも一人では結果を左右することができないようになっていた。

義持は正月一八日に没した。生前には開封を行わないようにという遺言だったので、先立って一七日に満家が石清水八幡宮《いわしみずはちまんぐう》神前で引いていた籤をこの日開封し、義円と決まった。六代将軍義教である。

籤引きに不正はなかったか否か、という点について、後世の学者の賛否両論がある。近年は不正がなかったという説が有力である。

候補者四人は義持の生前には無力であり、突出した優位を持っていた者はなく、また強力な後ろ盾を持っていた候補者はいなかった。さらにこの時期には、絶対的な力を持つ管領や大名はおらず、諸大名を二分三分するような特別な党派的対立もなかった。室町幕府に波風はたっていなかった。不正説は現代になって出されたものであり、その当時籤引きに不正があったと考えた者や異論を唱えた者はいなかった。

いずれにせよ諸大名の賛同がなければ抽籤にはならなかった。しかしこのことは当時の人々にとって、氏神《うじがみ》である石清水八幡宮の神意が、幕府機構の意志（義持の意志や諸大名の寄合の決定）を超えた領域に位置すると認めたことになってしまう。日本国王（将軍職）はまさしく卜占《ぼくせん》そのものによって決まったのである。さながら古代神話の世界のできごとを見ているような感覚にさせられる。諸外国に例を見ない異常な事件であった。

卜占による人事には前例がある。嘉承二年七月（一一〇七）、堀河《ほりかわ》天皇が譲位するに際し、当時三歳と幼い鳥羽《とば》天皇が即位することの是非に迷った「治天《ちてん》の君《きみ》」である白河《しらかわ》天皇が、軒廊御占《こんろうのみうら》を行って譲位を決めた。軒廊御占とは紫宸殿《ししんでん》の軒廊（東側の回廊）に座を設けて神祇官《じんぎかん》・陰陽寮《おんみようりよう》の官人が行う卜占である。

寿永二年（一一八三）、京都を平家から奪取し実効支配していた源 義仲《みなもとのよしなか》が、「源氏は平家に対して挙兵した以仁王《もちひとおう》のために戦ってきた。以仁王の皇子が皇位につくべきだ」と主張して、自身が奉ずる以仁王の子の北陸宮《ほくろくのみや》を、安徳《あんとく》天皇の後継として皇位につけるよう後白河《ごしらかわ》院に迫った。貴族たちは北陸宮に反感を持っていた。彼らは朝議を開き、尊成《たかひら》・惟明《これあき》親王と北陸宮の三人の中からト占で皇位を決めることにした。結果は尊成親王が「最吉」、惟明親王が「半吉」、北陸宮が「不快」と出た。義仲はこれに不満でかなり抵抗したが、結局尊成親王が即位して後鳥羽天皇となった。この年の一一月に義仲は後白河院の法住寺殿《ほうじゅうじどの》を襲う挙に出て、それが没落の因となった。もしこのとき御占が北陸宮に当たっていたら、その後の歴史はどうなっていただろう。室町時代の一四三三年にも、皇位継承者を神祇官での籤で決めようとした（『満済准后日記』永享五年一〇月二二日条）。

今述べた人々は皇位継承の候補者には違いないが、王権（国王権力）を保持する国王（治天）の継承者ではない。だからなんといっても、一五世紀になって、まぎれもない国王である室町幕府将軍が籤引きで決まった事実が持つ歴史的意義は極めて重大なのである。

その籤引き将軍義教は永享三年（一四三二）頃から、守護に問い合わせれば明らかに判明する事実であってさえ、事実審理を抜きにした卜占による裁判（湯起請《ゆぎしょう》）一点張りの政治を行った。湯起請は「敢えて - 事実審理を - しない」ということである。ここにもタブーが潜在していると考えられる。

卜占は特定の場面において、その時々の神意を臨時に問うことである。アジールは非日常である。非日常的で奇妙なすべての出来事は、ある特定の神意を表現するという考え方が根底にある。日本には神の意志を独占的に伝える教皇や司教が存在しない。だから神意の解釈が一義的にできない場合が西欧よりずっと多いと考えられる。湯起請などの卜占が一六・一七世紀まで残存したのは、そのためであろう。

湯起請は湯誓《ゆせい》・湯裁文《ゆさいもん》などとも呼ばれる。起請文を書いた後に、熱湯の中から鉄・石などを取り出させ、火傷の程度をみることによって、その人の言い分が神慮に適うものか、真実かどうかを判断する裁判である。殺人や盗みなどの犯人を割り出したり、村と村の境界争いの際どちらが正しいかを決定する方法としてよく用いられた。

一般社会においても、湯起請は江戸時代初期まで続けられた。これは異常なことではないだろうか。

非科学的なものの軽視

西岡芳文氏「六壬《りくじん》式占と軒廓御卜」[2]は、学界における非科学的なものへの軽視を批判する。今までの歴史家は合理的解釈にとらわれすぎていたのではないか。いかに非科学的であれ、現実に社会を動かした観念を無視すべきではないだろう。筆者の今までの所論もこの批判を免れるものではない。

中世は不安の時代であり、神霊的な存在が大きく人々の精神や行動に影響を与えていた。日本中世は今まで考えられていたよりも、はるかに宗教優位の時代ではないかと思われる。一五世紀までの日本は、政治・社会問題に対応する合目的的な整備が十分になされていない未熟な宗教国家段階にあるのではないか。だとすれば、宗教的・魔術的段階のアジールに対応する国家である。極端なことを言えば、歴史学が全力をあげて追究してきた朝廷や鎌倉・室町幕府などの政策の意義は小さく、総じて政治史はさほど重要ではないのではないか。歴史は合理的に進まず、魔術に呪縛されつつ迷走しながら、時間だけが過ぎているという時期があるのではないか、という疑問すら浮かんでくる。歴史が化石化し停滞するという時期がないわけではない。退行現象ということもありうるだろう。

ただし確認をしておきたい。神判の適用範囲が室町幕府の全政策に及んだわけではない。戦争・反乱、守護人事など重要な問題には及ばなかった。だから右のように極論したらやはり行き過ぎである。実利主義的段階ではあるが、宗教的・魔術的段階のアジールの思考が依然として濃厚に残っていた、というのが真実に近いだろう。

ともあれ、われわれは籤引き将軍という異常な存在を、「後継者を指名したとしても、諸大名がバックアップしてくれなければ政治が成り立たない」という義持の言葉にとらわれ、将軍権力の大小の問題としてのみ考察し、合理的に説明しようとしすぎたのではないか。室町時代は現在のわれわれが思うよりも、魔術に強く支配された社会ではなかったのか。難しい作業ではあるが、非科学的なものを科学的な態度で位置づける作業が、アジール論においては必須である。

2　国家統一のための二つの文化

二つの輸入文化

古代国家は二つの輸入文化によって全体社会を統合しようとした。律令と仏教である。二つの文化はその後どうなったか。簡単に述べておこう。

中世には律令は漸次すたれ仏教は隆盛を極めた。律令や漢字文化は浸透しなかったが、仏教儀礼は文字を読めない人々にも浸透した。律令や漢字文化による国家統合の試みは不成功に終わったが、仏教による全体社会の統合は進んだ。公武の文化のほとんどは仏教儀礼に塗りつぶされた。ただ仏教の定着、仏教の民衆化は国家が意図せざる結果を産んだのである。

神仏習合はインドの神々が仏法護持の守護神となって行ったのと同じコースで進んだ。仏教の側からすれば、土着の神の援助を受けることで、日本の社会に抵抗を受けることなく定着しやすくなり、他方、神の側からすれば、中央の権力と結びついた仏教の力を借りて勢力を伸ばすことができたのであり、双方の利害が一致して成功した（末木文美士『日本宗教史』岩波新書、二〇〇六年）。

古代寺院は没落したが、行基《ぎょうき》以後も全国的な活動をする僧は多く現れた。遊行聖《ゆぎょうひじり》・山伏などは全国をめぐり、教化や参詣勧誘活動をして、交通の発展に寄与した。地方寺社も畿内寺社の末寺末社となった。仏教の浸透は急速であった。寺社勢力の中心は西国にあるが、影響力は畿内近国に限られるものではない。

後には聖徳太子・弘法《こうぼう》大師・慈慧《じえ》大師信仰などが全国を覆う。仏教と習合した祇園信仰・八幡信仰も流布する。先進文明への憧憬からはじまった仏教崇拝は、全体社会を同一様式の儀礼により統合することになる。また仏教思想の基礎理念も次第に人々の思考に内面化される。

さて神仏習合によってできた新しい宗教世界は、全国レベルでは仏、地域レベルにおいては在来神によって担われた。起請文に背いた場合に罰を与える賞罰神は、ほとんどの場合地域の神々、具体的には地域の特定の寺社の仏神の像である。信仰対象は目に見える具体的なものであった。観念的には仏が上位にあるが、処罰者としての神を欠くことはできない。また来世を仏が担い現世利益を神が担う理念である一種の分業体制である[3]。

以上見たように仏教の影響は絶大であった。神仏習合により、日本の文化的統合が進んだ。神社には神宮寺《じんぐうじ》が必ず付属しており、概して仏教色のほうが強い。日本において支配的な神霊はこうした仏神であった。

3　寺社勢力抹殺史

正史――儒者の排仏論と修史事業

さて私が今まで述べてきた仏教・仏神を重視する記述に、違和感を覚える読者が少なくないかもしれない。その原因は古代・中世に厳然と存在した仏教社会・仏教国家が、現在では完全に抹殺されているためである。そのためわれわれの常識に大きな欠落が生じているからである。日本歴史の最悪と言うべき改竄《かいざん》が江戸時代に行われた。その経緯を見てみよう。

江戸幕府の修史事業に携わったのは林羅山《はやしらざん》である。徳川幕府の正統性を主張するため、古代以来中絶していた本格的な正史が作られた。家光《いえみつ》の命により羅山父子を中心に編纂《へんさん》された江戸時代の正史『本朝通鑑《ほんちょうつがん》』は仏教関係の事件を取り上げない。寺社と仏教に対する、無意識とは言いがたい意図的無視である。

檀家制度によって繁栄する寺院をよそ目に、江戸時代の儒者は貧窮していると自覚しており、仏教に対する嫉視《しっし》は激しいものであった。江戸初期に還俗《げんぞく》した五山禅僧である藤原惺窩《せいか》・林羅山、また林鵞峯《しゅうほう》らの儒者が、幕府の御用学者となり排仏論を唱えた。なお禅宗は鎌倉時代の伝来以来、武家と癒着していた。

羅山は『千代茂登草《ちよもとぐさ》』で、僧侶が腐敗堕落しており、現在の仏教は世の妨げであると言った。また「蘇馬子弁」（『羅山先生文集』大正七年、平安考古学会）では、「嗚呼《ああ》、馬子《うまこ》の君を弑《しい》する、誠に仏の罪なり。（中略）其の上《かみ》を犯し乱を好むの事に至りては、則ち仏法の敝《へい》たること大なり。之《こ》れを戒めずんばあるべからず」と、蘇我馬子《そがのうまこ》が崇峻《すしゅん》天皇を殺したことを非難している。[4]

水戸《みと》光圀《みつくに》は仏教ぎらいであった。水戸藩には神体として仏像を安置する神社が少なくなかった。また神主が読経することも珍しいことではなかった。江戸初期の神仏習合の具体的なあり方を見ることができる。光圀は一六六六年に神仏分離を強行し、神社の神体として扱われていた仏像を捨てて幣帛《へいはく》に代えたり、僧を還俗させて行事を神式に改めたりした。常陸太田にある水戸徳川家の墓所は、仏式を排し、儒式の墓所が立ち並ぶ壮観なものである。同じ頃、岡山藩の池田光政《みつまさ》も、寺請制度を廃止し神道請制度を導入した。神仏分離は明治に始まったわけではなく、一七世紀から行われていた。だがこれらの改革は結局失敗した。[5]

さてその光圀の意志で編纂された『大日本史』は、本紀七三（神武〜後小松、編年体）・列伝一七〇（紀伝体）・志（地誌）・表に分かれている。ところが、無名の皇子・皇女などの項目が立っているにもかかわらず、中国の史書の踏襲とはいえ、列伝に僧侶の項目は一人も立っていない。すでに仏教と寺院史の抹殺が始まっている。しかし同書は平板な史料の羅列にも見えるため、後世の歴史観に大きく影響したわけではない。やはり重大な影響を与えたのは新井白石《はくせき》『読史余《とくしよ》論《ろん》』である。

『読史余論』の影響力

『読史余論』は正徳二年（一七一二）に新井白石が徳川家宣《いえのぶ》に講義をした際の草稿である。これが『読史余論』の名で呼ばれ、一八四〇年に木活字本、一八五八年には整版本として刊行され流布した。江戸時代の人々、さらには明治の知識人にもよく読まれた。福沢諭吉が江戸時代の思想の代表として、この書を厳しく批判したことは有名である。

白石は歴史を「王朝」から「武朝」への交替として描き、武朝の由緒を頼朝に求めた。このことはよく知られている通りである。だがこの書については、言及されない別の大きな問題がある。『読史余論』は、鬼神を語らない客観的史観に立っている。ただし神霊の存在自体を否定する無神論、いわゆる「無鬼論」ではない。

仏教公伝・聖徳太子・東大寺・最澄《さいちょう》・空海《くうかい》などへの言及がないのは、本書の対象以前の「上古」のできごとであるから当然かもしれないが、本文中での寺院・僧侶への言及は一〇箇所に満たない。そのわずかな言及は、僧侶の失敗譚などであり、いずれも好意的とはいえない。特に次の箇所には、排仏論の典型を見ることができる。

白河法皇は「私の思いのままにならないものは、双六《すごろく》の賽《さい》と山法師だ」と語ったらしい。このころは、比叡山の僧徒だけではなく、三井寺《みいでら》や興福寺の僧徒らも、どうかすると武力を動かして、皇室の権威を軽視した。（中略）そののち、応仁の乱後、比叡山の僧はいうまでもなく、法華宗《ほっけしゅう》・一向宗《いっこう》の僧徒、高野山・根来寺《ねごろじ》の僧徒らも、ともすると兵威をふるい、また、はなはだしい例としては、一向宗の僧徒は、加賀の守護大名富樫介を滅ぼしてしまったくらいで、強力をもってとどろいた織田信長でさえ、この一向宗を完全に打ちたおすことはついにできなかった。しかし、信長の時代には、比叡山の兵器を焼き、根来寺を焼き滅ぼして、数百年もの禍いの根を取り除いたのは、大きい功績であったと言うべきである。ただ一向宗については、今日もなお、その禍いの根が絶えたようには見えない。将来において、国家の憂いをなすようなものは、この一向宗だけである。

（日本思想大系三五「中世以来、将帥の任、世官世族となりし事」の項、岩波書店、現代語訳は横井清、講談社学術文庫）。

江戸時代に寺院の活動が無視され、歴史から削られることになった。国家の手による歴史の歪曲としては、古代律令国家が行ったそれが有名である。だが執筆者には古代豪族を全面否定するような意図はない。彼らを天皇に従属させようと試みただけである。この場合のような極端な党派的偏見がないから、『古事記』『日本書紀』は諸家に伝わった帝紀・旧辞のうち、天皇家にとって不都合な部分だけが削られていると思われる。儒者に比べれば抹殺や歪曲は大きくないだろう。

中世の史書『愚管抄《ぐかんしょう》』は王法（俗界）と仏法（宗教界）が対等な地位にあるとする、いわゆる王法仏法相依論に立っている。白石の視野はそれよりぐっと狭まっている。大隅和雄氏は「仏法ト王法ト中アシキ事ツユナシ」（巻第三）というとき、「仏教的な理念と、世俗の権力が宥和《ゆうわ》するという思想的な次元のことをさしているのではなく、具体的に存在する寺院勢力と、朝廷とが協調的であることを説こうとしたもの」として、「仏法」の実質は寺院勢力であるとしている（『愚管抄を読む』講談社学術文庫、一九九九年）。

明治初年の廃仏毀釈《はいぶつきしやく》は全くひどいものであった。だがそれ以前、江戸時代の武家において思想的廃仏毀釈が進められていたのである。

なお『読史余論』によって別の大きな弊害も生まれた。全体社会の根底にあまねく存在する仏教を切り捨てることによって、全体社会そのものも捨て去られることになった。白石にとっては、当然ながらアジールなどあってはならない。読史余論の誕生は国家中心史観の誕生でもあった。日本の全体社会の底流には、仏教文明・文化がある。このことを消去してしまったことが、近世儒者の最大の罪なのである。

負の遺産

『読史余論』は、中世史を仏教や寺社抜きで述べた。歴史の脱け殻のようなものである。白石は籤引き将軍についても平板な記述しかしていない。だが将軍後継者を籤引きで決める政治を宗教抜きで語ることは許されない。中世以前の歴史はそんな一面的な合理性で理解できるものではない。

近代史学は近世の儒教倫理からは一応自由になった。だが『本朝通鑑』や『読史余論』は史家の必読書であった。そのため彼らは近世的歴史観を無意識に踏襲することになった。「無鬼論」

は西欧史学的歴史観（神の克服という濾過《ろか》を経ているから本当は別物なのであるが）と相性がよかったのである。このこともあって、明治の史家は抹殺された仏教関係の事件を復原する努力をしなかった。全体社会はますます閑却されることになった。重大な怠慢と言うべきである。

現在の教科書や歴史概説書も、江戸時代の正史や『読史余論』の影響を免れておらず、現代の歴史叙述の枠組みに無意識に受け継がれている。そのことは歴史書の章立てや叙述を見ると明らかである。

白石の説明は今日の人にも受け入れられやすい。戦後の歴史家は歴史の「合理的説明」を好むため、非合理な宗教を扱うことを無意識に避けてきた。そのため仏語の基礎知識を学ぶことを怠り、文書・日記に記された仏教関係の記事をまともに読まないという研究態度につながった。仏語の理解が不十分な結果、文書・日記の読み込みが甘くなったり、大意をつかみ損なったりすることが少なくない。一言で言えば読解力の低下である。こうした経緯により、寺社への言及が少なくなり、期せずして儒者の歪曲を追認する結果になってしまっている。江戸時代に歪曲されたまま修正されず放置されてきた歴史像は、一次史料による歴史像と大きく食い違っている。再検討が必要である。

さらに戦後歴史学では、民衆は常に合理的であり、必ず合理的に動くはず、あるいは動くべきであると信じられてきた。今谷明氏は「迷信に走り、耽溺《たんでき》する民衆の姿は、ある意味でタブーに属していた」と述べているが、その指摘の通りであろう。その迷える姿を直視しながら客観的に歴史と対峙《たいじ》すべきなのである。古代・中世史を今日的合理主義だけで解釈するとすれば、それは偏見と決めつけられても仕方がない。

依然として宗教は政治史を攪乱するもの、ないしは歴史の進歩を止めるものとしてしかとらえられていない。中世以前の文化史年表は、大半が仏教関係の記事であるが、政治史年表と文化史年表は対応していない。並べてみると関連が感じられない。

自省

私の出発点は寺社勢力から宗教的部分を意図的に除去し、まずは物質的側面からとらえようとするものであった。いわば唯物論的寺社勢力論である（『中世の寺社勢力と境内都市』吉川弘文館、一九九九年）。そこでは宗教は外被であり、その実体は宗教都市でなく最先端の経済都市であると規定した。

二十年近くたった今でも、寺社勢力論や宗教史、さらには宗教学などの研究者は……強い心理的抵抗があるかもしれないが……この武力を持つ経済都市という道を避けて通ることはできない、という信念は変わっていない。聖は聖だけで独立して存在するわけではなく、俗との対立と共存の上に成り立つものだからだ。天才的な宗教者は自己の外部の、さらには自己の内なる聖俗の葛藤を経ているはずである。

さて私説は非科学的なものを意図的に排除する一面的なアプローチである。このときはあえてこのような方法をとった。一定程度までは有効な切り口であったと考えている。

だがもちろんこの視点からだけでは、私説は特定の基準から見た理念型たるにとどまる。完全に寺社勢力・境内都市を説明できるはずはない。中世は宗教の時代である。私説の不足な点は、意図的に捨象した宗教部分であり、そこに含まれるアジール的性格である。本書は筆者の基本的立場を保持しつつ、アジール部分に焦点を当てる。しかしこれはかなり苦しい仕事である。

4　寺社勢力論と「無縁・公界・楽」

黒田俊雄の寺社勢力論

本書は二つの学説に多くを負っている。黒田俊雄・網野善彦の説である。ただしそれらに追随しようというのではなく、批判的に継承しようとするものである。

まずはアジールの実体論について述べよう。この分野の代表は……自覚されていないけれども……黒田俊雄の寺社勢力論であると思う。黒田説について概略を述べておこう。

黒田説は権門体制論と寺社勢力論の二本立てである。権門体制論は一九六三年という古い時期に発表されたものながら、今日でも多数説、少なくとも一方の旗頭の位置を保ち続けている。中世史に詳しくない読者に説明しておく必要がある。

権門体制論が出されるまでは「中世の主役は、農地開発を盛んに行い、その結果古代を克服し、中世の封建制を樹立した武士階級である」という時代観が普通であった。今でもそう思っている一般人が多いのではないか。学界で「領主制論」として永く戦後中世史の主流を形作っていた古典的な説、「貴族の世から武士の世へ」、という考えが一般的だったのである。こういう視点からは寺社勢力はその存在すら取り上げられない。

この図式に疑義を呈したのが黒田俊雄の権門体制論である。それによれば、中世の支配権力の実体的組織である国家は、A、公家（顕貴の文官）、B、武家（武力を統率して国家を守護する）、C、寺社勢力（国家を鎮護する寺院）、の三者が、相互に対立の契機を持ちつつも補完関係を結んで、民衆を統治する体制をとっていた。これらは当時「権門勢家」と呼ばれ、権門体制という言葉はここから命名された。公家から武家へと政権が移ったのではなく、権門勢家の角逐《かくちく》と相互補完こそが日本中世固有の国家形態であり、朝廷も寺社も古代に起源を持つけれども、中世的に変質した支配者であって、「古代的存在」ではない、というものである。三者すべてが主役である。新たに寺社勢力が加わったのである。私は、A・B・Cは相互浸透があっても、独立していなければならない、という前提でこの説を理解する。

黒田説は武家政権論とも領主制論とも相容れない。その後、鎌倉幕府が全国政権といいがたいことが明らかになってきたこともあり、この説は次第に有力になった。ただ「相互補完」を何らかの具体的な事件に即して、立証することに成功しているわけではない。この説は否定されてこそいないが、決して証明されたわけではないことを付言しておく。

黒田以前、宗教史と政治史の研究は交流することなく進められてきた。寺社勢力論は、初めて両者の接点を見いだし、両者の具体的相関を示したものといえる。宗教は単なる時代背景にとどまるのでなく、寺社勢力として組織化され、国家体制上に明確な国家機関としての政治的地位を保持していた。それも朝廷・幕府に匹敵するほどの地位である。これによって寺社の活動を「僧侶の頽廃《たいはい》」と見るような俗論は一掃された。

今谷明氏が「平泉澄と権門体制論」（『中世の寺社と信仰』上横手雅敬編、吉川弘文館、二〇〇一年）で指摘するように、権門体制論と平泉澄の説との類似はたしかに認められ、平泉の名を挙げず論旨を引き写したとみなされても仕方がない箇所がある。だが、寺社勢力を国家体制の一構成部分と位置づけた点には、単に三者鼎立《ていりつ》と述べるにとどまった平泉にはない特筆すべき斬新さがある。

黒田説の修正

黒田の手によって中世史の役者がすべて出揃った。だがこの説は相当強引な二分法により寺社勢力を支配者と位置づけている。

黒田説には寺社勢力を「組織」「支配者」と規定する箇所が多々ある。だがこの表現は不適切である。国家を支配する三つの権門勢家の一つとして寺家（寺社勢力）を挙げ、権門体制について「権門勢家はただ私的な実力――政治的手腕や経済的富裕など――によってのみ権門勢家たりうるのでなく、顕貴の文官の家柄であるとか、国家を鎮護する寺院であるとか、武力を統率して国家を守護するとかの、国家秩序における支配階級の内部での、あたかもカースト制を想起させるような、分業形態ともいうべきもの」[6]と位置づける。また「日本「中世」についていえば、支配階級であり国家権力の掌握者である公家・寺家・武家等々の領主は、決して封建領主一般としてのみ理解してすむ階級ではなく、また一様に同じ階級的特質の領主階級でもない」という。[7] 難解な表現であるが、寺社勢力は明らかに支配者と規定されている。

黒田説についての私の意見は追々述べていくが、ここでは寺社勢力を担う祭司は単に鎮護国家を祈るだけでなく、大宇宙の平和を祈念する存在ではないか、という疑問を出しておく。つまり、国家だけでなくその外の全体社会、さらには大宇宙の平和祈念を行っている。彼らが重きを置くのは、神霊＞〈全体社会〉＞国家の順である。祭司も全体社会を認識することはないから神霊＞国家である。鎮護国家が最優先なのではなく、彼らが奉ずる各寺社の仏神に対する神霊至上主義が中核である。ここに国家と対立を生ずる可能性があるのではないか、と思われる。

寺社勢力は「国家を鎮護する寺院」の枠内にとどまらない存在であり、その活動領域は全体社会すべてである。黒田説の言及した事件は三権門のいずれかが国家に関わる事件であり、国家外の全体社会の存在に注意を払っていない。さらに言えば国家至上主義の限界を脱していない。氏が扱った事件や問題は、三権門が国家と相交わる部分だけである。「国家秩序における支配階級の内部での」できごとだけである。ここが私の大いに不満とするところである。

そこで筆者は黒田説に修正を加えた。中世寺社勢力は、民衆身分である行人《ぎょうにん》・聖《ひじり》などの下僧を中核的構成員とする。「勢力」ではあるが支配者といえない、と批判した。ここから権門体制論と袂《たもと》を分かつことになる。寺社勢力は、巨大都市である境内都市を基地とする日本全体社会の経済核、「経済界」であり、文化的中心であり、同時に大きな政治的プレゼンスでもあった。間接的かつ迂遠《うえん》ではあるが、生身の民衆が中世の国政に参与したのである。このことについては『寺社勢力の中世』で述べたとおりである。

それにしても残念なのは、今日の国家史、またより重要な全体社会史において、黒田の革命的な政治史上の問題提起が深められていないことである。政治史の議論は、結局のところ、いつも国家・王権をめぐる公武の角逐史に帰着する。寺社勢力抜きの歴史である。黒田の問題提起は生きていない。

『増補　無縁・公界・楽』

次に取り上げるのは網野善彦『増補　無縁・公界・楽』である。氏は力点を置いていないが、客観的に見て、同書に現れる「「無縁」の人」の事例には、寺社勢力の末端構成員が多い。商人・職人である神人《じにん》・山伏・山僧などがそれである。同書は交通史・流通史・都市論などの分野にわたり、彼らの全体社会における活動を生き生きと描き出し、アジール論に巨大な一歩を踏み出すことになった。また結果的に寺社勢力論にも大きな寄与をなしている。なお網野は遊行する人々を「外国人」と考えるが、私は人格的アジールと位置づける。

日本におけるアジール論の展開の端緒となった同書であるが、問題点も当然ある。以下にそれを述べておこう。

天皇権威論

初期の網野の著作には、天皇制の過大評価という弊があると考えられる（『増補　無縁・公界・楽』『日本中世の非農業民と天皇』岩波書店、一九八四年）。古代における「無縁・公界・楽」を叙述するにあたり、「全共同体の首長としての天皇の「大地と海原」に対する支配権に淵源を持つ」（「天皇の支配権と供御人《くごにん》・作手」『日本中世の非農業民と天皇』）などの記述は、戦前・戦中的観念と同じ前提に立っており、問題なしとしない。

事実はどうか。天皇に食事を奉る供御人は自由通行権を保障されていた。ただ、粟津《あわづ》供御人は日吉神人《ひえじにん》を兼ねる。また今宮《いまみや》供御人は祇園社神人でもある。さらに菅浦《すがのうら》供御人は山門檀那院《さんもんだんないん》を通じて日吉神人の地位を得ている。『日本中世の非農業民と天皇』に挙げられた供御人は、同時に寺社に付属する人々である。天皇権威だけでなく寺社勢力の権威をも帯びている。彼らはおそらく利用できる権威は何でも利用するしたたかな人々であり、利用する権威のうちで最も身近にあって大きかったのが寺社の権威だったのである。天皇権威ではない。

『東と西の語る日本の歴史』（そしえて文庫、一九八二年）『蒙古襲来』上・下（平凡社、一九九二年）で、網野は東の御家人制に対置して、西の「神人・供御人制」を提唱している。東国の荘園・公領には御家人が必ず存在する。西国の荘園・公領は、あまねく、神人の活動舞台であった。それに比して供御人が中世に活躍しているところは限られる。「天皇権威を仰ぐ」供御人は社会的に大きな役割を果たしたわけではない。実際、鎌倉幕府が供御人の増加を禁じたのはたった一度に過ぎない。[8] それに比べて神人の増加を抑制する法令は繰り返し出されている。酒麴売《さけこうじうり》たちは「自分は諸社の神人である」とか「諸院宮の酒殿や諸方の公人《くにん》である」とか、自分の営業地域が「神社仏閣や権門勢家の領である」と主張して、朝廷への納税を拒否した。[9] 後醍《ご》醐《だい》天皇はこういう人々に課税するため、彼らを供御人として再編すべく、有名な元亨二年（一三二二）の洛中酒鑪役賦課令《らくちゆうしゆろやくふかれい》を制定した。[10] 朝廷より寺社の力のほうが圧倒的に大きかったのである。

天皇権威は国家政治においては一定の意味があるが、全体社会という場にあっては他の無数の皇帝のアジール付与権に比肩する権力は日本の天皇にはない。

天皇権威の過大評価を除けば、「無縁・公界・楽」は寺社勢力の広い裾野を描き出していると言うことができる。また全体社会の豊かな像を提示するものである。さらに言えば、黒田の行人・聖論は、二次史料である教学書についての豊富な知識、及び氏の直感を基礎にした論断が多く、そのためやや観念的である。それに対し網野の「寺社勢力論」は、その下層構成員について、一次史料による実例をはるかに多く盛り込んでおり、ずっと豊かで具体的である。

室町時代の正長・嘉吉の徳政は、将軍の代替に行われた「商返《あきかえし》」である。売買・債務不履行などのため本主《ほんしゆ》の手を離れた土地・財を、本主の許に取り戻す。徳政は売買等によって乱された宇宙の秩序を回復する意味を持つ強い宗教性を帯びた政策である。とすれば、この時代の人々が仰ぐ宗教的権威は、天皇ではなく室町殿（将軍）であり、「大地に対する支配権」は室町将軍が持つと解す

ることができそうである。天皇権威はこの時、一旦地に墜ちていると考えられる。

寺社勢力抜きの「無縁」論

網野は『結城氏法度《ゆうきしはっと》』『今川仮名目録《いまがわかなもくろく》』『塵芥集《じんかいしゅう》』などの戦国法の中に、大名権力に直結する「氏寺」「菩提寺」と峻別される「無縁所」「公界寺」という類型の寺院を発見し、そこに「無縁・公界・楽」、自由の場を見いだした。だがこれらは、たしかに権力に嫌悪されているけれども、消極的とはいえその承認下にある。また小寺院でありすぎ、権力が実力で「無縁性」を侵犯しようとした場合でも、はたして自由を保ちうるかどうか疑問がある。これらは相対アジールである。一方、これとは別に「『無縁』の場」として指摘された一向一揆の寺内町、自治都市・惣村は、一定の地域を囲い込み、権力に対抗できるだけの実力を持つので明確なイメージを持ちやすい。ただこれらは戦国時代だけの存在であるため、移行期の特殊事例と見なされてしまうおそれがある。

古代ギリシャ・ローマの神殿、ないし現代における大使館のような可視的な無縁の場（場所）を室町時代以前において提示する必要がある。これこそがアジール、という明解な具体例はないのだろうか。

植田信廣氏は、「中世前期の「無縁」について」[11]で、中世前期の「無縁」の用語例を検討した結果、この語は中世前期では「寺院という場に固有の論理であった」とし「寄進地を仏陀のみの支配下に置く」実質があるとして網野を批判する。アジールを「原始の自由」や天皇権威に関係する「「無縁」の原理」で説明するよりは、直接、同時代に支配的であった仏神の権威を挙げる植田氏の理解のほうがスムーズである。いうまでもなく無縁・公界・楽は仏語《ぶつご》である。まずはアジールの候補として寺社勢力に着目すべきだと思われる。

網野も決して仏教的アジールを無視しているわけではない。「「無縁」の場」の第一の要件として挙げた不入権の形成についてては、『増補　無縁・公界・楽』第一九章すべてを費やして詳説しており、そこで使われた事例の大半は寺社、それも寺社勢力のそれである。にもかかわらず、なぜ小寺院ばかり取り上げて寺社勢力と正面から向き合わないのであろうか。やはり寺社勢力を「支配者」「暴力的」とのみ見る観念から自由になっていないためと思われる。中小寺社の不入権は権力が実力で侵犯しようとすれば容易に破られる。それとは異なる確固たる不入権を持った寺社勢力を取り上げないのは、いかにも不自然である。これでは木を見て森を見ないという批判を免れないだろう。

黒田説・網野説の融合

『無縁・公界・楽』は初版の出版が一九七八年、増補版が一九八七年である。網野は初版に寄せられた批判について、三四もの補注・補論を立てて丁寧に応じている。ただ黒田説が一定の支持を受けるようになった時期に書かれたものなので、それに対する見解を述べてほしかった。他方、黒田は「仏教史研究としては、アジールや特権をたんに慈悲・慈善や社会構成の問題としてでなく、中世社会の中での〝安穏〟の実現のための寺社の活動として、積極的に評価し研究をすすめること」が必要、というだけで多くを語らない[12]。両氏の相互言及はもっと多くあるべきであった。網野説・黒田説、二つの有力学説の交流はほとんどない。両者が有機的に結びつくことで新たな展望が開けてくるはずである。アジール＝「無縁」の場＝寺社勢力、というのは、比較的容易に思い当たる図式のはずである。私はここにアジール論の行くべき道を見いだす。

5　中世考古学の世界

歴史時代の考古学

非科学的なものに関心をはらうことの重要性を述べたが、ここでは正反対の、ごくごく科学的なものから、中世日本の底流を一瞥《いちべつ》しておこう。『増補　無縁・公界・楽』の時期にはまだ十分に確立していなかった歴史時代の考古学が、今日では文献史学の強力無比な援軍となっている。

考古学は文字のない時代を対象とする先史時代の学問と思われ、史料がある時代の歴史考古学は軽視されてきた。だが平城京の発掘調査が行われた頃から、その価値が認められ始めた。現在も急速に進歩を続け、今後大いに期待できるのが歴史時代の考古学である。

世界における石の遺跡の発掘よりも、土の遺跡を発掘する日本の考古学のほうが、土層を丹念にチェックしながら一センチ一センチ掘り下げていく緻密さを持っており、はるかに優秀である。

世界一流の水準にある。土の色の違いから柱穴跡を検出していく。水田や畠跡、そこに残された人の足跡までも見つけ出す。考古学は遺構・遺物を一つ一つ観察し、図化し、報告書に記載する以上のことはできない。近年は豊富な写真や図を載せたネット報告書も増えている。これらは簡単に参照できる。

中世は陶器の時代

先史時代の考古学はまだ年代比定の幅が大きい。弥生時代の開始年代については、紀元前一〇〇〇年頃から紀元前三〇〇年頃までの間で論争がある。ある遺跡の絶対年代の推定幅が論者によって百年以上も違うことは珍しくない。

だが歴史時代になると、今後も動かないと推定される年代比定が増えている。国内で生産された最高品質の日用品の焼物を基準として、時代区分ができるようになった。この三・四十年の間に、窯跡とそこで生産された陶器を使用した遺跡、双方の発掘と対比が進み、すでに十分な量を備えた巨大データベースが蓄積されている。土器や陶磁器の編年研究は考古学の本領である。二〇一九年現在の結論が大きく変わることはないだろう。

歴史考古学による時代区分も今後動かない。考古学者による焼物の入門書としては吉岡康暢氏他『陶磁器の世界』（山川出版社、二〇〇一年）がハンディでよい。これに沿って土器・陶磁史による時代区分論を概観してみる。

Ⅰ　土器の時代（縄文・弥生）

Ⅱ　須恵器《すえき》の時代（古墳～平安中期）
Ⅲ　陶器の時代（平安後期～戦国時代）
Ⅳ　磁器の時代（江戸時代～現代）

吉岡氏は朝鮮出兵を磁器職人獲得のための「やきもの戦争」としてとらえる。事実、肥前焼などの日本製磁器は江戸初期になって初めて生産されるようになる。近世は磁器の時代である。一方、中世とはすなわち陶器の時代である。壺・甕《かめ》・擂鉢《すりばち》という三点セットの陶器の日用雑器の生産が、一一世紀後半以後爆発的に増え、それ以前に使われていた水漏れする土器・須恵器に取って代わり、食物の調理・加工・保存に寄与した。これにより社会の人口支持力が飛躍的に増大したと推定される。それを焼く窯業《ようぎょう》も一大工業として栄えた。

考古学では中世は一一世紀末～一六世紀と定義されている。鎌倉幕府の成立が中世の開始ではない。筆者が中世の開始を、一一世紀後半に置いたのは、同じ時期に起こったこの産業革命を踏まえたものである。中世の焼物としては、東播焼《とうばんやき》・備前焼（高野山・根来寺領の香登荘《かがとのしょう》で焼かれた）、叡山の末寺末社である能登《のと》法住寺《ほうじゅうじ》の白山社境内・門前で焼かれた珠洲焼《すずやき》などが代表的である。越前の叡山末寺末社である織田寺社《おたじしゃ》（史料には織田寺や現在の呼称の織田剣神社ではなく「織田寺社」と記されることがほとんどである。神仏習合の一例）で焼かれた越前焼もある。

東播焼はすでにその地で行われていた須恵器生産から陶器生産に転換したもので、直接の継承関係が明らかである。また法住寺は建長四年（一二五二）の史料で「無縁所」と呼ばれている（『鎌倉遺文』七四〇五号）。アジールである。これも須恵器の叩き締め技法を踏襲した陶器である。

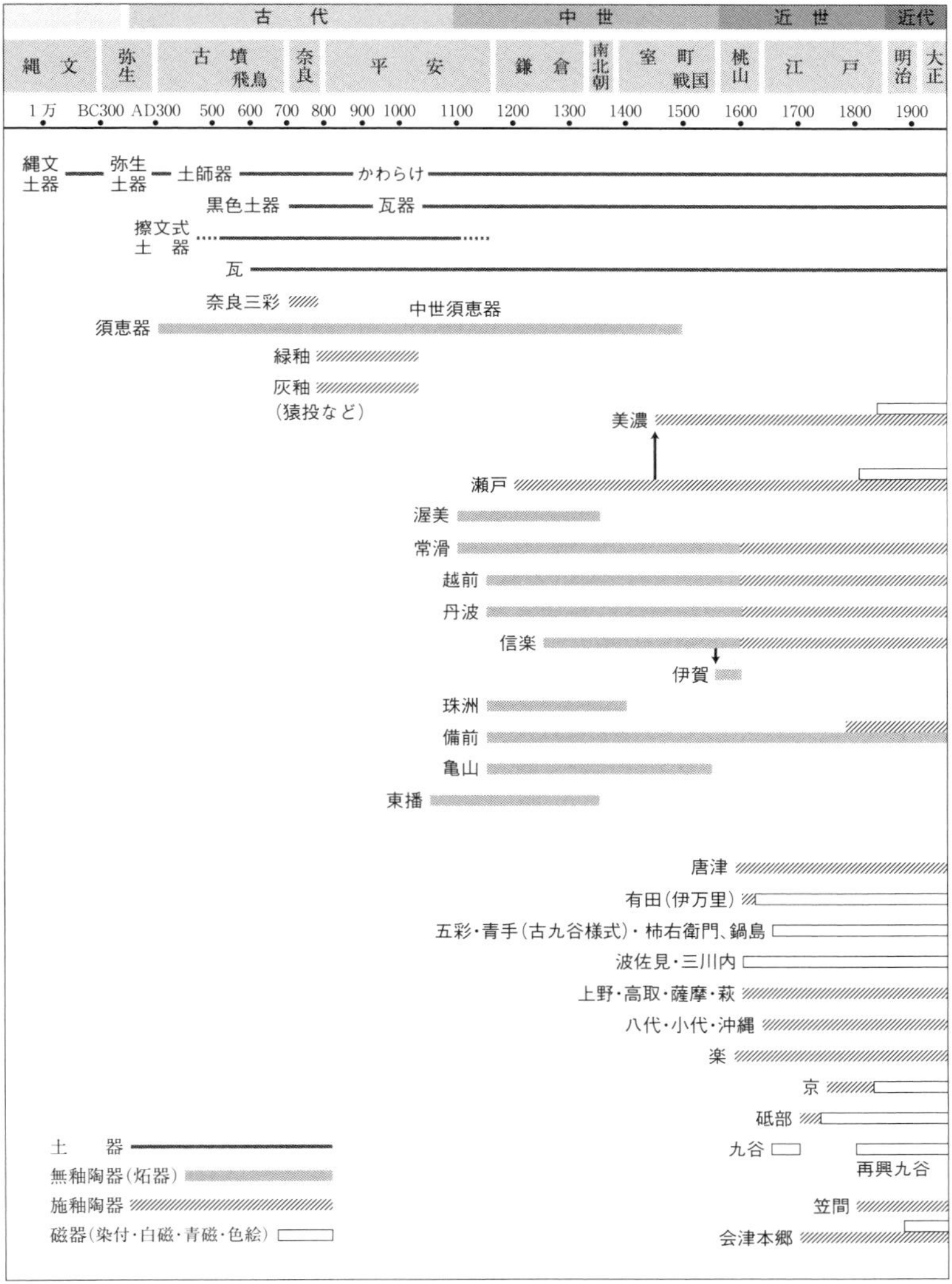

2図　日本陶磁史の流れ

吉岡康暢他『陶磁器の世界』(山川出版社、2001年)より備前焼の流通圏は西国一円、珠洲焼の流通範囲は関東一円に及ぶ[13]。叡山の影響が法住寺を通じて関東、特に鎌倉に及んでいたことがわかる。法住寺は境内・門前に工業地帯を含む典型的な境内都市である。なお法住寺については網野善彦先生からお手紙で丁寧なご教示を得た。すでに故人になってしまわれたが、ここで感謝の意を表したい。

続々と発掘される境内都市・寺社都市

近年、境内都市及び寺社都市の発掘が進んでいる。根来寺（和歌山県）・平泉寺《へいせんじ》（福井県）・石動山《せきどうざん》（石川県）・敏満寺《びんまんじ》（滋賀県）・百済寺《くだらでら》（滋賀県）・首羅山《しゅらさん》遺跡・安楽寺《あんらくじ》・太宰府観世音寺《だざいふかんぜおんじ》・博多（以上福岡県、博多は四寺社の境内から成る港である）・大山寺（鳥取県）などである。戦国城下町の調査で「威信財《いしんざい》」と呼ばれる高級陶磁器が発掘されるたびに、紙上で大きく取りあげられるが、境内都市ではそれらはより古い時代から当たり前のように出土する。

〈首羅山遺跡〉この山岳寺院では、一二世紀初頭の経塚が発見され、中国人名の刻まれた経筒《きょうづつ》、中国型獅子・石塔が出土している。鎌倉時代初期には三百を超える子院が立ち並び、隆盛を極めたとされる。博多の貿易をになった商人たちとの関係が強いと考えられている。

〈伯耆大山寺〉

最初に神輿動座を行ったのは一〇九四年の伯耆大山寺《ほうきだいせんじ》である。院の御所（院陣）にいたり天台《てんだい》座主《ざす》を訴えた。その大山寺が発掘され、輸入陶磁・茶道具などの高級品が出土している。三千坊と言われる子院がある（『大山寺僧坊跡発掘調査報告書』鳥取県大山町教育委員会）。

〈敏満寺〉

『敏満寺は中世都市か』（多賀町教育委員会）によれば、敏満寺は幕府等の帰依を受け、金融を行い、また街道を押さえる物資の集積地であり、坊院跡・砦跡や墓地跡がある。文化的にも近江彌《み》満寺座《まんじざ》などの芸能活動が盛んであった。人々が集在し物資も集在する都市であった。

〈根来寺〉

根来寺については、大きな研究の成果があった（『中世都市根来寺と紀州惣国』海津一朗編、同成社、二〇一三年）。

根来寺が紀ノ川下流域と和泉国南部にわたる地域的一揆、紀州惣国の「首都」であり、最終段階における倭寇《わこう》の本拠地であるとするスケールの大きな仮説である。ただ九州に多い中国人街、唐坊が今のところ紀伊・和泉地域では発見されておらず、この地域の文書や金石文などに中国・朝鮮の人々の名前と思われるものも見られない。輸入陶磁器は根来寺遺跡で無数に出土するものの、外国人の居住を証明する資料は今のところない。

以上は境内都市・寺社都市遺跡の一部に過ぎず、今後も多くの発見が予想される。これらの遺跡については「都市」と理解されているが、誰も「境内都市」と呼んでくれない。語呂が悪いからである。

第三章

日本アジールの特質

日本中世の絶対アジールには五百年間ほとんど変わらない特徴がある。国家の権威を神霊の威より下に見下す高圧的姿勢、一味という独特なアジール時空、常に中核にいた行人・堂衆《どうじゅ》である。日本アジールの通史に入る前にこれらについて述べておこう。

1　アジールとしての寺社勢力

平和領域

比叡山中興の祖、というよりも中世比叡山の創始者というべき天台座主良源《りょうげん》は禁制で、兵器は「闘戦之具」であり、殺生禁断の戒律に背く虞《おそれ》があるから刀剣を持って僧房に出入りすることを禁ずると述べている。[1] 比叡山はこの後も何度にもわたって武器の禁制を出している。興福寺でも[2]「寺中に兵器を持ちこんではいけない」と定められていた。参拝した中御門宗忠《なかみかどむねただ》は寺の門前で下馬し武器を外した。

春日社八講屋《かすがしゃはっこうや》に参籠していた楠葉新衛門《くすのはしんえもん》という人物が腰刀を盗まれ、[3] 春日社の西屋という参籠所に籠もった人々の下人の腰刀がことごとく盗まれた。[4] 参籠所では刀を外すので盗難の被害に遭いやすい。

これらの例に見るように、寺社勢力自身による武装解除、平和秩序維持の試みは、平時においては理念上はもちろん実際上も厳重に行われていた。

なお朝廷や幕府でこのような武装解除や兵器破棄が行われた例がないことに注意を払ってほしい（神祇官町などは武器持ち込み禁止区域）。当然のことのようだが、寺社勢力は平和領域の理念を持っている。他方、朝廷・幕府はアジールではない。わけても幕府が武装解除することは原理的にありえない。

中立宣言

非武装の理念は平和な時代の建前だけに止まるものではなかった。次の文書は南北朝内乱の激戦の最中に出されたものである。

貞和四年（一三四八）正月、高師直《こうのもろなお》が南朝の本拠である吉野蔵王堂《よしのざおうどう》を焼き払った。吉野に近い高野山は、三月、混乱の中で集会を開き、次の中立宣言を出した。[5]

Ⅰ　南北両朝から、たびたび出兵を要請されている。だが甲冑《かっちゅう》を帯びることや武芸は、高祖弘法大師が遺誡《ゆいかい》で禁じたことだから、動員に応じて参戦してはならない。

Ⅱ　南北両朝は動員命令に応じないことをとがめて、罪科に処すると脅してくるだろう。相手にせず中立を保て。またそれぞれ敵方に味方したと口実をつけて、高野山僧の領地を没収しようとするだろう。それに便乗して、私欲のために公家・武家方に協力する者は追放する。

Ⅲ　本文書は一味・一同・一揆《いっき》の決定である。だから弘法大師の画像を安置する神聖な御影堂《みえいどう》に納め、高野山の主要法会の際に読み上げ、毎年この内容を再確認する。

ここに現れる「一味」という観念は国法を上まわるほどの至高の権威を持っていた。後に詳述する。

堂々たるアジールの平和中立宣言である。ただ文書には年号を入れねばならない。南朝・北朝年号のどちらかを書かねばならぬ。この文書は北朝の「貞和四年」で、南朝の「正平三年」ではない。出兵せずとも一応は北朝方の秩序の中にあることになる。従軍拒否や中立の保持は、一般論としてならともかく、現実問題としては非常に困難なことである。それにしても戦乱の渦中にあってこの文書が出されたことの意義は大きい。

後述するように、この直前に高野山の行人は南北両朝に軍忠をし勲功の賞を与えられている。そのことを踏まえてこの文書が作られたのであろう。

高野山のアジール法

日本ではそこがアジールであることを宣言したり認定したりした史料は、不入文言を除いて多いとはいえない。アジールは実定法的秩序よりはそれを超えた平和秩序に属するから、成文化されることが少ないのである。再び高野山のそれを紹介する。

Ⅰ　自由領域・平和領域

高野山境内の入口に立札が立った。

（幕府・守護ほかの）部外者の検断吏が境内に入り、そこに逃げこんだ誰かを罪人だと称して、問答無用で理不尽に殺害することは認めない。犯罪者であることが事実だとしても、高野山の沙汰所（行人が運営する検断組織）の許可を得てから逮捕せよ。

（大日本古文書『高野山文書』一巻五一四号、応永二一年、一四一四）

「高野山はアジールである」と不入権を宣言する。同時に住民と参詣者ばかりでなく駆け込み人にとって平和領域であることをアピールする。アジール内部で殺生《せっしょう》（検断吏にとっては正当な処刑）を行うことを許せば、平和秩序が損ぜられる。また一時的であれ、そこに逃れれば追及者の手出しを免れる自由領域であることの宣言でもある。アジールの面目躍如というところである。

Ⅱ　外部権威の否定

文永八年（一二七一）、高野山は、朝廷・幕府、また東寺・仁和寺・醍醐寺《だいごじ》など高野山の本寺の法を犯して処罰され、それを理由に山内を追放された者であっても、それから時がたち、高野山を離れていた期間に濫行放埒《らんぎょうほうらつ》がなければ、高野山の正規のメンバーとして復帰することを許す、と定めた。国法で処罰された者でさえ許される。国法の上にある全体社会次元の敗者復活法であり、興味深いアジール法である。[6]

窮鳥

私は『寺社勢力の中世』で日本における「アジール宣言」の例として、建武三年（一三三六）二月と六月に、後醍醐天皇の駆け込みを許した叡山のアジールを擁護して「窮鳥懐に入れば、即ちこれを猟る人もあはれみて殺さざる事にて候、況《いは》んや、十善の君の御憑《おたのみ》あらんに、誰か与《くみ》し申さで候ふべき」（『太平記』）と力説して、アジールとしての比叡山を擁護した幕府の参謀玄恵《げんえ》法《ほう》印《いん》の雄弁を紹介した。国家がアジール法を消極的ながら容認した形である。

この事件については、『太平記《たいへいき》』よりもよい史料がある。後述の応安の強訴《ごうそ》の際、幕府と叡山の応酬を書きとめた三条公忠《さんじょうきんただ》『後愚昧記《ごぐまいき》』の自筆原本である。[7] 後醍醐を庇護したことが幕府に対する不忠に当たると非難する幕府の主張に反論して、次のように述べた。

比叡山はたしかにそのとき天皇を受け入れた（まだ北朝は擁立されていない。擁立は建武三年八月）。だから綸命《りんめい》を報じて王法仏法の安泰のためにした自衛であるから仕方がないだろう。それを取り上げて比叡山を責めるのはおかどちがいである。

その後、当山は北朝の後光厳《ごこうごん》天皇を三度も受け入れた。足利尊氏の駆け込みを受け入れたこともある。そのほか北朝方の武将を受け入れたことも一度や二度ではない。すべて聖運（皇室の幸運）のためにしたことである。

叡山はしばしば天皇を呪詛しているから、王法仏法相依論の形をとり天皇庇護を正面に出すこの文言は、額面どおりに受け取れない。強調しているのは、叡山は一方の方人《かとうど》をした武装集団ではなく、避難所としてのアジールだということである。

高野山・比叡山のアジール宣言で留意しておかねばならないのは、いずれも国家や上級権力によって付与されたアジール権ではないことである。相対アジールのアジール権と異なるのはそこである。寺社勢力が国家権力とは無関係に持つアジール権である。

自由領域――不入権

日本のアジール宣言として、一般的に見られるのは、不入権の主張である。個々の寺社や荘園が、国衙の使や検非違使、武家の使に対して、不入を宣した史料は枚挙に遑《いとま》がない。不入には検断不入と諸役不入の二つがある。警察官の介入、逮捕や処刑を拒否する権利が「検断不入」、徴税を拒絶する権利が「諸役不入」である。年貢などの税の未進（脱税も不作による納税不能も理由を問わず同じ扱いであった）は刑事事件として扱われたから、両者は別のものではなく連動していた。こうした人々にとって寺社はアジールの役割を果たした。

日本の不入権はヘンスラーの定義、「一人の人間が、特定の空間、人間、ないし時間と関係することによって、持続的あるいは一時的に不可侵なものになる」のうち、一時的に不可侵になる、に相当する場合が多い。受け入れられた後は、アジールの内部で処分が決められることになる。中世ではすでに実利主義的段階であるから、アジールは「どんな処罰でも免れうる万能の避難所」ではなくなっていた。

それでも中世の寺院境内には、ありとあらゆる老若男女僧俗貴賤が、中心聖域にまで立ち入ることが許されていた。庶民の立入りが、原理的に可能だったのは、アジールたる寺院境内だけであった。一切衆生、すべての生きとし生けるものに対し門戸を閉ざすことのない仏教思想の意義は大きい。

長禄三年（一四五九）頃、高野山では乞食・路上生活者などの弱者が、食物をめぐまれつつ生きていた。高野山は居住を黙認、ないしは仏教的寛容から受け入れていた[8]。「自由即死」の中世社会だが、寺院境内・門前は例外である。最低の生活であれ生命体として生存できる寺院空間は、過酷な社会のなかで唯一のやさしい避難所であった。これは悲惨な境遇にも見えるが、駆け込み人はそもそも死と隣り合わせの人々であったことを忘れてはいけない。これでも最低限の救済になっているのである。

素朴に考えて寺院は仏教的寛容を建前としているはずであり、アジールである可能性が高いところである。また強弱は別としていずれの寺も名目上は不入権を与えられていた。

2　上からの民衆闘争

「人民的な反乱」の宗教的な外被

網野説について寺社勢力論から検討を加えていくと、非常に重要なことが浮かび上がってくる。網野は「諸民族の農民内乱・一揆等の、人民的な反乱が、例外なしに「原始」へのさまざまな形での復帰を原動力とする、「宗教的」な外被をもっておこってくる」（『増補　無縁・公界・楽』）という極めて重要な問題提起をしている。だが、この記述は具体例によってより深く跡づけられるべきことでありながら、その後広げられていない。

日本においては、寺社の強訴が……国家転覆をめざすような革命的性格を持たないにしても……まさしくこの「人民的な反乱」に当たると考えられる。

さらにこれは支配者を拝跪《はいき》させるに十分な権威を持った「上からの民衆闘争」であった。寺社の強訴は、公家の日記に経過が詳細に記されることが多く、非常に見えやすい。にもかかわらず、黒田・網野に限らず、学界があまりにも過小に評価しており、研究が杜撰《ずさん》なのではないかと考える。これほど頻繁に起こった政治的事件が「外被」にとどまるものだろうか。「人民的な反乱」のうちでもっとも顕著なものが寺社勢力の強訴であり、神輿・神木動座だったのではないか、という考えはごく自然に出てくるべきものである。

寺社の権威が国家のそれを上回っていたことは多くの説明を要さない。古代国家段階でも天皇権威が仏神に優越していたとは考えにくい。古代では天皇が自らを「三宝《さんぼう》の奴《やつこ》」と称することが普通であった。また十善の帝王という思想があった。前世で十善を行った人が帝王に生まれ変わる、という仏教的天皇観である。たとえば嵯峨《さが》天皇がその例であるとする。「十善の君」は天皇の異称となった。

天皇自らの意識も変わった。鳥羽院は、自らの出生の際に神の告げがあったという奇瑞譚《きずいたん》を藤原頼長《よりなが》に物語り、天皇家に生を受けたという血統性が問題なのではなく、鳥羽院個人が「神の申し子」であり、神の恩寵を受ける者であると強調した。[9]

永久元年（一一一三）に延暦寺と興福寺の合戦が起こった。大事件だったので朝廷が停戦の宣《せん》旨《じ》を出した。しかし紛争の根は深く、それでは到底収まりそうもなかった。宗忠は「朝威軽く衆威重し」と悲嘆している。[10] また「白河院は南都北嶺の抗争に手をこまねくばかりで、和平のために何もしようとしない」と嘆く。[11] 院は寺社勢力の抗争の渦中にあって茫然自失の体《てい》であった。

内裏占拠と内裏破壊

内裏《だいり》は、一一六九年一二月、一一九二年四月、一二六〇年正月、一二八三年正月など何度にもわたって日吉神輿によって占拠された。一三六九年四月にもすんでのところで内裏に山僧が乱入するところであった。その中でも激しかったのは弘安六年正月六日（一二八三）の事件である。

山僧は皇居に乱入して、四脚門を破壊し常御所《つねのごしょ》に侵入し、紫宸殿の御簾《みす》を引き落とすなどの乱行を行った。天皇はからくも別殿に難を逃れ、夜明けに院の御所に避難した[12]。正月早々の事件だったため、この年の年中行事はめちゃめちゃになり、七瀬祓《ななせのはらえ》・祇園会・日吉祭・授戒会《じゆかいえ》などが、延期されたり中止されたりする始末となった。日吉神輿をになって、院御所や内裏を占拠しさらにはそれを破壊する山僧が、天皇権威に対し何ら尊敬の念を持っていないことはいうまでもない。これこそ神霊至上主義である。日本においては国家を下に見る神霊至上主義が厳然と存在した。このことは決して見逃してはならない歴史上の現実である。

さて後伏見《ごふしみ》・花園《はなぞの》上皇が東寺に参詣した際、たまたま強訴のため在京中で、同寺に仮安置されていた石清水八幡宮・東大寺八幡の神輿に参拝している[13]。紛争の最中である。神訴を容認するように取られかねない。またこの訴訟を上から裁くべき院が、自己の権威に自信がないことをさらけ出しているように思うのだが、こうした事例も少なくない。

一方、後述の応安の強訴に際し、延暦寺は幕府への訴状の中で「叡山はただ国家安全の祈禱をするだけのところではない。古来、政道に誤りがある時には、諫言《かんげん》するのが叡山の故実である。朝廷はこの諫言を政治の模範とするのだ」(「山門嗷訴記」)と述べた。朝廷と対等、あるいはそれ以上の立場にあるという自覚がある。絶対アジールの独立性と自律性を主張している。念のため原文を挙げると「山門匪啻臻御願之誠祈、剰復献政道之諫言者、衆徒之故実、朝廷之模範也」である。天皇権威に向けた民衆の上からの目線である。これが絶対アジールの特徴なのである。天皇権威はここでも叡山の下位にある。

日吉社に日本国を譲与――中世神話

日本神話というと記紀神話を思い浮かべる人が多いだろう。だが神話は中世においても変形しつつ存続した。寺院には記録を専門とする「記家」と呼ばれる僧の家があり、『天台座主記』・「渓嵐拾葉集《けいらんしゅうようしゅう》」（『新修大蔵経』）などを編纂した。後世、仏教を激しく排撃することになる儒学・神道説も、もっぱら寺院で記家により研究され教えられた。そして多種多様の日本神話が流布した。後世本居宣長《もとおりのりなが》によって「さかしら」と批判されるものがこれである。『平家物語』『太平記』などにも随所に神話が挿入されており、中世神話の宝庫である。現在の神話研究はむしろこちらが主流である。これらの研究はテキスト（書物）を読解する純粋な神話研究が多い。神話がどんな場で主張され、何のために使用されたかに焦点を当てているわけではない。

応安の強訴の際に持ち出された延暦寺の訴状は、多くの神話をちりばめている。その利用目的も明らかである。主張しているのが誰か、何のために主張しているのかがわかる点が重要である。その言い分が面白いので見てみよう。

延暦寺は「天子本命の道場」である。天照大神《あまてらすおおみかみ》はかたじけなくも、日本国をもって日吉社《ひえしゃ》に譲与せられた。日吉社の神は今、天上にお住まいになっており、日吉社にはお留守の神様が住んでおられる。春日の神は天児屋根尊《あめのこやねのみこと》であるが、天児屋根尊は天照大神の臣だ。だから興福寺は大和一国だけを領しているのだ。[14]

日吉神は日本の地主だと言っている。だから叡山の要求を呑めというわけである。中世神話は政治的に利用された。これもまた天皇権威などものともしない非常に高圧的な言い分である。この中世神話の理論武装が社会的にどの程度通用していたのかは大きな問題である。記家の存在意義も問われなければならない。だが内裏に神輿を振って破壊する山僧や叡山シンパがこれを信じていたことは間違いなかろう。

叡山のこうした天皇権威を下に見る態度に対しては、当然ながら強い反発があった。鳥羽院は久安三年七月一二日（一一四七）天台座主宛の院宣で叡山の横暴について「天台の聖僧とはいえ、たかが庶民ではないか」（原文「雖為台嶺之浄侶、豈非率土之庶民乎」）[15]と怒っている。

筆者は『寺社勢力の中世』で「無縁所という存在は、政治勢力として、歴史を劇的に推進することもなければ、逆行させることもない。能動的役割を果たした場であるとはいえない」（本書では「無縁所」は「アジール」に換言する）と述べた。だが「人民的な反乱」の効果をそこまで小さく見積もってよいだろうか。この記述の当否も再検討する必要が出てきた。

南北朝の内乱がほぼ大勢を決した貞治六年（一三六七）、幕府は故後醍醐天皇の冥福を祈るため、禅宗の南禅寺《なんぜんじ》に豪華な楼門《ろうもん》を建立した。だが翌応安元年（一三六八）、足利義詮《よしあきら》が没し幼い義満《よしみつ》が三代将軍になり、管領に細川頼之《ほそかわよりゆき》が立つと、幕府の禅宗帰依にいきどおりを覚えていた園城寺《おんじょうじ》、そして叡山が蜂起した。

中国伝来の禅宗は蒙古の手先であり、禅宗をひいきした南朝（亀山《かめやま》・後醍醐院）はもはや滅亡したも同然である。国のために不吉である。さらに楼門を建てることは寺格にふさわしくない[16]、とその破壊を要求し、神輿を動座し強訴し内裏を占拠しようとした。

幕府は叡山の問題を専管する山門奉行という特別職を設置していた。この緊迫した状勢の中、その任にある安威資脩《あいすけのぶ》が「叡山の要求には屈しない。楼門の取り壊しには断じて応じない。こうなったら、延暦寺が滅びるか、幕府が滅びるか、二つに一つだ」（原文「山門摩滅歟、武家滅亡歟」）と言い放った[17]。叡山は資脩の罷免を要求し、さらに幕府の奉行人全員の職務怠慢をなじった。

幕府は管領以下を総動員して強訴に備えた。将軍邸は管領細川頼之が警護した。京都の大路・小路、内裏の四方には逆茂木（バリケード）を構えた。それでも警護の武士が神輿を恐れたため、内裏があわや占拠されそうになる事態になった。結局、幕府は要求を呑み、自らの手で建設した楼門は、礎石に至るまで根こそぎ撤去された。これが応安の強訴である。

3　一味・一同・一揆

一味――集会《しゆうえ》の意義

日本のアジール固有と思われる重要な特徴を一つ挙げておこう。

神威を背景に寺社の要求を容れさせようとする強訴は、仏神の権威を高く、朝廷の権威を下に見ているわけだが、強訴の背景にはもう一つ別の大きな神霊的権威が存在していた。

建久九年（一一九八）に興福寺は、和泉国の寺領に対する国司の暴政を指弾し、その流罪を要求して朝廷に強訴した。その主張は、「一般原則として、紛争が国法に則って国家法廷で裁かれることに異論はない。だが例外もある。三千の寺僧が同心している事柄を、法廷に委ねることなどできない。なぜなら、寺には多くの僧がいて、みな顔かたちが違うように立場も考え方も別なのだ。にもかかわらず、これだけの人々の心が全く一致するということは、春日の神の御心がわれわれみんなの心に反射している証拠なのだ。「一味同心」の奇跡は神慮の現れだ。だから訴えは無条件で主張どおり裁許されるべきだ。国法に反していようがいまいが関係ない」（興福寺牒状[18]）。

一味同心は集会《しゅうかい》の場（場所）で起こっていることにはちがいないが、内容はヘンスラーの言とは全く異なる。集会《しゅうえ》の際には、他のあらゆる権威を否定する「一味の原理」という特別なオレンダに満場が包まれる。一味はまた一同・一揆とも呼ばれた。身分の上下に関係ない意見の一致を重視する前提には、学侶《がくりょ》・行人を問わず、興福寺・春日社のあらゆる人の意志が同じ重みを持つとする平等観念が伏在している。一味の決定による命令は「衆命」と呼ばれて絶対視され、座主・別当であろうとも、これに違背することは犯罪とされた。一味の訴訟の背景には、身分すら消滅させてしまう大きな神慮がある。その権威は国法よりもはるか上にあった。これこそが神霊至上主義である。

ヘンスラーは「集会の場」を場所的なアジールの一項目として述べた。だが、一味・一同・一揆の時空は、場所的アジールにさらに強力な時間的アジールがかぶった状態とみることができるだろう。「しゅうかい」と「しゅうえ」、文字は同じだが内容は異なる。

一味の思考は、康和五年（一一〇三年）頃から史料に現れる。この年に興福寺で、仏教界の登竜門である維摩会《ゆいまえ》の人選をめぐって、藤原氏出身の良家の子弟ばかりが登用されるのに怒った一般大衆《だいしゅ》が、上洛して抗議するかまえを見せた。検非違使《けびいし》別当《べっとう》はこの強訴が大衆一味の訴訟でなく「一部の悪僧らの所為」であると認定した。そこで官人を宇治まで派遣して取り締まった[19]。一味の訴ではないので、検非違使が警察力を発揮できたのである。

国家も一味を容認

寺僧だけが一味の聖性を信じていたわけではない。国家もある集団の特定の意志が一味の産物であると確認された場合には、その聖性を憚《はば》らざるをえず、要求を容れざるをえなかった。

長治元年（一一〇四）、叡山と石清水が九州の竈門宮大山寺《かまどのみやだいせんじ》の領有権をめぐって争った際、叡山の僧徒の行為について宗忠は「満山の衆同心か、はたまた一類の所為か」という点に関心を集中している[20]。またずっと後の室町時代、満済は寺社で紛争が起こるたびに常に一味の決定であるかどうかを問題にし、是非の判断の基準にした。正長二年二月（一四二九）の興福寺、永享三年閏《うるう》一一月の醍醐寺（一四三一）、同五年一二月（一四三三）の延暦寺の紛争のときなどである。応永三四年（一四二七）の根来寺の争乱の際には、「一味の訴訟であるから、たとえ一国の秩序維持のためであっても、守護がその権力を発動して鎮めることはできない」（原文「一寺一味之間、無左右為守護モ難被沙汰候」）と考えていた。結局根来寺の学侶と行人は、守護ではなく管領の意を受けた使者、遊佐《ゆさ》豊後《ぶんご》・遊佐越前《えちぜん》・斎藤因幡《さいとういなば》三人の調停で和睦した。[21] 一味の決定事項はタブーであった。

ヘンスラーは「集会《しゅうかい》の場がもつ独自の意義」というものはなく、集会の場は必ず同時に祭祠の場でもあるとして、祭祠の場一般の聖性に帰着させた。だが一味という「集会《しゅうえ》の場」は、日本においては、神意が顕在化し参加者全員がオレンダ・ハイルに満たされ、単なる祭祠の場以上の聖性に満たされる別格の意義を持っていた。

行人・聖と学侶は対立関係にあるが、対立するだけでなく、「大衆」として一味和合で結ばれる場合もあった。底流にある身分対立とは別に、一味の際には、学侶は支配身分の立場を離れ、大衆の一員として、下層民出身の行人・聖と意識を共有する。

一味・一同・一揆の輸出

一味の観念は寺院にはじまったが、その後武士から百姓にまで広がっていった。そして近世・近代に至るまで日本社会を規定した。

後述する伊賀国黒田荘では、早くも平安時代に荘民の一味が見受けられる。[22] 一味・一揆の精神は中世を通じてますます強化されていった。

貞永元年(一二三二)の『御成敗式目』の末尾に付せられた起請には、「評定の際、理非の決定に際して、各自は訴訟当事者との親疎関係や好悪の感情を一切断ち切り、会議の他のメンバーの意向を顧慮することなく、権威・権力ある人を恐れず、ただ道理のおすところに従って発言せよ。もし会議の決定が正しければそれは一同の正義である。もし間違っていたら一同の責任である。判決の後になって、「自分はあなたの主張が正しいと主張したが、他のメンバーに押されて敗訴になってしまった」などと言ってはならない。そのようなことを言うならば、評定の一味（一同）の聖性が損なわれていることをさらけ出す。裁判の公正さに疑念が生じ、その権威が失われる」と書かれている。御成敗式目は武家オリジナルの法と考えられがちだが、根底には寺院法の一味・一同の模倣がある。

戦国大名は専制権力をふるったように考えられがちだが、そうとも決めつけられない。永禄一〇年（一五六七）制定の『六角氏式目《ろっかくしきもく》』は、重臣たちが起草し、その条文を六角承禎《じょうてい》・義治《よしはる》と重臣らが相互に起請文で神に誓っている。重臣二十数名は「鬮《くじ》次第」（順不同）とされており、重臣らはこの誓約の際、身分の上下のない一揆を結んでいる。大名権力は重臣らの一揆に支えられ、なおかつそれによる掣肘《せいちゅう》を受けている。一味の観念はしっかりと根を下ろしていた。

一味のアジールは特権的に強力な聖性を帯びており、国政を動かしたばかりか、御成敗式目や戦国大名家中（家臣団）のあり方を規定し、ある意味で国家の形を変えさせた。そしてこの一味の精神は、平安時代後期から戦国時代に至るまで、連続した歴史の中で一貫して確認できる。空白の時代がない。これが外国史にない日本史の強みである。こういうことがわかるからこそ、アジール論の世界標準を立てうる可能性があるのである。

――「全会一致の幻想」は、集団思考において、グループの結束を乱したくないという感情からくる自己検閲、及び「異論がないことは賛成を意味する」という認識により全会一致の状況が作られていくことである。心理学で集団の意志決定手続きの正当性を論ずる場合、通常、否定的にとらえられている。一味はこれに該当すると思われる。私にも経験があるが、これで煮え湯を飲まされた人も多いのではないか。日本独自のものかどうか不明であるが、一味の権威の高さは特徴的である。

4 行人の歴史

末法思想

下層身分に属する行人と聖が寺社勢力の中核であったことを、今までの著書で一貫して述べてきた。寺社勢力が民衆と親和的であることは理解できるであろう。ここでは行人に直接光をあててみよう。行人の活動が開始された時期が寺社勢力の台頭期に相当することは偶然ではない。ここでは戦国時代に至る行人の通史的記述を述べておこう。

最澄作に仮託される『末法灯明記《まつぽうとうみようき》』は、平安時代末期に偽作されたものと考えられている。だが法然《ほうねん》・栄西《えいさい》・親鸞《しんらん》・日蓮《にちれん》などがこの書を引用しており、真偽とは別にその権威は高かった。佐藤弘夫氏『偽書の精神史』（講談社選書メチエ、二〇〇二年）を参考に私の解釈も加えながらその内容を検討してみよう。

Ⅰ　仏滅の後、正法《しょうぼう》・像法《ぞうぼう》・末法という段階で仏法が滅びていく。
Ⅱ　したがって、僧侶が従うべき戒律が無意味なものになる。「無戒」の時代には「破戒」という概念も意味を失う。だから戒律にもとづいて破戒僧を取り締まる制度はただちに廃止すべきである。
Ⅲ　無戒僧（無戒の比丘《びく》）は「世の真宝」として無条件に尊重されなければならない。それ以外に幸福が育つことはない。末法の世に持戒《じかい》の僧が現実に存在するというのが本当なら、それは怪異である。市中に虎がいるのと同じぐらいおかしなことである。
Ⅳ　だから破戒僧・無戒僧を登用すべきである。
Ⅲは律令の僧尼令にある授戒制という国家制度を打破せよという過激な思想である。Ⅳは事実上、正規の受戒などしていない行人・聖をも登用すべしとすることになり、当然、寺内身分など無意味だと主張することになる。『末法灯明記』の主張をそのまま容れるならば、行人・聖の地位を向上させることになる。著者は国家でなく全体社会に立脚点がある。僧には免税特権があるから、私度僧《しどそう》はずっと単なる脱税者と見なされてきた。
最澄に仮託していること、受戒者・無戒者の身分差別の撤廃の主張という点から、偽作者がどんな立場にあるかは想像に難《かた》くない。比叡山の堂衆《どうじゅ》（行人）に近い立場の人間であろう。また文章としてまとめられた時期とは別に、このような思想が現れるのは、堂衆の力が伸張する一一世紀末〜一二世紀前半、すなわち寺社勢力の成立期であろう。
さてこの思想が現れて初めて、行人・聖の地位が向上したのだろうか。もちろんそうではあるまい。全く逆に彼らの地位の向上が『末法灯明記』を生み出したのであろう。

貴族意識の暗転

平安貴族の日記を読んでいると、摂関政治期の『御堂関白記《みどうかんぱくき》』『権記《ごんき》』『小右記《しょうゆうき》』（九七八～一〇三二年）に比べて、半世紀後の『中右記《ちゅうゆうき》』（一〇八七～一一三八年）は寺社の怪異や寺社の活動に神経をとがらせ、混乱におびえ嘆く記事が圧倒的に多くなる。以後も平安・鎌倉期の九条兼実の日記『玉葉』、鎌倉時代末期の『花園天皇宸記《しんき》』、南北朝期の『園太暦《えんたいりゃく》』など、皇族・貴族の日記は、同様の暗然とした記事に充ちている。室町時代の『満済准后日記』に至ってもこの点は変わらない。

ともあれ一一世紀中葉から末の間に、貴族の意識が突如として暗転している。末法思想の影響が大きいのではないかと思われる。実務官僚の蔵人《くろうど》であった藤原資房《すけふさ》は、同年に長谷寺《はせでら》が焼失したとき「長谷寺は霊験第一のところである。末法最初の年にこのようなことが起こった。恐るべきことである」と日記に恐怖を綴《つづ》っている（『春記』永承七年八月二八日条）。末法思想の流行は大寺社の喧伝の結果であると考えられている。

なお末法の開始年については一〇五二年とする『末法灯明記』の説が後世に定説化するが、当時の諸説は必ずしもそうでない。末法元年を源信《げんしん》は一〇一七年、比叡山横川《よかわ》の天台僧は一〇四五年、真言僧は一〇六五年と考えていた。[23] 総じて一一世紀における寺社勢力の喧伝の効果は十分であり、それに比例して政治的立場が向上したことは明らかである。

もっとも現在は、末法思想が普及した時期を、これより後に設定する説のほうが一般的である。前九年・後三年の役、さらには保元の乱という衝撃を受け、それ以後にこの思想が実感され普及したとする。嘉保元年（一〇九四）以降に比叡山僧皇円《こうえん》が編纂したとされる歴史書『扶桑略記《ふそうりやつき》』や、鎌倉時代の『愚管抄』などを典拠とする思想史上の理解である。だがこれらは後世の資料からの考察であり、堂衆の台頭や寺社領荘園の成立という事実に着目するならば、末法思想が影響力を持つようになった時期はもっと遡ることができるだろう。

日本は中世に入った途端、急速に魔術に支配されるようになった。私度僧をただの脱税者と見た時代と、それを「世の真宝」として無条件に尊重せねばならないとする時代とは根底的に違う。末法思想に政治史的意義を認めてよいのではないか、私はそう考える。陶器時代の開始という考古学の知見、寺社領荘園の増加という経済史的転換点と一致するのがおもしろい。両者の連関を証明することはまず不可能であるが。

行人

行人はまた堂衆《どうじゆ》・禅衆・法師原《ほつしばら》・夏衆《げしゆう》・花摘《はなつみ》・承仕《しようじ》などと様々な名称で呼ばれ、寺院の雑務を担当した。雑務のうち最も重要なのは、寺社の警固（『中臣祐定記』仁治二年五月二三日、『春日社記録』二）、及び寺社経済の運営であった。この実務能力により学侶を上回る実力を持つに至った。高野山の職人には、大炊《おおい》承仕・開閉《かいへい》承仕・貝吹《かいふき》承仕など、行人身分の者が多い。行人なくして寺院の運営は成り立たない。

堂衆という言葉は『中右記』から見られる（比叡山堂衆一一一四年、興福寺西金堂衆一一〇五年）。大治五年五月一七日条（一一三〇）には、比叡山堂衆の上﨟《じょうろう》・中﨟《ちゅうろう》という身分が見られる。堂衆は年齢階梯制組織をとっていたようである。

堂衆と学侶との関係はずっと悪かった。すでに一一三三年、比叡山の学衆と根本中堂衆が合戦をしている。[24]その後も慢性的に対立・抗争を繰り返した。

『平家物語』（長門本）「学生堂衆合戦事」によれば、治承二年九月（一一七八）の行学合戦に際し、「学者是を咎めければ、堂衆申けるは、われらなからん山は山にてもあるまじ、学生とて、ともすれば聞もしらぬ論議といふことはなんぞ、あなをかしなどいひあひけり」と述べたという。学侶がいやがる検断や財務などの寺院運営を行う汚れ役はわれわれ堂衆であり、学侶は役にも立たない仏説の論議ばかりしている、と皮肉っている。

長禄三年（一四五九）、高野山で学侶の評定事書案（寺内法）が出された。それには、

殺人・傷害・盗みの大犯《だいぼん》三箇条を犯した犯人の捜査と処罰は、行人方の組織たる六番衆の権限である。刑事事件の捜査一般も原則として六番衆の権限である。ただ例外があり、被疑者が学侶であった場合のみ、学侶方の機関である五番衆が捜査・処罰をするきまりである。[25]

とある。これは学侶方で出された文書である。その中ですら、検断権が学侶方にあるとは主張されていない。行人が寺内検断権（警察権）を保持することは、学侶でさえ……不本意かもしれ

ないが……認めている原則である。公権の重要な柱である寺内検断権を掌握していたのは、学侶より身分の低い行人である。中世寺院の中心勢力は行人であったことが改めてわかる。

私はこの史料を、ずっと、高野山の行人が地位を上昇させていった結果、検断権を獲得したものと解釈していた。だが検断権は行人が本来持っていた権限ではないかとも思われる。武力行使に代表されるような、学侶が基本的にタッチしたがらない種類の仕事・権限が存在したからである。安田次郎氏が紹介する後述の大乗院尋尊《だいじょういんじんそん》の意見を参照してほしい。

指名なき堂衆追討宣旨

平安末期〜鎌倉初期、叡山の堂衆は、院政や平氏政権に常に脅威を与えていた。平家の時代、安元三年五月（一一七七）に叡山攻撃が検討された。加賀国司藤原師高《もろたか》らが叡山末社の加賀白山の所領を焼き払う事件が起こり、叡山は師高の流罪を要求し彼は尾張に配流《はいる》された。「後白河院第一の近臣」である師高の父西光《さいこう》（藤原師光《もろみつ》）は天台座主明雲《みょううん》が強訴の張本であると院に訴えた。院は明雲の天台座主職を罷免し、伊豆に流罪と決まった。ところが配流の途上、明雲の身柄を山僧が近江国勢多あたりで奪取し山上に保護した。これに怒った後白河院は、平清盛を急遽福原から呼び出し、東西坂本を固め叡山を攻めさせようとした。清盛は内心反対であったが、二八日、法皇に押しきられる形で攻撃を決意した。[26]

ところがその翌日の二九日、多田《ただ》行綱《ゆきつな》が鹿ケ谷の謀議を密告したので、叡山攻めは沙汰止みとなった。そして早速六月一日に首謀者の西光が斬られている。西坂本に下っていた叡山大衆はこれを喜び、敵を討っていただいたことは喜ばしいことであり、もし手伝えることがあれば協力しよう、と清盛に伝えた。[27] 鹿ケ谷事件の背景に堂衆と清盛の通謀があった可能性も否定できない。

ついに治承三年（一一七九）、後白河院は堂衆追討宣旨を出すことになった。その際、宣旨の文章を書く弁官（書記官）である小槻隆職《おづきのたかもと》が、「追討宣旨というものは「某国住人凶賊某」を追討せよ」と固有名詞をあげるのが先例だ。ところが今回の宣旨の文案ではただ「堂衆を追討せよ」と言うだけで名指しをしていない。こんな文章は不備である。先規にない」と述べて執筆を渋った。事実、追討すべき人間を、源以光《もちみつ》（以仁王《もちひとおう》）とか北条義時《よしとき》などと特定するのは当然のことである。宣旨は天皇の命令だが、書記官が命令書の内容について責任を取らされる場合もあるので、慎重になるのも無理はない。追討する堂衆個々人は宣旨が出た後、清盛が追って特定する予定だということであった。[28] これも違例である。

人名を特定しない、事前に特定できないというのは、堂衆が不特定多数の名もない人々であったことを示す。なお宣旨の文言に「京都に逃げ込んだ堂衆は検非違使が、諸国に逃げた連中は国司が捕縛せよ」とあり、全国に堂衆の味方がいると想定されている。実際にこの二十年後の鎌倉時代の堂衆合戦は国家規模の内乱となった。無名の人々の力はかくも大きかった。

建仁の堂衆退散と赦免

建仁二年（一二〇二）、ついに本格的な堂衆合戦（行学合戦）がおこった。湯屋の入浴順をめぐる身分対立が発端であった。学生（学侶）は堂衆との合戦で危機に陥り、朝廷だけでなく普段は犬猿の仲にある幕府にまで救援を求めた。全国に堂衆追討宣旨が下され、鎌倉幕府が援軍を派遣する事態になった。堂衆の兵は強く、葛西重元《かさいしげもと》・豊島朝経《てしまともつね》・佐々木重綱《しげつな》らの御家人が討ち取られた。首都とその近隣におこった大事件であるから、中世国家は必死で火を消そうとしたのである（『明月記』『天台座主記』『吾妻鏡』）。この三者、朝廷・幕府・学侶こそが権門体制論が言うところの「支配者としての三権門」であり、この協力関係こそがいわば「三権門の相互補完」である。寺社勢力の中核である堂衆（行人）は支配者ではなく名もない人々であった。

この戦いの結果は「堂衆退散」で終わったとされる。この説が文字通りに正しいとすれば、中世では一貫して行人の力が強かったという私説にとって弱点となりうる。説明しておく必要がある。堂衆はその後も活動している。以下の事例がある。

『玉蘂《ぎょくずい》』承元五年七月二日条（一二一一年）には、先日堂衆が土御門《つちみかど》院の身柄を拘束しようとしたので、幕府との連絡・交渉を行う役割の関東申次《もうしつぎ》の職にあった西園寺公経《さいおんじきんつね》が密々に同院を冷泉《れいぜい》の家に渡御《とぎょ》させるため、一夜の御宿所を作ったと記している。また八月一九日条には、「堂衆が勅勘を免ぜられ、もとのごとく所領を返還する」と後鳥羽《ごとば》院が決断したことが記されている。『百練抄《ひゃくれんしょう》』建暦元年九月七日（一二一一）条には「八月二〇日に、院の殿上において群議があった。叡山の学者（学侶）と堂衆の相論についての審理である」「七日には叡山堂衆四百人ばかりが、院の命令で、北山にある妙見堂《みょうけんどう》において、朝廷の平穏を祈る法会を行った。堂衆は建仁以来、朝廷の処罰を受けて各地に隠居していたが、今寛宥《かんゆう》された」とある。

堂衆は赦免されているのである。その理由は後鳥羽院が承久の乱の兵力として堂衆に期待したためではないかという説がある。的外れでないかもしれない。堂衆の没落ということがあったとすれば、それは「建仁の堂衆退散」ではなく承久の乱ではないか、と思って、最大の激戦が行われた宇治橋合戦の記事、『吾妻鏡』の承久三年六月一八日条の「六月十四日宇治合戦討敵人人」を当たってみた。京方として熊野の縁者が六人記載されている。熊野が後鳥羽院に加勢したことがわかった。だが「山法師」と記されるのは一名だけで、承久の乱で叡山堂衆が後鳥羽院に味方して打撃を蒙ったとはいえない。堂衆は本当に「退散」したわけではない。

ただ京都の政権に恐怖を与える堂衆合戦のような事件はこの後起こっていない。建仁以後、「堂衆」という表現はほぼ消える。同時に「学生」の語も消える（下坂守『京《みやこ》を支配する山法師たち』吉川弘文館、二〇一一年）。暴力的な分子を一応懐柔でき、激しい対立は解消されたものと考えられる。

普遍的な行学身分

河内金剛寺《かわちこんごうじ》では大衆（学侶をこう呼ぶ）と承仕・行人、播磨太山寺《はりまたいさんじ》では修学者と行人、出雲鰐《いずもがく》淵寺《えんじ》では五院大衆と行人、備前弘法寺《びぜんこうぼうじ》では大衆方と久住者《くじゅうしゃ》方、下野鑁阿寺《しもつけばんなじ》では供僧と承仕というように、どの寺でも学侶と行人の身分が見られる。地方寺社は中央寺社勢力の小型版である（黒田『寺社勢力』）。

叡山の行学対立は見えにくくなっていったが、他寺では別である。興福寺の堂衆が弘福寺に発向する事件があった。[29] 室町時代になると、永享三年四月（一四三一）に学侶と西金堂衆が大和国鳥見・矢田両荘の番頭米納所のことについて争い、幕府法廷で裁判沙汰になっている[30]。

　室町時代の高野山でも行学合戦が起こり学侶はまたしても敗れた。満済は「高野山では今や行人と念仏衆ばかりが住んでいる。行人は学侶の召使いに過ぎないのに、主人である学侶の首を切る。もってのほかの過分の下克上である[31]」、と嘆いている。「念仏衆」とは時衆の高野聖である。学侶を主人の身分、行人を召使いの身分と、露骨な差別意識で見ている。「下克上」というのも強い表現である。

　醍醐寺でも、夏衆が寺僧若輩の前で足駄を脱がないのが無礼であるといって、一触即発のもめ事になった[32]。

　戦国時代の高野山を動かしていたのは惣分沙汰所《そうぶんさたしょ》という行人の組織で、その発給文書は軍事動員などの重要な政治決定文書ばかりである。学侶集会は存在していても、実質的な政治的・軍事的・経済的決定にはほとんど関与できなかった。高野山周辺地域の場合、戦国時代の在地文書には、「衆徒」「学侶」といった言葉自体がほとんど見られなくなる。

　国家が全力を挙げて学侶に加勢した叡山の堂衆合戦の結果は、妥協（赦免、武闘派の排除）であったといえる。国家の援助がない叡山以外のどの寺社勢でも行人が実権を握った。『政基公旅引付』文亀元年閏六月二六日条（一五〇一）には「和泉国の百姓の子供で根来《ねごろ》法師となった者を氏人と号する」と記されている。

　高野山の行学合戦からは、行人と聖との親和性、及び両者と学侶との対立構造が明確になる。敗北したのは武士・富農身分の学侶である。勝者は百姓・非人身分の行人・聖である。寺社勢力の中核は行人・聖、そして神人・山伏などの下僧・下層神官である。寺社勢力を全体として「領主」と見なす黒田説の誤りは明らかである。

複数寺社を横断する行人組織

一五世紀末に、根来寺・高野山・粉河寺《こかわでら》の三ケ寺の行人が共同経営の金融業を営んでいたこと[33]は『寺社勢力の中世』で述べた。教科書的な言い方をするならば、粉河寺は天台宗、根来寺は新義真言宗、高野山は古義真言宗である。根来寺と高野山は、延暦寺・園城寺と同様、院政時代〜南北朝時代に、学侶同士が抗争をくり広げた。宗教史的な見地からこの共同経営を説明することは無意味である。もともと行人に教学上の「学」をめぐる対立などはない。

熊野三山の参詣勧誘を行う御師《おし》(御祈禱師)であり、なおかつライバルともいえる伊勢大神宮の御師を兼ねる者が多かったことはよく知られている。個々の寺社単位でものを考えるとわかりにくいが、行人・聖・山伏の立場に立てば、東国からの参詣者にとって伊勢から熊野三山へというのは参詣順路にあたるので不自然なことではない。「寺社勢力」という言葉は曖昧な表現だが、個別寺社の枠を飛び出して活動し、利によって結ぶ行人・聖のありようを表現するには、大変便利な言葉なのである。

学侶同士が敵対関係にあっても、行人同士には特別な憎悪はない。身分的同質性に基づく共通項のほうが多い。行人・聖は個別寺社の枠に囚らわれない横の連帯を持つことができた。中世寺社勢力は、宗派で説明するよりも経済体として考えるほうがずっと明快に解ける。宗教・宗派の違いは無意味だから、三ケ寺行人は完全に同質の経済人である。黒田の言う寺社勢力の「ゆるい連帯」である。

聖・神人・山伏の社会進出は、寺社領荘園はもとより、寺社領以外の公領、交通路、さらには全体社会すべてに及ぶ広汎なものであった。そこで紛争が起きた場合、問題は畿内近国の本山・本社を通じて中央政界に持ちこまれる。

アジールの開放性

アジールといえば、その内への駆け込みが容易か否かという面で論じられてきた。さらに外部権力の遮断、専《もっぱ》ら閉鎖性からとらえられてきた。しからば一旦駆け込んだ駆け込み人がアジールからその外に出ることの可否はどうか。

元来、こういう人々は死を免れなかったはずであるが、ヘンスラーは死を免れるだけでなくオレンダを帯びて聖化されるケースを紹介している。

アジールは開放性もまた持っている。本書の冒頭で引用したアテネのキュロン派についての記述では、アジールから出た場合にも危害を加えられないための手続きが用意されている。そもそも場所的なアジールから外に出ることは、暗黙裏に、当然ありうることとして最初から想定されているのではないかと思われる。閉鎖性と開放性、アジールの両面を見落としてはならない。

神人《じにん》や山僧の汎社会的活動はアジールの開放性からとらえられる。彼らの活動には遊行と勧進、また金融が付き物であるから、ここにアジールと経済の問題が発生する。神人は身分的には行人と同じである。

寺社勢力の社会進出が認識されるのは、『中右記』の時代である。近江国でなく摂津に「日吉大津神人」がいることに宗忠は驚いている。[34] 貴族の認識はその程度であった。

それ以前一一〇五年に九州の「借請宋人等物」という問題を原因として、叡山の法薬禅師《ほうやくぜんじ》が介入している。[35] 記述が簡単なので詳しい経緯はわからないが、中国人との間で金融トラブルが起こっている。

『中右記』大治二年一二月一五日条（一一二七）には、日吉社が陸奥守藤原良兼《よしかね》を訴えた事件が記されている。藤原清衡《きよひら》が比叡山の千僧供《せんぞうく》という法会の費用にあてるため、七百町に及ぶ荘園を立てた。さらにそれが拡大しそうだったので、その動きを止めようとした国司と日吉神人との間で紛争が起こり、良兼が神人を殺害・刃傷したのである。清衡の役割は明らかでないが、日吉神人の活動範囲が半ば外国というべき陸奥にも広がっていたことは明らかである。アジールの社会進出、さらには国外進出さえもが、その形成期から始まっている。商業・流通に携わる神人の殺害が問題になるのは、彼らがオレンダの転移した存在であり不可侵性を帯びていたからである。中世の商人・職人、流通・交通の先進的な担い手はこうしたアジールからオレンダを帯びて外に進出した人格的アジールなのである。さらにまた彼らは参詣者を募り、西国の寺社勢力と東国から東北に及ぶ地域社会を結節した。アジールを論ずる場合、どうしても狭い閉鎖的な部分が最初に目につく。だが人格的アジールは全体社会において広汎な活躍をした。これを過小評価してはならないであろう。

行人・聖の宗教

一一一二年、清水寺別当の勝快《しょうかい》聖人は強盗のため受けた傷がもとで死去した。勝快は「本はこの寺の夏衆の最末の下臈《げろう》であった」[36]。普通、このような不慮の最期をとげた場合は神罰が下ったなどと貶められるのだが、中御門宗忠は、徳行を積み仏事を怠ることのない人物であったと賞賛している。行人でも宗教者として名を馳せた者があった。

高野聖《こうやひじり》は「念仏衆」と呼ばれる時衆である。学侶の奉ずる真言宗とは異なる。叡山について見ると、弘安七年（一二八四）に鎌倉入りを拒絶された一遍《いっぺん》が京に上った。途中の近江国は山門領が多く、一遍に帰依してはならないという叡山の命令が出ていると聞いていた。ところがその途上、大津に横川《よかわ》の真縁上人が来て一遍と結縁《けちえん》した。また関寺に着いた時も、園城寺が布教を禁止していると聞いたので、「関のほとりなる草堂」に一泊したのであるが、園城寺が「化導のおもむきゆへなきにあらず」と許可した。そこで関寺で七日間の行法を行った。真縁は貴族の出身で、俗名は平輔兼《すけかね》、文永五年頃に出家した人物であり、文永九年六月には比叡山山内で勧進活動をしていた（『一遍聖絵』『天台座主記』）。叡山の聖にも時衆が多かったと推定される。

このように同じ寺で学侶・行人・聖の奉ずる宗派が異なっていることはごく普通にある。おおざっぱにいえば、新仏教は教学の知識が不要な易行《いぎょう》であり、「学」とは無縁の行人・聖と親和的である。新仏教は行人・聖世界から広まっていった可能性がある。

行人が既成教団の中で実力を高めていったのに対し、聖はその枠にとらわれず全国を遊行した。

本山・本社への参詣を勧誘した。また雑信仰、仏教的呪術を社会に広めるのに果たした役割はまことに大きなものがある。また高野聖などは「売僧《まいす》」と呼ばれて薬・呉服その他を携帯して商業の発展にも貢献した。なお聖は法華経を常に持ち歩きながら遊行する持経者タイプと、念仏を唱えつつ遊行する念仏者タイプとに大別される。それぞれ法華一揆・一向一揆の先駆的存在であった原始日蓮宗・原始一向宗に対応するだろう。

第Ⅱ部　日本アジールの通史

第四章

アジールの成立

1　下からのアジール形成

アジールを必要とする人々

本章からいよいよ日本のアジールを通史的に述べていこう。日本においてアジールを探し求めるならば、まず最初にすべきことは、宗教の場である寺院、また僧侶に着目することである。多数の文書を残す寺社勢力はアジールである可能性が強い。

ヘンスラーの記述も舟木氏のそれも……表現の上ではあるが……国家の視点からの言葉に満ちている。先に紹介したように退化と終末期について「この制度が不必要であるだけでなく、法に敵対するものとなる」という記述がある。もちろん二人とも一面的に国家権力の伸張を是認しているわけではないが、使用される用語は誤解を呼びやすい。そのためアジール論は、無意識であるが、国家からの承認、国家による解体の問題に帰結しやすい。知らず知らずに国家中心史観に陥る虞《おそれ》がある。アジールは国家の承認によって発生するのではなく、国家を超えるオレンダに支えられて存在する。日本なら仏神の権威によってである。

下からのアジール形成という現象はないのだろうか。古代の残滓ではない新たなアジールの形成は想定できないのだろうか。またアジール自身の内部矛盾による自壊ということはないのだろうか。これは当然議論すべき問題である。

敗軍の受け入れ

私は駆け込みのわかりやすい例として、「窮鳥」の例や、尊氏など著名な有力者の受け入れを取り上げた。それらが軍隊組織の結束を維持したまま、駆け込んでしまったケースである。寺社勢力は結果的にアジールの役割を果たしたのである。

だが実際にはアジールが敗軍を必ず受け入れるとは限らない。アジールの平和秩序の維持という根本が傷つけられかねないからである。一三三六年一二月、高野山は京から逃れてきた後醍醐天皇の入山を拒絶した。

南北朝時代、文和元年閏二月二〇日（一三五二）に八幡の南朝軍が京都に攻め入って義詮を追放したが、その後五月には坂本から逆襲した義詮が後村上《ごむらかみ》帝を追い出して京都を回復し南朝方を吉野に敗走させた。その間四月上旬、祇園社領の社僧の住坊に義詮の軍勢が陣札を打って寄宿しようとした。祇園社の社僧らは「今は安居《あご》供精進《くしようじん》という重要行事の最中であり（時間的アジール）着陣は触穢《しよくえ》に当たり聖地が穢《けが》れる」（『八坂神社記録』一巻、文和元年四月四日条）とつっぱねようとした。時は首都攻防戦の最中であり、東山は戦場の一部である。絶対アジール比叡山の権威を背負った祇園社だからこそ、戦争から超然として中立性を主張しえたのである。

その翌年には叡山が、楠正儀《くすのきまさのり》・山名時氏《ときうじ》らの南朝軍に京都を追われた義詮の駆け込みを拒否する。まず後光厳天皇が山門へのがれ、義詮も支えきれなくなって天皇の後を追ったが、叡山が戦乱にまきこまれることをおそれて拒絶したため、義詮は行き場を失って船で琵琶湖を渡って美濃に逃れた。[1] さらに一三六一年には細川清氏《きようじ》軍を主力とする南朝軍が入京しようとしたが結局敗れ、清氏は坂本に走って山門に駆け込もうとして拒絶されている。[2] その二ヶ月後にはまたも後光厳が叡山に避難している。[3] アジールは軍勢を無条件で受け入れるわけではなく、受入・拒否について主体的に判断した。「すべての人間がアジールによる保護に預かれる」という原則に抵触するかもしれないが、アジール自身の平和を維持するために、平和を脅かす者を拒絶する場合もある。可否はアジールの担い手の判断に依存する。

敗軍の受け入れは、イメージしやすい駆け込み事例であるが、多くの例外がある。原則は受け入れであるが、アジール自体の平和秩序の維持をおびやかす虞があれば、断ることもあることを認識する必要がある。

民衆の駆け込み

一方、寺社領に「駆け込んだ」民衆は、国司の苛政《かせい》や武士の苛酷な収奪により餓死に直面していた。アジールは公的・私的な暴力からの避難所というだけではない。あらゆる死の危険からの避難所ということがその本質である。この民衆こそが本当の「窮鳥」である。敗軍の駆け込みに比べて派手ではないが、これが最も重視すべき駆け込みの類型である。これについては寺社領荘園成立の項で詳しく述べる。

現代のアジール論はすぐれて個人の問題として考察されている。それどころか個人の心の避難所として扱われるほうが普通にさえなっている。だが呪術的な共同体、また小宇宙から独立した内省的な「個人の誕生」は近代である。アジールがそれ以前から存在することは明らかである。歴史家の立場から言えば、個人の駆け込みは最重要の問題ではない。

特に民衆の駆け込みを考える場合、個人の駆け込みではなく集団の駆け込みこそがテーマとして挙げられるべきであろう。特に共同体ごとの駆け込みはもっと取りあげられなくてはならない。もちろん非常時であるから共同体は解体され、群衆と化している場合も多いはずである。悪政（過酷な徴税）・戦争・災害を原因とする駆け込みは、国家・社会の構造的な歪みを反映する事件である。また財産・土地を持ったままの駆け込みは、国家史・全体社会史に直結する大きな意味を持つ。こういう問題を扱うマクロ‐アジール論が必要である。これについては次章で詳しく述べる。

アジールの恩恵は下層が享受

ヘンスラーは、宗教的・魔術的段階のアジールについて、

基本的にはすべての人間がアジールによる保護を享受できるという点がはっきりと認識されなくてはならない。

保護希求者は、聖なる場所において飢えと風雨に曝《さら》されていた。

という極めて重要な指摘をおこなっている。この本質は実利主義的段階でも同じである。原理的には、強者も弱者も、長者も貧女も、あらゆる人間が庇護されうる。神霊のオレンダに接触した人・場所・時間であれば、誰であろうと（ハイエナであろうと）庇護に預かれるのがアジールである。

現実にアジールの恩恵に預かる人々は、飢えと暴力（国家の暴力、及び強者の私的暴力や自力救済）のために、死と隣り合わせの危険にさらされている民衆が圧倒的に多いことをはっきりと認識しておかなければならない。

国司《こくし》苛《か》政上訴《せいじょうそ》

九～一一世紀の地方政治は全く無責任なものであった。王朝貴族は地方政治の監視を放棄し、国司（受領）に政治を完全に一任した。彼らは朝廷の有力者に莫大な献上品・賄賂《わいろ》を贈って国司に任命してもらい、一旦任官するや国務を専断した。国司は四年限定の独裁者として君臨し、任期後はその国を離れてしまうのをよいことに、法外な税率を勝手に決めて私腹を肥やし、事実上の略奪を専《もっぱ》らにした。王朝は賄賂の多い者ばかりを重用し、任期が終わった後、さらに利潤の大きい他国の国司に任命した。構造腐敗である。

この悪政に対する反発が起こった。一〇・一一世紀における郡司・百姓の国司苛政に対する闘争である。永延二年（九八八）の尾張郡司・百姓の訴状が国司苛政の内容を具体的に書き上げている。道長の時代を中心に、国司が襲撃を受けたり、郡司・百姓が上京して国司の非法を訴えて罷免を要求したりすることが繰り返された。また国司の善状（善政をほめ称えた文書）も出されたが、これは実際には苛政を行っている国司が百姓らに強制して書かせたものであって、実際は苛政が行われていたことの裏返しであり、訴状に準ずるものと考えられている。

愁訴

郡司・百姓の訴えは内裏の通用門である陽明門で行われた。あくまで下からの愁訴である。坂本賞三氏がこの三一回に及ぶ訴訟の一覧表を作成している。[4] この闘争については、一〇四〇年代に王朝国家の政策が転換し、一国内の税率を国司の恣意に任せることをやめて固定する「公田官物率法」が制定されたことにより終結したと理解する。そしてこの一覧表には「神人とか国内の特定の人物が国司を訴えた種類のものは除外してある」との注記がある。除外の理由は示されていない。

だがこの除外は不適切であり、非科学的なものの軽視の一例である。同時期に訴えを起こした豊後の宇佐《うさ》八幡宮、越前の気比《けひ》社、筑前の安楽寺（現在の太宰府天満宮）、大和の春日社《かすがしゃ》などは、いずれも一宮《いちのみや》級の神社で、一国の精神的支柱であり、郡司・百姓の崇敬も高かったと推定される。これらの訴訟を捨象してはならないのではないかと思われる。

長保二年（一〇〇〇）に興福寺の僧徒が添下郡の大和国司の館に乱入する事件があり、寛弘六年（一〇〇九）七月には大和国司が春日社の神拝をしたのに際し、国司の従者が興福寺によって凌礫《りょうれき》される（暴行を受ける）事件があった。[5]大和国司と興福寺の対立は郡司・百姓闘争と同時期におこっている。坂本氏の表に寺社の愁訴を加え、一覧表を作り直してみた（一二六—一二八頁）。永延元年（九八七）には、七月に美濃の百姓が、一一月に伊勢太神宮《いせだいじんぐう》が、ともに陽明門《ようめいもん》で訴えている。この表で見る限り、百姓による国司の追及と寺社によるそれは、同時期に同形式で行われている。

愁訴から強訴へ

公田官物率法の制定は百姓にとって一定の前進であった。だが四年後にやめてしまう国司の収奪的体質は変わらない。労働徴発は次の国司の代にも続いたと推定される。国司を訴える運動は苛政上訴運動が終わった後も続く。

大和では興福寺により国司の春日社神拝拒絶がずっと行われてきた。[6]一宮の神拝は国司の政務初めの意味がある。それを拒絶することは、その国司による施政の全面拒否を意味する。とすると郡司・百姓の国司罷免要求と内容は同じである。

以後も国司の罷免要求や国司の襲撃は、寺社勢力の手で行われている。手軽な『日本史年表』（歴史学研究会編、吉川弘文館）を見ても、そういう事件は枚挙に遑《いとま》がない。国司の多くは西光《さいこう》など時代を担った院の近臣が多い。やはり中央による地方の収奪は依然として続いている。

注目すべきは寺社の闘争形態が、公法に則った下からの愁訴から、宗教的色彩を帯びた上からの強訴に変わっていったことである。

黒田は「中世寺社勢力論」[7]で「十・十一世紀は、中央では南都・北嶺など諸大寺社の大衆・神人の強訴が起こって次第に上向線をたどり、地方では郡司・百姓あるいは百姓・神人の愁訴・強訴が頻発した時期であった。両者は一応別のものではあるが、社会体制の矛盾の表現としては互いに連関する」とする。だがこの記述と、氏が寺社勢力を結局のところ「支配者」と位置づけることとは整合しない。筆者が批判したのはこの部分である。

平雅行氏は『日本中世の社会と仏教』(塙書房、一九九二年)で「国司の罷免・流罪を訴えた悪僧の強訴は、たんなる僧兵の「横暴」だったのではなく、民衆の反国衙《こくが》闘争という側面を濃厚に漂わせている。平安中期間にみられた諸国百姓の国司苛政上訴闘争が、院政期には寺社の強訴にとって代わられる事実は、その証左である。貴族は確かに悪僧の強訴に批判的だったが、その理由の一半は強訴が民衆闘争の一面を有していた所にあったのである。私たちは彼らの悪僧批判を鵜呑みにしてはならないであろう。結論するなら、中央神人・悪僧による民衆の反国衙闘争の組織化——これこそが朝廷の保護に内実を与え、延暦寺などの権門化・中世寺院化を支えた真の原動力であった」と述べている。この記述は平安末期についてのものだが、寺社勢力と民衆との距離の近さはこれ以後も中世を通じて続く。

寺社の武力や経済活動を担ったのが、教学に携わる学侶(貴族・武士)でなく行人・聖《ひじり》(民衆)であったことはいうまでもない。そして対朝廷の寺社勢力の政治行動はほとんどが経済問題である。また行人・聖の出身身分は黒田自らが述べているとおり、それぞれ「百姓」「広義の非人」(「中世寺社勢力論」)である。鳥羽院の言葉を借りれば「たかが庶民」である。

年	郡司百姓訴訟〈 〉内は回数	寺社訴訟 ○内は回数	その他
九七四	五月　尾張国司の苛政上訴。処分は解任〈1〉		
九八六		二月　興福寺、備前守藤原理兼の乱行を訴える①	
九八七	七月　美濃国百姓、陽明門で国守源遠資の延任を請う〈2〉	一一月　伊勢神宮神人、陽明門で国守清邦を訴える②	
九八八	一一月　尾張国の郡司百姓ら、国守藤原元命の非法三十箇条を訴える。処分は解任〈3〉		（唯一全文が残っている。『平安遺文』三三九号）
九九四		一〇月　宇佐宮と大宰大弐藤原佐理争う。翌年罷免③	
九九六			四月　藤原伊周・隆家の流罪
九九九	九月　淡路国百姓、国司を訴える。処分は解任〈4〉		六月　祇園会の際、道長が検非違使を派遣
一〇〇〇	一月　美濃国百姓、国司善状提出〈5〉		五月　興福寺僧徒が大和国司の館に乱入
一〇〇一	一二月　大和国百姓、愁文を朝廷に出す。処分不明〈6〉		閏一二　非常赦により伊周許される
一〇〇三		一一月　宇佐八幡宮神人が大宰権帥平惟仲を訴える④	
一〇〇四		二月　住吉社神人、摂津守藤原説孝を陽明門で愁訴⑤　三月　宇佐八幡宮神人陽明門で大宰権帥を愁訴⑥	
一〇〇五		一一月　大宰典代長峯忠義、宇佐宮宝殿で暴行、佐渡に流罪	（一〇〇七年の非常赦で許される）
一〇〇六		七月　興福寺大衆二〇〇〇人上洛、大和守源頼親の停任を求める。道長、追い返す⑦	
一〇〇七	七月　因幡国百姓愁訴。処分は解任〈7〉		二月　大和国司頼親、興福寺辺で打擲される
一〇〇八	二月　尾張国百姓国守藤原中清を訴える。解任されず〈8〉		
一〇〇九	九月　近江国府雑任・国分寺僧、前司藤原知章を近江国守に任ずるよう申請、その通りに任ずる〈9〉〈知章は道長の家司〉		七月　大和国司頼親、春日社神拝、従者が興福寺の者に打たれ死亡
一〇一二	一二月　加賀国百姓、国司源政職の非法三十一箇条を訴える。不問に付す〈10〉　一二月　尾張国百姓、国司善状提出〈11〉　一二月　大和国百姓、国司善状提出〈12〉		六月　道長、叡山に騎馬で登山。無礼であると山僧に投石さる

表1　郡司百姓・寺社訴訟年表

一〇一六	八月　尾張国郡司・百姓、国守藤原経国を愁訴。処分は解任?〈13〉		
一〇一七	八月　越中国百姓、国司善状提出〈14〉　一一月　伊勢国百姓、国司善状提出〈15〉		源信、この年を末法元年と見る
一〇一九	六月　丹波国百姓国司藤原頼任を愁訴。不問に付す〈16〉　九月　丹波国百姓国司善状提出〈17〉		三月　道長出家引退
一〇二三	二月　但馬国百姓愁訴。一旦解任の後復任〈18〉　一一月　伯耆国百姓愁訴。訴状不受理〈19〉		
一〇二四	八月　能登国百姓ら陽明門で国司善状提出〈20〉	一一月　越前気比社神人、陽明門で加賀守但波公親を訴える⑧	
一〇二六	四月　伊賀国百姓、国司を訴える。処分不明〈21〉		
一〇二七	五月　常陸国百姓、国司善状提出〈22〉		一二月　道長没
一〇二八	七月　但馬国百姓、関白頼通宅の門外で放呼する〈23〉　八月　備前国百姓、陽明門で、国司善状提出　不受理〈24〉	一〇月　金峯山の僧徒百余人が陽明門で大和守藤原保昌の非法を訴える⑨	
一〇二九	二月　備前国百姓、国司善状提出〈25〉	七月　伊勢神宮の神人を殺した伊賀守源光清の非法を訴える⑩	関白頼通、神社の訴による処罰者の恩赦の先例につき、小野宮実資に諮問
一〇三〇		一二月　伊勢の神戸神民を殺した伊賀守源光清を流罪	(国司流罪の最初?)
一〇三六	四月　近江国百姓、陽明門で国司を訴える。処分不明〈26〉		
一〇三七		五月　石清水神人と争う但馬守源則理を土佐に流す	二月　興福寺と東大寺とが闘争。興福寺は検非違使の派遣を要請、東大寺は検非違使不入と称し拒絶
一〇三八	一〇月　但馬国百姓、国司を訴える。処分不明〈27〉	五月　中納言兼前大宰権帥藤原実成(道長のいとこ)安楽寺と争い位階・官職を奪われる	
一〇三九		二月　伊勢神宮の禰宜ら神民を率いて入京、十三ヵ条を奏請⑪	二月　頼通邸高陽院を山僧が包囲
一〇四〇	六月　讃岐国百姓、国司を訴え、処分は解任〈28〉　一二月　和泉国百姓、国司を訴える。訴状不受理〈29〉		六月　長久の荘園整理令
一〇四一	二月　和泉国百姓、国司を訴える。処分不明〈30〉		

一〇四五			一〇月　寛徳の荘園整理令（公田官物率法）（横川天台僧は末法元年とみる）
一〇四九		一二月　興福寺の訴えにより源頼親・頼房親子を土佐に流罪⑫	九月　検非違使が祇園社の検断不入を破ったため処罰される
一〇五二	八月　伊予？処分不明〈31〉〈最後の郡司・百姓解〉		『末法灯明記』末法元年と見る
一〇五三		七月　美濃国茜部荘民が仏陀法と王法仏法相依論を主張	
一〇六九			二月　延久の荘園整理令
一〇七〇			二月　祇園社の巨大アジール成立。中世の開始

郡司・百姓闘争の成果

郡司・百姓闘争を引き継いだ寺社勢力の闘争の成果は、保元の乱直後の一一五七年に、後白河天皇が出した保元新制[8]に現れる。

国衙の官人、郡司・百姓が、寺社領荘園の荘官や荘民となることにより、税を逃れることを禁ずる。また無許可で土地を寺社に寄進することを禁ずる。違反者は犯罪人として検非違使に身柄を引渡すこととする。

荘園は、あるものは朝廷の公文書で認められ、あるものは天皇によって寄進された土地である。公領と荘園の境界は証拠書類を見れば明らかである。ところが世が末法に及び人は貪婪《どんらん》になった。加納《かのう》・出作《しゅつさく》と号して、本来の年貢免除地の外に進出して、公領を横領している。（中略）国司に従うべき在庁官人や郡司・百姓が、荘園の荘官や寄人《よりうど》に任じられ、ほしいままに税を逃れている。郡県の滅亡、年貢の未納、すべてこれが原因である。

ここに「郡司・百姓」の文言がある。郡司・百姓の闘争は公田官物率法の制定で完了したわけではなかった。土地を持ったままの駆込み、すなわち寺社領荘園の成立、絶対アジールの成立こそが、その最終的な成果であった。彼らは寺社領荘園の荘官・寄人（公領に居住しながら隣接荘園の役を勤める広義の荘民）となっていた。

なお近江国愛智《えち》郡司であり、かつ日吉神人を兼任していた中原成行《なかはらなりゆき》という人物が存在したことが確認できる。[9] また古代の荘園に付加された田畠を「加納」というが、その多くは公田を耕作する荘民が加納と称して租税を納めなくなった結果、新たに成立した土地区分である。このようにもとは零細な寺領が大荘園に発展した事例が多い。

国家の過酷な収奪からの解放という郡司・百姓闘争の目標は、それを引き継いだ寺社勢力の手により、寺社領荘園の確立という形で達成された。

まさに宗教的な「外被」を纏《まと》った運動だったのである。仏力に神威を加えて最終的成果を得ることができた。一見奇妙にも見えるが、宗教的・魔術的段階よりも、実利主義的段階のアジールのほうが祭司の力が大きくなる。

強訴と愁訴とでは格段に効果が違った。論述が飛んでしまうけれども、次に魔術的な威嚇力が強化されていった過程を述べよう。

2 強化されるアジール法

アジール法の存在感

実利主義的段階になって、国家や宗教教団がタブー侵犯者の処罰に関与するようになって、アジール法が最高の完成形態に至る。この段階では、「人間の側からの関与」「国家の強制権力」による侵犯者に対する世俗的処罰が厳しく行われるようになってくる。その経過をこれから見ていきたい。

先に述べたように、一〇・一一世紀、寺社の訴訟が少なくなかったが、最初の頃、貴族は寺社の訴訟を恐れていない。神威による威嚇を併用しない寺院の愁訴は却下された。

興福寺の僧侶二千人が、大和守源頼親《よりちか》（大和源氏の祖）の停任を求めて上京したが、道長は「わが邸に推参しても大したことにはならない。大勢で大内裏に来て訴えるのは道理に合わない。奈良に帰り、慣例どおり寺の代表者を通じて訴えよ」と拒絶した。これで彼らはあっさり退去した。[10]この時期、寺社の訴訟はまだ畏怖の対象となっていない。

摂関の強硬姿勢はいつまでも続かなかった。頼通の時代にはアジール法が明らかにその姿を現し始める。このとき恐れられたのは仏罰でなく神罰であった。

寛弘二年（一〇〇五）に宇佐八幡宮の宝殿で無礼なふるまいをした大宰典《だざいのさかん》長峯忠義《ながみねただよし》が佐渡に流罪となった。[11] 長元三年（一〇三〇）には伊勢の神人を殺した伊賀守源光清《みつきよ》が流罪に処され、長暦二年（一〇三八）には道長のいとこにあたる中納言兼前大宰権帥藤原実成《さねなり》が安楽寺と争い官位を剝奪された。そして次第に受領の流罪が増える。永承四年（一〇四九）には、ついに、源頼親が長年抗争を繰り返していた興福寺の訴えにより土佐に配流された。

『中右記』には、諸社神人が連日にわたって強訴を繰り返し、朝廷・院に圧力をかけた事例が並んでいる。「今日、九州の宇佐八幡宮の神民《じみん》（神人の古称）が訴えのため、院の御所に多数参上している」（寛治元年一二月二九日条、一〇八七）。この結果翌年一一月三〇日に大宰大弐《だざいのだいに》藤原実政《さねまさ》が伊豆に、目代肥後前司《ぜんじ》時綱《ときつな》が安房に、そのほか大宰府庁官八人が土佐に流罪にされた。また「ちかごろ天台の大衆が乱発している。日吉神人らは連日、内裏に参じて訴えている。[12] そして「近代、神民大衆の濫訴は誠に止まるべからざるか[13]」と嘆いている。こういう運動が続いて次第に朝廷は追い詰められていった。この頃アジールが宗教的・魔術的段階から実利主義的段階に移行する。

恩赦の例外

改元や自然災害、また院・天皇の病気などの際には恩赦が度々行われた。だが日吉社・伊勢大神宮・八幡（東大寺八幡・石清水八幡・宇佐八幡）など寺社勢力の訴えによって罪科に処された者は恩赦の対象から外されるようになっていく。[14]

一〇三二年に関白頼通は、神社の訴えにより処罰されたものが恩赦に預かった先例があるかどうかを、朝廷の最長老だった小野宮実資《おののみやさねすけ》に諮問している。[15] 頼通には迷いと不安があったのであろう。この頃が過渡期であった。

一〇九四年に、彦山《ひこさん》の衆徒が大宰府に強訴した際には、諸社に訴えられている者は赦免に預かるが、九州の安楽寺・弥勒寺《みろくじ》・彦山と闘乱した輩については、非常赦（恩赦の一種）の免の例外としている。[16]

一一〇四年、宗忠は「改元に際し、恩赦を行おうと思うが、神社に訴えられている者を赦免してよいかどうか問題がある。個人的には赦免すべきだと思うが、近日伊勢太神宮が訴訟を起こしている。だから伊勢の訴訟の被告だけは赦免しないほうがよい。ただ神社の訴訟一般に対象を拡大するのは行き過ぎである」[17] と記している。神威を背景にした訴えには強い態度に出られないというところだろう。例外は先例となっていく。タブーはどんどん強化されてゆく。

元永二年（一一一九）、元大宰権帥藤原季仲《すえなか》が常陸の配所で没した。[18] 一一〇五年に九州の大山寺の竈門宮神輿《かまどのみやしんよ》に矢を射かけ、日吉神人を殺害した責任を問われ流罪になっていたのである。季仲はこの一件で「大逆罪」と認定されていた（文字どおり天皇を殺害する大逆罪ではない。次項で述べるアハト事件である）。流罪以後一五年、その間に何度もあった恩赦に預かることはなかった。また『中右記』寛治七年二月六日条（一〇九三）は、先月一八日、宇佐八幡宮神人の訴によって流罪にされていた元大宰大弐実政《さねまさ》が伊豆の配所で没したとの報を載せている。これも配流から五年を経過していた。

神社一般の訴訟が例外とされたケースもある。安元元年七月二八日、同九月三日（一一七五）には恩赦（常赦）の例外として、「八虐を犯した者、故殺、謀殺、私鋳銭、強窃二盗は赦免しない。また神社に訴えられている輩は、赦免の限りにあらず」とされている。[19] これは今現在たまたま神社に訴えられている者という意味であろう。

こうした厳罰化の一方で、最初の日吉神輿動座の際、国司源義綱《よしつな》に捕らえられた山僧がすぐに非常赦に預かり、まだ紛争が続いている最中に、再び義綱を訴えたことを『中右記』（嘉保二年一〇月二三日条、一〇九五）が記す。笠松宏至氏が指摘するように、強訴という行為自体がアジール（時間的アジール）と見なされていた証拠である。

これ以前の配流の例を見てみよう。道長の政敵として有名な藤原伊周《これちか》は、道長を呪詛したばかりでなく暗殺さえも試みた。彼は九九六年のいわゆる長徳の変で失脚したが、五年後に許され、さらに昇殿を許されて、ともかくも政界に復帰している。季仲らの処罰は極めて厳しく感じられる。また寺社の訴訟の場合でも、最初の頃、寛弘二年（一〇〇五）に宇佐の訴訟により流罪となった大宰典長峯忠義は二年後に許されている。

恩赦の例外にもいろいろなバリエーションがある。一一四七年の祇園社闘乱の際には、当事者の清盛が大物だったため流罪を免れ、贖銅《しょくどう》という罰金刑でことがすんでいる。後白河法皇の病悩平癒のため「神社に訴えられている輩、並びに平氏・義経の縁者」を除く八人が流罪を解かれている（『玉葉』文治三年四月一一日条、一一八七）。平家・義経は謀反人であり、アハト事件の犯人である。神社に訴えられることに匹敵する重罪を犯した者たちである。

なお摂関政治の時期に書かれた『権記』『御堂関白記』『小右記』を見ると、恩赦が行われた際に、こうした神社関係事件の犯人が赦免の例外とされたことは一度もない。年代にして九七八年～一〇三二年である。これ以後に寺社勢力が威を増して時代相が急変し、アジール法が厳しくなっていった。

アハト事件

古ゲルマン世界には、平和が破られる事件として、二つの類型があった。フェーデ事件とアハト事件である。前者は窃盗・姦通・傷害・公然たる殺人（戦争を含む）という通常の犯罪であるが、後者は寺院の略奪・秘密殺人・大逆罪・謀反罪・軍隊からの逃亡・夜間の重窃盗・夜間の放火・強姦犯罪などである。アハト事件は平和聖性を揺るがす重大な犯罪である。これに似た区別はおそらくいかなる法にも存在するであろう。後者のほうが厳しく処罰されるのは当然である。これをアハト刑と呼ぶ。

寺社の訴訟による国司の流罪はアハト刑に分類されると見てよい。彼らは暴行・傷害罪の犯人として処罰されているのではない。神慮に背き宇宙の秩序を乱すことが、国法上の処罰の対象となる罪なのである。神社の権威が上がった結果、神社の不利益をはかる行為が、アハト事件に昇格したのである。これこそが単なるタブーに止まらない、世俗国家がタブー侵犯に対して処罰を執行する「アジール - 法」である。

寺社の訴訟はその後も長年にわたって続いた。細川宮内少輔《ほそかわくないしょうゆう》という人物が、寺領を横領したため東大寺に何度も訴えられ、神訴を憚《はばか》った足利義持の押領停止命令に従わず、種々の暴言を吐いた。そのため将軍義持は内々に細川家の惣領の立場にある管領細川満元《みつもと》に命じて自害させた。[20]室町時代のできごとである。

南北朝内乱の際、建武二年正月二〇日（一三三五）には、祇園社が八坂蛇《くちなわず》辻子《し》に住んでいた朝敵与党（南朝方）の大進房というものの住宅を破却している。[21]謀反人であり、アハト事件の犯人を叡山の末寺末社である祇園社が処罰しているわけである。国家の手によるそれではなく絶対アジールの手による制裁の執行も行われた。

記家

大宰大弐や国司の流罪の例は、記家によって記録され、後世に受け継がれ伝えられた。建久九年（一一九八）一一月の源頼朝宛ての興福寺牒状[22]を見てみよう。興福寺は和泉国司平宗信《むねのぶ》を訴えたのだが、そこに「苛謀」を行った国司を流罪に処した先例を挙げている。ここに季仲・実政の名が現れる。彼らは「朝の重臣」であったが流された。また大和国司源頼親、及び近江守高階《たかしな》為家《ためいえ》（興福寺僧徒が神木を奉じ入京強訴した春日神木動座の初見とされる事件〔一〇九三年〕）の被告は「時の名士」であったが流された。だから宗信が流されるのは当然だと言っている。季仲・実政は興福寺の訴によって処罰されたのではない。他の寺社の案件である。寺社勢力は朝廷の先例を百年以上前までよく知っている。寺社勢力の記家は後世における紛争に備えるための歴史学を受け持っていた。

理不尽の訴訟

寺社勢力の力はさらに強力なものになっていく。国司と戦う神人はますますその威を増す。貴族は神人に対する有効な対策を打ち出せないでいた。せいぜいがその所属神社に神人職の解職を要求するぐらいであった[23]。神人は神威を帯びた存在である。一方、寺僧は武力の担い手である。

集団示威の最初は、新井白石や黒田俊雄がいうように、長暦三年（一〇三九）に延暦寺僧が頼通邸を包囲した事件である。だが神罰と武力は単独では威力を発揮しなかった。両者が併用されるようになってから、その効果が絶大なものになった。神罰と武力の結合が完成したのは、やはり日吉神輿の最初の動座、嘉保二年（一〇九五）である。その二年前には興福寺が春日神木を奉じて入京している。

政治史の立場から言えば、寺僧が神輿を担いだ嘉保の神輿動座こそが、神仏習合の政治的完成である。頼通邸を山僧が囲んだ一〇三九年ではない（神仏習合を思想史でなく政治史の問題としてとらえることに異論をとなえる人がいるだろう）。

嘉保の神輿動座の際に「諸社神民らがみだりに訴訟をなし、入京しようとする動きがある。それを制止するよう、たびたび命令を下している。ところが山僧が乱発して神輿を担いで強訴しようとしている。それを阻むべきである。神輿を恐れ憚《はばか》ってはならない」という宣旨が出されている[24]。この最初の神輿動座は比叡山の記家が書いた正史『天台座主記』に特筆大書されている。

一一〇二年には「近日、諸寺の大衆連日乱発す。あるいは道理、あるいは非道なり」という記事がある。[25]「非道」の訴えは棄却すべきだと考えられていた。後のような「道理」「無理」（非道）も関係なく、寺社の訴訟は無条件に認められるべきだとする「理不尽の訴訟」の観念はまだない。しかしこの後、神威は至上のものとなって行く。

神輿を憚るべからずという宣旨が出たわずか十年後に、「凡《およ》そ衆徒のこと、人間の力、及ぶべからず」「天の然《しか》らしむるなり、人力及ぶべからず」[26]などと、強訴は人間にはどうしようもないものと観念されるようになった。

さて一一八八年に石清水八幡神人の訴訟があった際、「神社の訴は、必ずしも理か非かを究明せず、とにかく申請どおり処罰するのが先例である」という観念が貴族社会にすでに定着していた。[27]理非糺明の手続き抜きで断罪するというのは、理不尽の訴訟にほかならない。

鎌倉時代末期に幕府の法曹官僚が編纂した『沙汰未練書』の法律用語解説に、「強訴とは理不尽の訴訟なり」とあり、「山門南都以下の諸社にこれあり」と付記されている。「理不尽」は「無理非道な横車」と聞こえる。中世でもそういう意味で使われる場合が多い。だがここでは読んで字のごとく「理を尽くすことをせず」の意味である。道理にあうかどうかは無視し、証拠調べや審理を経ずに処断されるべき訴訟が強訴だ。実際、事実とは関係なく、それが強訴であるという理由だけで、寺社側の勝訴とされることも多かった。

ヘンスラーは「敢えて - 侵害 - せず」「敢えて - しない」ことをアジール法の最も重要な特徴として挙げる。理不尽の訴訟は「敢えて - 人間の手による審理を - しない」「敢えて - 理によって裁くことを - しない」ことである。強訴という異常事態は神霊の怒りが具現化した怪異現象である。これに対する「人間の側からの関与」は諸霊との安定的な関係を乱すおそれがあり、危険きわまりない。「理不尽の訴訟」は数少ない文章化されたタブーであり、日本におけるアジール法の重要な一つの典型である。

理不尽の訴訟は支配者にとって不利に働いた。最初の日吉神輿動座から三百年以上を経た後、室町時代の永享五年（一四三三）の山門騒動の際、山門が「およそ山門の訴訟は非をもって理となす」という伝統を楯にとって訴訟を起こした際、義教が「神訴ならばどんな不当な訴訟でも要求でも呑まなければならないのか！」と切歯扼腕《せっしやくわん》して悔しがった[28]。理不尽の訴訟は室町時代まで支配的な観念として続いた。日本では訴訟についての規定は律令にも幕府法にも条文にあり、一定の発達を見ている。また日本の文化程度は相当に高い。そうでありながらこのような神話的事件が頻発したことには驚きを禁じえない。

藤原道長の霊

いくつもの国司を勤めその子供たちも同じように繁栄した高階為章《たかしなためあき》が、康和五年一二月二十日（一一〇三）に没した。その翌月の『中右記』の卒伝《そつでん》で「為章は神社・仏寺に朝廷が与える御封《みふう》を全然納めなかった。彼が丹波の国司だった時代に、道長が深く帰依した御堂《みどう》（法成寺無量寿院《ほうじようじむりようじゆいん》）の荘園を廃止した。ある夜夢に道長が現れ大いに怒った。為章はおそれをなして様々に祈ったが、何日も経ずに卒去した」とある[29]。

伊賀国司の藤原孝清《たかきよ》が春日若宮社《わかみやしや》の壬生野荘《みぶののしよう》（約四十町）を停止した。すると孝清は祟りのため病に悩まされることになった。そのため、この荘園を復興した[30]。

今日から考えると実に奇妙である。荘園の復興が、言ってみればただの迷信によって実現したのである。現代人には理解できない。滑稽にすら見える。

ヘンスラーは「敢えて‐しない」こと、タブーをアジール法の最大の特徴として挙げる。日本にも当然タブーはある。貴族の日常生活はタブーだらけである。儀式の場合にこと細かに記され、侵犯すると災厄が訪れると信じられた。だが些事についてはともかく、タブーが政治に影響を及ぼすとなるとことは重大である。

最初の神罰

日吉神人を射るよう命じた藤原師通が日吉神の祟りで没したという伝説は、『愚管抄』『山王霊験記《さんのうれいげんき》』に書かれ、摂関家の人々にとって恐怖の伝説として受け継がれた[31]。日吉神の最初の神罰と位置づけられている。また応安の強訴の際にも、この伝説が誰も知らぬものがないほど流布していることが強調されている。この事件の事実関係を述べておく。

寛治元年（一〇八七）、内大臣師通は白河院から、荘園整理令の発布について諮問を受け賛成した。これが嘉保の神輿動座を招くことになる。『中右記』には、動座の原因となった神人の殺傷事件は美濃国の「荘園の沙汰」が原因だと記されている。美濃は日吉神人の活動が盛んな地域であった。整理令を実行する任にある国司は源義綱《よしつな》（義家の弟）であった。そこにある多くの日吉社領荘園も整理・停止の対象になる。白河天皇が位を去ったのはこの前年で、院の独裁政治である院政という新しい政治形態が始まったかどうかはまだわからない（院政の開始時期をもっと遅く考える論者が多い）。山僧の目には、従来の摂関政治が続いており、師通がその首班に見えただろう。なお摂関政治とは天皇と摂関（藤原氏の最有力者）が相談して政治問題を決定する政治である。摂関は祖父にあたることが多いからその意見が通ることが多いが、摂関の独裁政治ではなく天皇は発言権を持っていた。さてこの時山僧は天皇と師通を呪詛したとされている。ただし史料に記録されているのは天皇に対する呪詛である[32]。

南都焼討

次はさらに重大な意味を持つ事件である。治承四年一二月（一一八〇）、平家の南都焼討によって、奈良中心部に大火災が発生し、興福寺・東大寺などが焼け、僧侶や避難していた住民など数千人が焼死した。東大寺は法華堂・二月堂・転害門・正倉院などを除き、大仏殿など主要建築物のほとんどを失った。興福寺でも三基の塔の他、東西金堂・講堂・北円堂・南円堂などの堂宇のほぼすべてが焼け墜ちた。知らせを受けた九条兼実は「凡《おおよ》そ言語の及ぶ所にあらず」と悲嘆の言葉を綴っている。

そして平清盛は南都焼討の罰を受けて熱病を発したと『平家物語』に描かれる。清盛の妻、従二位時子の夢に閻魔《えんま》の使いが現れ、

閻魔の庁より、平家太政入道殿（清盛）の御迎に参ッて候（中略）金銅十六丈の盧遮那仏《るしやなぶつ》（奈

良の大仏）焼ほろぼしたまへる罪によって、無間《むけん》の底に堕給《おちたま》ふべきよし、閻魔の庁に御さだめ
候ふ。　　　　　　　　　　　　　　　　　　　　　　　　　　　　　　（『平家物語』巻第六）

と述べたという。

歴史家は物語だけで当時の観念を判断してはいけない。後世、物語が成立した時代の観念かもしれないからだ。確かな史料を見ると、九条兼実は前日に没した平清盛を評して（卒伝）「強大の威勢をほこり、苛酷な刑罰を行い、天下の衆庶の怨嗟《えんさ》の的になった。まして天台・法相の仏を滅ぼすべく、仏像・堂舎を焼くという逆罪を行った者である。戦場に骸《むくろ》をさらすべきであったのに、弓矢・刀剣の難を逃れて病死した。全く幸運と言うべきである」[33]とさんざんにそしっている。清盛の圧政よりも南都焼討の罪のほうが重いと考えている。また実行者であった平重衡《しげひら》についても「焼討を命じた清盛が既に没した以上、実行犯の重衡も仏罰を免れまい。これは天然の理である」と考えていた[34]。『平家物語』と同じ感覚は同時代人に確かにあったのである。

直前の二月に没した高倉院も、南都焼討の罰を受けたと信じられた。そして清盛の没後わずか十六日、没収されていた興福寺領・東大寺領が返還されることになった[35]。兼実は「今年正月四日に出されたばかりの没収の綸旨《りんじ》が幾旬月も経ずに撤回されるのは軽忽《きょうこつ》の難がある。いかがなものか」と筋論を述べている。綸言《りんげん》汗のごとし、というように天皇が一度言った言葉は二度と撤回できないはずのものであった。朝廷の動揺は実に見苦しいものであった。

それにしても偶然とは恐ろしい。南都焼討が前年一二月二八日、清盛が没したのが閏《うるう》二月四日、

その間わずか七十日である。高倉院・清盛が相次いで没したことは、タブー侵犯がどのような災厄を招くかを、当時の人々にまざまざと見せつけたであろう。彼らは人間の側からの関与が何一つないにもかかわらず、アジール法の執行、「処罰」を受けたわけである。時代は実利主義的段階であるが、これは実利主義的段階のアジールの思考ではない。「宗教的・魔術的段階のアジール」のあり方を、一次史料から垣間見ることができる希有《けう》な事例である。アジール侵犯は平家滅亡という重大な結果を招いた。魔術からの解放がなかなか進まないのは、こういう偶然があるからである。

何百年にもわたって万人に語り継がれた『平家物語』の影響力は絶大であり、『玉葉』の比ではない。『平家物語』には延暦寺僧の手が加わっているともいう（『徒然草』）。平曲（平家語）は貴族・武士、庶民にまで鑑賞された。「宗教的・魔術的段階のアジール」は多く無文字世界であり、歴史は平曲のような音声によって語り継がれた。この伝承が中世を通じて仏神の恐怖、タブーの維持に一役買ったことは疑いがない。また南都焼討の実行者だった平重衡も悪名を残すことになる。南都焼討と大仏の罰は中世の政治史に永く重い抑制的影響を及ぼしたと推定される。ここでアジールと平家とのいきさつについて述べた。その後のアジールと頼朝のやりとりについては第四節で述べる。

以上の叙述は真実の一面に過ぎない。アジール侵犯を平家滅亡の唯一の原因だと断言すれば、それは明白なアジール論の逸脱である。客観的にみれば、平家の滅亡は、清盛が後白河院を幽閉したことが原因である。その直後に以仁王が挙兵し、諸国源氏が挙兵し、南都が離反する……という形で内乱が始まった。院政という政体を否定したことが致命的な失敗であり、院政は依然として健在であった。この政体が滅びるのは承久の乱を待たねばならない。

室町幕府を呪詛

日本では支配者に対し、隠密裏にではなく、公然と呪詛が行われた。強訴に際し、寺社勢力は呪詛を辞さないと威嚇する。教皇が皇帝らに対し破門をもって威嚇したのとは趣を異にする。西欧には見られない国家・王権に対する高圧的姿勢であり、注目すべき日本の特徴である。

応安の強訴の際に叡山が朝廷に提出した訴状がその典型である。叡山は平将門《まさかど》らを調伏《ちょうぶく》した功績を列挙した後、叡山に敵対した以下の人々が、日吉山王の罰により落命したことが比叡山の記家の記録にあると述べた[36]。

Ⅰ　藤原師通　前述。

Ⅱ　西光　西光は俗名藤原師光《もろみつ》、後白河院第一の近臣で、加賀守師高《もろたか》の父である。安元三年（一一七七）、加賀の白山《はくさん》の末社と師高との間で紛争が起り、白山は本寺の比叡山に訴え、これを受けて日吉神輿の動座となった。西光は神罰により清盛に斬られたとする（鹿ケ谷事件）。

叡山はⅠⅡは世間に流布していて有名な事実だから、今さら細かく書く必要はないだろうと言っている。

Ⅲ　佐々木高信《たかのぶ》・富樫太郎　嘉禎二年（一二三六）、高信は勅命により神輿を阻止したが、神訴（強訴）により九州に配流《はいる》となった。その後赦免されたが、関東に下向する路次において神罰を受けて狂死した。弘安三年（一二八〇）叡山の攻撃に際し三井寺を警護した富樫は、六月二四日に山僧に向かって矢を放って十数人を傷つけたため、二八日に日吉八王子権現の鏑矢《かぶらや》を受けて頓死《とんし》した。高信は勅命を奉じたのであるが、日吉社の神威により無残の死を遂げた。ここにも仏神の権威が天皇権威を上回るという認識が表明されている。

Ⅳ　安達泰盛

安達泰盛は四天王寺別当職を延暦寺・園城寺が争ったとき、園城寺に味方したため神罰を蒙って戦死したという。霜月騒動は鎌倉幕府史上最大の内紛で、合戦は全国に波及し多数の御家人が討たれた。これが叡山による調伏の結果だというのである。大変なこじつけである。

泰盛の調伏は一二八五年一一月一日（弘安八）に開始され、その効験あって一七日に討たれたという。泰盛を滅ぼした平頼綱《よりつな》は、非御家人を含む得宗御内人《とくそうみうちびと》に支えられていた。御内人には商人や金融業者が含まれている。御内人の有力者安東蓮聖《あんどうれんしょう》は、山僧暹尋《せんじん》との交流が深く債権の強制執行を依頼したことさえあった。これは幕府が明確に禁ずる「山僧寄沙汰」である。幕府は武家政権には違いないが、内部に御家人でない人々が含まれ、しかも大きな力を持っていた。泰盛は御家人と御内人の対立の渦中にあって、御家人代表の立場にある。「調伏」が成功したことは、非御家人・凡下、幕府内の親叡山派にとって、不都合なことではなかっただろう。以上五人の例を引き合いに出して比叡山は調伏の恐怖を宣伝しているのである。

Ⅴ　足利義詮・基氏《もとうじ》

応安の強訴の最中に突然将軍義詮が没した。叡山はそれを憚って一旦は強訴を差し控えたという。だがそう言いつつも、「北京東関之両将同時之逝去」（京都の将軍義詮及び関東公方基氏が短期間に相次いで死んだこと）について、「幕府が禅宗を庇護し三井寺が滅亡に瀕したため、園城寺の鎮守丹生《にう》・新羅明神《しんらみようじん》が祟りをなしたのではないか」と、不気味な言葉を残している。南朝が現在滅亡に瀕している理由も、その祖先の大覚寺統の後嵯峨・亀山・後醍醐院の禅宗帰依が原因だという。

叡山は魔術による威嚇の意図を隠す様子はない。また調伏は一部の僧侶の手によってではなく、延暦寺の総意で行われた。日本の寺社勢力が行った呪詛は、多くの言い伝えがありながら、確かな証拠のほとんどない西欧の魔術師の呪詛とは全然異なる。なおいうまでもないことだが、日本でも奈良・平安時代、貴族個人の政敵に対する呪詛は秘密裏に行われた。そのためやはり明証がない。

呪詛・神罰をにおわせる言葉が、内輪話としてではなく、公文書（幕府への訴状）に書かれ誰にも伝わる形で公言された。これは明らかな政治的威迫といわねばならない。国家至上主義とは全く相容れない神霊至上主義である。

将軍義教を調伏

永享の山門騒動のさなか、『満済准后日記』永享五年閏七月三日条（一四三三）には、「今度の山門の悪行はあまりにもひどい。将軍義教の調伏を行っている」と記されている。こうしたことが一次史料に記されることは本当に珍しいのだ。騒動が幕府の勝利に終わった後にも呪詛が行われた。相国寺仏殿の天井に「鹿苑院殿《ろくおんいんどの》」と三代将軍足利義満の号を書いた義教直筆の額が掲げられていた。前年の根本中堂焼失の衝撃がまださめやらぬ永享八年二月一三日、義教の誕生日に、額の傍らに一本の矢が立っているのが発見された。義教は叡山による幕府の呪詛と見なし、身を守るための読経を命じ、さらに相国寺長老の監督責任を問うてこれを更迭した[37]。

叡山は権力と一線を画しその調伏を行いかねない寺社勢力である。五山禅院などの官製寺社は相対アジールであり、絶対にこういうことをしない。檀越である幕府・国家の平和祈願が最大の責務である。私が、呪術や武力により現実に国家と対抗することを辞さない寺社勢力と御用寺社を、一括りにせず厳に峻別する理由はここにある。

興福寺・春日社は藤原氏の氏寺・氏社と認められている。また石清水八幡宮寺も源氏・足利氏の氏寺・氏社と考えられていた。そこだけ見れば御用寺社に見えなくもない。だが興福寺の場合、興福寺の要求に従わない公卿や官人を春日明神の意向として藤原氏長者に命じて処分する放氏《ほうし》ということが行われた。放氏にあうと氏人の資格を停止され、同時に朝廷の官位も剝奪された。朝廷の廷臣は多く藤原氏であるため、興福寺・春日社の強訴があると放氏を恐れた官人たちが恐慌状態に陥り、その要求に理不尽ながら従わざるを得なくなった。また石清水八幡宮寺も室町幕府にしばしば強訴し、合戦や流血沙汰となったことを後に述べる。権力者が自分を氏人と自覚していても、寺社勢力の側がその資格を停止する。祖先崇拝的・氏族的信仰の世界と言っても、ある氏人が神霊の保護下にあるかないかは、その時の祭司の意図によって決められる。春日社（興福寺）・石清水八幡宮寺は檀越に従属した氏寺・氏社ではなく、独立した寺社勢力である。

アジール法の限界

舟木氏は精神的制裁の限界について述べている。

フェーデによる方法は事実上封建身分の特権と化し、農民や商人、教会はその被害を一方的に受けやすかった。こうした苦境のなか、聖職者が中心となって生まれたキリスト教的平和運動が「神の平和」である。これは九八九年、中部フランスのシャルーで開かれた公会議の決議によって成立し、その後の度重なる教会会議によって継承・更新され、普及した。（中略）この平和誓約はこれを遵守させるための強制権・執行権を伴うものではなく、違反に対する制裁規定としては破門という精神的制裁が存在したのみであったため、平和運動それ自体としては失敗に終わった。

ここに被害を受けやすい弱者についての言及がある。ただ議論はそれ以上に広げられていない。

実力行使による制裁

国司らの流罪要求は、国家の手によるアジール法の執行を、対国家訴訟によって間接的に促す行為である。だがそれとは別に、日本では寺社勢力が直接に制裁を加えた実例が数多くある。西欧アジール論の問題点の一つは、国家以外のものの手による実力的・法的制裁に関心が向けられていないところにある。

先に述べたように大和国司源頼親は何度も興福寺から実力行使を受けた。延応元年(一二三九)、幕府は、諸社の神人が、在京武士の宿所に神宝を振りたてて狼藉《ろうぜき》することを禁じた[38]。険悪な関係にある寺社勢力と武士との間では、こういった事件が日常茶飯事であった。

斯波高経《しばたかつね》は南北朝時代の英雄で、新田義貞《にったよしさだ》を討ち取った人物である。身分の上では尊氏と同格の一族待遇を自負し「斯波」と名乗らず「足利」と名乗り続けた実力者である。だが越前にある興福寺領の坪江・河口荘を侵略したことが彼の運命を変えた。貞治六年(一三六四)、興福寺が強訴し高経の屋敷に迫り春日の神木を振り捨てた。彼は義詮に追放され二年後に越前で憤死した。これを興福寺は神罰と称した。南北朝時代になっても神訴は大きな力を発揮した。

死者に鞭打つ――変種の処刑

大治四年(一一二九)七月七日に白河院が没した。年来、院は鳥羽の塔のもとに生前のかたちを残して土葬されることを希望していた。だが叡山大衆がかつて故藤原師通の墓所を暴き遺骸を犯そうとしたという話を聞き、それを恐れて多年の宿意を変え、急遽火葬にすることにした(藤原師時『長秋記』大治四年七月一六日条)。師時は院の近臣中の近臣である。これは叡山の喧伝ではない。後世の伝説でもない。同時代人の感覚である。魔術の標的となった人物の恐怖感が、これほどリアルに今に伝わる……これが日本史の有利な点である。

白河院・師通と叡山の間には、先に見た日吉社領荘園の廃立をめぐり、よほどの宿怨があったものと思われる。このケースも、国家の外にある勢力が処罰者として恐れられたことを示す、いささか奇怪な実例である。なお摂関と異なり院は独裁者である。だがこのような私的制裁を見ると、寺社勢力の意識は明らかに国家の外、国家の上にある。寺社勢力は独裁者である院をも恐懼《きょうく》させる存在であった。寺社勢力が標榜する「鎮護国家」が全く名目にすぎないことがよくわかる。摂関期から院政期にかけては、国家の視点に偏って立つならば、国家の外にある魔術の威力が急激に肥大化したように見える。実利主義的段階のアジールは、魔術のヴェールをかえって分厚く演出し、皮肉にも宗教的・魔術的段階にあるかのような貴族意識を醸《かも》し出すことに成功したのである。

なお一二二七年のいわゆる嘉録の法難の際、東山大谷の地にあった法然の墓所に参詣者が絶えないことに怒った叡山は、祇園社の犬神人に命じて墓所を暴き死体を鴨川に流そうとした。そのうわさを聞いた門弟が死体を火葬し直している[39]。白河院のケースと同じである。なお埋葬されている死体を略奪することは、西欧ではアハト刑に問われる。

アハト刑の対象外

延暦寺・園城寺の間では、焼討が何回となく行われている。園城寺は全滅に近い事態を何度も迎えた。だがそのことに対する非難はほとんど聞かれない。対寺社武力行使は、社会的に容認された寺社勢力の倫理的特権とすらいえる。

処罰が一例もないわけではない。承安三年（一一七三）六月二四日に、興福寺の東金堂《とうこんどう》・西金堂の堂衆《ヽヽ》が、大和の多武峰《とうのみね》（現在の談山神社《だんざん》）に攻め寄せ、坊舎・堂塔、聖霊院《しょうりょういん》などを焼くという事件があった。聖霊院というのは、摂関家の守護神藤原鎌足の画像を祭る堂舎で、摂関家にとって何より重要な堂舎である。興福寺は摂関家の氏寺だが、多武峯は興福寺でなく延暦寺の末寺となっていた。そのため何度も紛争の火種となった。この際、朝廷がその処罰を検討したが、興福寺は、

多武峯を焼き討ちしたことは過ちではない。延暦寺は数ヶ度三井寺を焼き討ちしているが、罪科に処せられたことはない。先年も清水寺を焼いているが刑に処せられていない。興福寺が多武峯を焼いたからといって、張本人を処罰したり寺領を没収するなどの咎めを被るべきではない。[40]

寺社はアハト刑に問われない特権を持つと自認している。だがこのときはそうはいかなかった。興福寺別当（長官）の尋範《じんぱん》が罷免され、南都十五大寺の所領が、一旦ではあるが没収されている。

しかしこうした例は珍しい。叡山は一度もアハト刑に問われていない。文永元年七月二三日（一二六四）、三月に園城寺を焼き討ちした山僧は、法華経百巻を書写して「懺悔《ざんげ》」した。そして「これが先例だ」ということでみそぎがすんでしまっている。[41]悔い改めのため法華経を書写するという多少の贖罪行為を行ってはいるが、事実上、アハト事件の対象外であると言ってよい。高野山・根来寺の戦争の場合にも処罰は行われていない。中世が宗教の時代、ということは、この

ような歪んだ内容をも含んでいる。

3　絶対アジールの成立

境内都市の成立

寺社勢力の力量が増し、社会が魔術に支配されるようになった。そして寺社の境内・門前に実利主義的段階のアジールが成立した。『寺社勢力の中世』で述べたとおり、延久二年二月二〇日（一〇七〇）、東は東山、西は鴨川西岸の堤、南は五条末、北は三条末、という広大な地域を、祇園社がその「境内」として領有することを認められた（『平安遺文』一〇四三号）。京の東半に通常の寺社境内地の規模を大きく超え、鴨川をも囲い込む巨大な場所的アジールが誕生したのである。いうまでもなく寺社勢力を支える民衆闘争の成果である。私はここに着目した。普通中世の開始とされる院政の開始や、前述の嘉保の神輿動座より前に時代区分を置く。首都で重要な事件が起きた時をもって時代を区分する歴史学の常道に従うなら、この年、一〇七〇年こそが中世の開幕である。日本における絶対アジールの成立であり、古代から中世への転換点であった。

　当然ながら、不入権は一朝一夕に成立したわけではない。アジールが忽然《こつぜん》と出現したわけでもない。九九九年の祇園会の日、京中の雑芸者で世に無骨《ぶこつ》と呼ばれる者が、京中の人々に見物させるため、境内で山鉾《やまぼこ》のようなものを巡行させようとした。扮装が天皇のそれに似ていたため、藤原道長は驚き、やめさせようとして検非違使を遣わした。無骨は逃げ去った。[42] この事件の際、祇園社はまだ検非違使不入地になっていない。

一〇四九年に、検非違使の藤原以親《もちちか》らが、容疑者を追捕するため祇園社に侵入した罪で、朝廷により処罰された。[43] 寺社の検断不入を破った警察官が罰せられた最初の事例である。この頃にはすでに、不入権のうち検断不入が成立していた。そして一〇七〇年、さらに諸役不入が認められてアジールが完成した。

南都の検断不入について見てみよう。長暦元年（一〇三七）に興福寺と東大寺の闘乱事件があり、東大寺の東南院が焼けた。興福寺は朝廷に検非違使を派遣して東大寺を捜索してくれるよう申請したが、東大寺は「本寺は検非違使不入」であると称して拒絶した。結局東大寺には検非違使を入らせず、東大寺に命じて下手人を出頭させた。[44] この時点では、東大寺・興福寺で検断不入の可・不可についての姿勢が異なっている。興福寺は検断不入権が寺社一般、諸寺諸山一般に存在するとは考えていないのではないか。山々寺々、諸寺社がアジール権を持つという観念が一般化する、すなわち寺社境内の不入権が制度化するのはもう少し先、源平合戦期である。アジール法の形成過程がよくわかるのはやはり日本である。

4　国家権力と絶対アジール

検断不入の実効

大治四年一一月（一一二九）に、仏師長円《ちょうえん》が傷害された事件を発端に、南都と北嶺の合戦が起ころうとした。鳥羽院は南都に検非違使、源光信《みつのぶ》・源為義《ためよし》を遣わして、寺内に入れ、張本と見なされた僧恵暁《えぎょう》及び寺主信実《しんじつ》を追捕した。興福寺の不入権を院が独断専行で破ったとして、摂関家から問題視された[45]。

文治二年（一一八六）には、比企《ひき》朝宗《ともむね》率いる武士二・三百騎が、義経がかくまわれている疑いがあるとして、興福寺の最重要法会である唯識会《ゆいしきえ》の最中に、観修房得業聖弘《かじゅうぼうとくごうせいこう》の房を取り囲んで追捕しようとした。興福寺は検断不入を破る行為に「恵暁の時、検非違使光信が寺中に入り検断を行った事件を唯一の例外として、こんなことは一度もなかった」と怒った[46]。寺僧の怒りがあまりに激しかったので、九条兼実は頼朝に図ったうえで、九条堂の観音・勢至像を興福寺講堂に賠償として引き渡した。「寺中追捕の怨、この講堂の事により、すこぶる休んず」と記されている[47]。

ここでも恵暁・光信という過去の名前が出てくる。五十年以上前の事件が悪例として記憶されている。検断不入を破る行為に対する拒否感は強固に形成されていた。

源平合戦と叡山アジール

強固な不入権を持つ絶対アジールは、戦争にも大きな影響を与えた。源平合戦の際には、叡山の帰趨が決定的な役割を果たした。

以仁王の挙兵直後から、叡山の堂衆が源氏に通じているのではないかと疑われた。「延暦寺の凶悪の堂衆三四百人ばかりが、近江源氏の山下兵衛尉義経《やましたひょうえのじょうよしつね》（九郎判官義経とは別人）の語らいを受けて、園城寺を根城として、平家の本拠六波羅に夜討をかけるだろう」といううわさが流れたこともある。[48]

叡山が頼朝と通じているといううわさもあり、それは事実であった。一一八一年、頼朝は叡山に密書を送った。「我が方のために祈禱をしてほしい。そうしてくれれば、東国の比叡山領の年貢などをすべて送り届ける」と認《したた》めてあった。ところが座主明雲がこの密書を平宗盛《むねもり》に見せてしまいすべてが明るみに出てしまった。[49] 密書を宗盛に見せたことを知った叡山大衆は、明雲に対して怒りをあらわにした。この時期は戦乱のため、東国の年貢が京の領主のもとに届かなかった。鴨御祖社（下鴨神社）はそのため遷宮《せんぐう》ができず困っていた。[50] いうまでもなく、頼朝が期待したのは祈禱だけではないだろう。叡山を特別扱いする頼朝の秘密戦略である。本書では「うわさ」と言っても一次史料に載せられたそれを扱う。物語に書かれたうわさなどは一切除いている。

源平合戦はその後も紆余曲折を経た。寿永二年六月（一一八三）、後白河院が叡山に着陣している木曾義仲《きそよしなか》に合流するのではないか、と疑った平宗盛が院を引き留める。宗盛は叡山に使者を送り、恥も外聞もなく、延暦寺を平家の氏寺、日吉社を氏神にしてくれと頼み、懐柔をはかった。[51]清盛没後の平家は実に卑屈である。

だが七月二四日、後白河がついに義仲のいる叡山に駆け込んだ。院という錦の御旗を失った平家は、その翌日早くも都落ちし、源平合戦は事実上の決着がついた。叡山はまさしくアジールとして機能した。平家が攻めることを敢えてなしえなかった延暦寺のアジールが果たした役割は実に大きなものがある。

合戦の過程において、叡山は結局出兵しておらず、寺社勢力としてではなく、アジールとして機能している。承久の乱の際にも叡山は後鳥羽院の出兵要請を拒否した。

アジール敵視

平家を滅亡に追いやり、その後京都を制圧した義仲・義経を倒した頼朝であるが、今度はアジールが克服すべき障害物となってきた。アジールのおかげで源平合戦に勝利した頼朝は掌を返す。次々に手を打っていく。

Ⅰ　荘々地頭職の設置[52]

「義経・行家を手分けして捜索しているが、国々荘々、門々戸々、山々寺々では必ずや狼藉があり、彼らを召捕った後も混乱が続くだろう。今や諸国の荘園に平均に、地頭職を設置して民心の安定をはかるべきである」。この時点では頼朝は文治元年（一一八五）に、諸国の一国地頭を任命する権限を与えられただけであり、個々の荘園・公領の地頭任命権を持つにはいたっていない。

年	月日	政治史	寺社史
一一六七	二	平清盛太政大臣となる	
一一七七	四		延暦寺が日吉・白山神輿を奉じて加賀守藤原師高を訴え、尾張に流罪
	五		配流途上の前座主明雲を山僧が勢多で奪取し山上に保護
	五・二七		清盛福原より上洛、堂衆追討を決意
	六・一	鹿ケ谷の陰謀発覚、西光斬られる	
一一七八	九		学侶・堂衆の闘争激化。法皇、清盛に学侶援助を命ず
一一七九	七		指名なき違例の堂衆追討宣旨
	一一	清盛のクーデター（後白河院政の停止、院を幽閉）	
一一八〇	五	以仁王挙兵、宇治で敗死（源平合戦の始まり）	以仁王、園城寺に入る。園城寺焼失
	六	福原遷都（一一月還都）	
	七		興福寺僧、春日御正体を奪って福原に訴えようとして失敗（還都要求か）
	八	源頼朝挙兵	
	九	源義仲挙兵	熊野権別当湛増、源氏方として挙兵。覚明、北陸宮、南都、堂衆与力
	一二	清盛、後白河院の幽閉を解く	
	一二・二八		平重衡、南都焼き討ち
一一八一	一	高倉院崩御	
	閏二	平清盛死去	
	六		頼朝、比叡山に密書を送り、東国の年貢送付を約束
一一八二			
一一八三	七・八		平宗盛、後白河院が義仲に合流するのではないかと疑い引き止める。叡山に使者を送り、延暦寺を平家の氏寺、日吉社を氏社にしたいと懐柔をはかる
	七・二四		義仲、叡山に着陣。後白河院叡山に駆け込み、翌日平家都落ち、義仲・行家入京
	八	軒廊御占、皇位を三人で争う。義仲推挙の北陸宮は「始終不快」で落ち、尊成親王が天皇に決まる	
	一〇	頼朝が東海・東山道の行政権を公認される〈寿永二年十月宣旨〉	

表２　源平合戦と寺社勢力年表

一一八四	一	義仲のクーデター	
	一	範頼・義経入京。義仲敗死	
	二	一の谷合戦	
	三	平家没官領を頼朝に与える	
一一八五	二	屋島合戦	
	三	壇ノ浦合戦。平家滅亡	
	一〇	頼朝追討宣旨	
	一一	行家・義経、京を逃れる 国地頭が置かれる〈鎌倉幕府の成立〉	義経逃避行
	一二	九条兼実が内覧となる。頼朝、義経方公卿を解官し議奏公卿を置く	頼朝「諸国の荘園に地頭職を設置すべき」
一一八六	閏七		土肥実平らの武士、比叡山攻撃を主張、一条能保が止める
	九		比企朝宗、興福寺で義経を匿った聖弘を追捕（検断不入を破ったのは一一二九年以来）
	一一		頼朝、二・三万騎の武士を遣すべしと提案
一一八七	三		聖弘、頼朝と対面、諫言する
一一八八	七		石清水八幡神人訴訟（理不尽の訴訟）
一一八九	閏四	義経戦死	
	七	頼朝、奥州平定	
一一九〇	一一	頼朝上洛。後白河院・天皇・九条兼実と会見、権大納言・右近衛大将となり、ついで辞退	
一一九一	四		延暦寺、佐々木定綱を訴え、内裏占拠。建久二年の強訴（五月定綱の子定重斬首）
一一九二	三	後白河法皇死去	九条家領に検非違使乱入（不入権の再確認）
	七	頼朝が征夷大将軍となる	◇この頃叡山アジールの危機。幕府と対峙

これではきめ細かい荘園・公領の治安維持はできないと考えたのであろう。

Ⅱ　叡山攻撃を主張する武士[53]

頼朝は「京中の山々寺々に検非違使を入れて探索すべきである」と言った[54]。この直後、土肥《どひ》実平《さねひら》らが、比叡山山上に立ち入って義経を捜索し、はかがゆかなければ攻撃すべきだと主張した。あの重衡と変わらないアジール侵犯という強硬策の提案に朝議は紛糾したが、頼朝の代官で中納言・検非違使別当だった一条能保《いちじょうよしやす》が制止して収まった[55]。能保は妻の縁により頼朝から全幅の信頼を寄せられ、京都の全権を委任されていた。頼朝の同母姉妹は能保の妻である坊門姫である。

Ⅲ　武士の派遣を躊躇[56]

頼朝は「南北二京の在々所々に、義経に与力するものが多い。大変危険である。本当なら二・三万騎の武士を遣わして、山々寺々を捜し求めるべきである。ただそうなればことが大事に及ぶだろう。先に朝廷の沙汰として召捕るべきである。それでもうまく行かなければ、重ねて朝廷の仰せをこうむり、武士を遣わせ」と書状に書いた。「二・三万の武士を遣わしたらこと大事に及ぶか」というのは微妙な表現である。頼朝にはアジール攻撃により仏罰を招き滅亡した平家の轍《てつ》を踏むことを逡巡する意識があるのだろう。

Ⅰ・Ⅱ・Ⅲすべてに「山々寺々」の文言が入っている。寺社勢力・中小寺社を問わず、寺院はすべて、その本質はアジールであり、義経方の者の避難所たりうるという認識が頼朝にあったことを示している。興福寺が東大寺に検非違使を入れるよう要求した一〇三七年と異なり、寺々のアジールが普遍的なものであるという認識に変化している。現実に義経は興福寺・比叡山に匿《かくま》われていた時期がある。[57] 実現はしなかったが、頼朝は本音では全面否定したいと思っていただろう。この文治二年はアジールにとって大きな危機であった。

苦渋の決断

さて建久元年（一一九〇）に、頼朝は上京し後白河院と会談を重ねた。そして義経追捕を名目として任じられていた日本国惣追捕使・総地頭の地位を引き継ぐ形で、恒久的に治安警察権を行使する諸国守護権を公式に認められ幕府の地歩を固めた。義経は前年に討ち取られている。

その翌年に事件がおこった。幕府御家人佐々木定綱《さだつな》がその本領近江国佐々貴荘（佐々木荘）から叡山に納めるべき貢納を怠った。そのため日吉社の宮仕《みやじ》数十人が、未進を催促するため神鏡を奉じて佐々貴荘に押し寄せ、定綱邸に乱入して家中の男女に暴行し放火した。これに怒った定綱の次男定重《さだしげ》は宮仕に切りつけたが、はずみで神鏡を破損させてしまった。神宝の破壊は死刑に値する重罪である。アハト事件である。ことは重大化し叡山が強訴し日吉神輿が内裏を占拠した。この事件は佐々木氏と延暦寺の抗争から、朝廷・幕府を巻き込む大事件に発展した。いわゆる「建久二年の強訴」である。これは幕府と叡山の全面対決であった。

叡山は定綱の流罪を要求した。鎌倉に延暦寺所司弁勝《べんしょう》・義範《ぎはん》がやってきて、頼朝との間で定綱の身柄引き渡しについて折衝が行われ、頼朝は饗応によって宥《なだ》めようとしていた。[58] ところが五月二日に大江広元《おおえのひろもと》と一条能保から強訴の発生が告げられた。また内裏守護安田義定《やすだよしさだ》から、能保の命令で手出しを控えていた郎従が大衆により殺傷されたという報告が入った。

頼朝は、定綱の流罪はやむをえないが、警護の武士をみだりに殺傷した大衆の責任も問われなければならない、と院に要求した。だが延暦寺に処罰が下ることはなく、幕府・佐々木氏の敗北となった。

さらに五月二〇日、定重は配流の途上で梶原景時《かじわらかげとき》により斬首された。これは延暦寺の不満を宥めるための頼朝の苦渋の決断と見られる。しばらくして、この事件の責任をとって一条能保は検非違使別当、大江広元は明法博士《みょうぼうはかせ》を辞任した。なお定綱は二年後に近江守護に復帰した。『新修大津市史　第二巻中世』は、定重の斬首と定綱復帰について、朝議を無視した頼朝と叡山の裏取引と推定している。叡山アジールの権威の前には、上げ潮に乗る頼朝といえども抗しきれなかったのである。順調に全国への影響力を強めつつあった幕府は、ここで一頓挫をきたすことになった。

承久の乱と幕府兵の入部

鎌倉幕府が全国に勢力を及ぼすようになった最大の画期は承久の乱である。乱の際、承久三年七月八日（一二二一）、鎌倉幕府の追及を受けた叡山は、乱の張本人二位法印尊長《そんちょう》（元祇園社別当）の捜査を約束する代わり、幕府兵の入部を拒絶し不入権を守った。

南都には後鳥羽上皇方の藤原秀康《ひでやす》・秀澄《ひでずみ》が逃げ込んだ。一三日、鎌倉勢が敗兵追討のため南都に入ろうとした時、興福寺はその入部を拒み、そのかわり両人の捜査を約束した（『吾妻鏡』『承久記』）。謀反人、すなわちアハト事件の犯人捜索である。

三ヶ月後、依然として二人が奈良に隠れているとの情報を得た北条時房《ときふさ》は家人を派遣した。抜き打ち捜査だったため、興福寺には公的な捜査か、夜盗か、とっさに判別できない。興福寺は夜討人と誤認し、検断吏はほぼ全滅した。この事件により時房・泰時《やすとき》は数千騎を南都に差し向けた。興福寺は大和・山城国境の木津川辺に来て、「もし軍兵が南都に入るようなことがあれば、南都焼き討ちと同じ仏神への敵対である。追捕は必ず責任を持って行う」と重ねて懇望した。鎌倉勢は事件を大目に見ることにして帰洛した。その後興福寺は秀康を匿っていた師匠の僧を京に送り、その自白により両人は河内で捕えられた(『吾妻鏡』)。一触即発の応酬であり、一戦交えることになりかねないやりとりだ。不入が守られアジールが保たれるなまなましい現場である。絶対アジールはこれだけの強い意志を持って権力と対峙していた。

坂本はこれ追捕停止の地なり

嘉禎二年(一二三六)、前年の佐々木高信と日吉神人との喧嘩をきっかけに日吉神輿動座が起った。この時高信は内裏守護役として、強訴を防ぎ神輿を担いだ張本を捕えた。叡山は高信の流刑を要求し、彼は豊後に流された。高信はそもそもの原因者であるから、彼が出てきたため事態が余計に紛糾したのは確かである。だが高信からすれば、内裏警護の任務を忠実に勤めただけなのに流罪というのではかなわない。

あまり言われない常識であるが、天皇・内裏、そして京都の警固こそが幕府の暴力が正当化される唯一の法的根拠である。だから北条泰時はこの処分に異議を唱えた。今後武士が職責を果たせなくなってしまうではないか、と。[59] なおこの高信が神罰により狂死したことは誰知らぬ者はない、と応安の強訴の際に筆誅を加えられている。

この直後、強訴の張本利玄《りげん》を追及するため、幕府の使者、河原景直《かわはらかげなお》・浅間親澄《あさまちかずみ》が日吉社神官の成茂の宅を尋問に訪れた。その時山上・坂本の下法師たちが、「坂本はこれ追捕停止の地なり。武家使の乱入は先例なし」と猛反発し、彼らの武器を奪取し部下に傷を負わせた。延暦寺の場合も興福寺と同じく、検断不入は言葉のうえでの空念仏ではなかった。実力による激しい抵抗を受けた。[60] 武力もさることながら、絶対アジールは国家に対する反感を隠さない。

アジールと非アジール

承久の乱を経過し、御成敗式目の制定後、日本国の惣追捕使《そうついぶくし》（検断権者）としての幕府の地位が確立した後にもアジールは厳然と残っていた。天福元年（一二三三）、西国の守護代が国中所々の犯人を審理する際、職権行使の際にアジールが大きな制約となった。六波羅探題は「守護入部が許されている地は問題がない。だが権門勢家（有力者）・神社・仏寺などの領地は守護不入なので、公領と荘園の堺において犯罪の有無などについて審理をする。しかしその境界地点に行くまでに一日も二日もかかったりする。またそこが野中であったり、山中であったり、尋問のため往復するだけでも大変である。そのほかにも煩《わずら》わしいことが多い。そもそも守護所という施設を置いているのだから、被疑者の身柄は守護所で押さえ審理はそこで行いたい」という意見が多く寄せられている、と鎌倉に申し送った。

幕府の返答は「先例はたやすく変えることはできない。やはり境界地点で審理せよ」というものであった。[61] この時代にも西国ではアジールの権威が極めて高かった。またこれを読む限り、東国に絶対アジールは存在しないようである。そして寺社勢力が東国に持つ所領荘園も絶対アジールではなかったわけである。相対アジールは存在したであろう。本書では深く検討することができないが、このあたりに日本列島の東西の差異が見られて興味深い。

アジールの国政参与

寺社勢力はその実力のゆえに国政に参画することがあった。平家の福原遷都には当時の貴族のほとんどが反対であった。しかし実際に声を挙げて平安還都を要求したのは延暦寺・興福寺である。治承四年六月二日（福原遷都直後）、一〇月二〇日に、叡山大衆が還都を申請している。[62] その奏状は清盛が後白河院を幽閉したことを責めたうえで、「叡山の衆徒がたびたび還都について上奏している。面々の鬱憤がつのるばかりである。叡山は都に近い便宜があるので、深山に居を定め草庵を結び、学問に精励してきた。ところが福原遷都により、帰依する人もなくなり、僧侶の生活も苦しくなった。このままでは叡山の仏法が滅びてしまう。そうなれば同時に王法も滅びるであろう。はやく還都してほしい」であった。[63] 王法仏法相依論である。そして実際にこの直後に還都が実現した。

宗教政策への介入

僧侶の資格を与える戒壇《かいだん》は延暦寺と東大寺にしかなかった。園城寺僧は天台宗でありながら華厳宗《けごんしゅう》（実質は真言宗）の東大寺の戒壇で受戒していた。比叡山と対立する園城寺にとって、僧侶資格を与える戒壇の創設は悲願であった。正嘉元年（一二五七）、幕府の口添えもあって朝廷はそれを一旦承認した。だが叡山は強訴を行ってそれを撤回させた。園城寺は鎌倉まで行って、綸言汗のごとし、と幕府に抗議した。[64]

叡山はまた禅宗（嘉元寺）・浄土宗の弾圧を朝廷に行わせた。[65] 宗教界における南都北嶺の実力は絶大であり、朝廷・幕府の宗教政策に何度も嘴《くちばし》を入れた。「政道への諫言」は禅宗弾圧の場面で発せられた言葉である。

しかし全体として寺社勢力が敵対する二つの世俗権力の対立に、一方的に加勢した例はほとんどない。さらに朝廷・幕府の人事や政策、また朝幕の内紛に介入したことはない。政治史においては、アジールは基本的に消極的な態度を貫いたと言ってよい。

第五章

アジールのルール

1　アジールと財

アジールと経済

ヘンスラーのアジール論は、経済に言及することが全くない。にもかかわらず、アジール、自由都市などでは財が交換され、あるいは蓄積される。……アジールの外よりも頻繁に大量に……古典的アジール論でもそういう場への言及がないものは珍しい。

オレンダ（神的な力）は電流のごとく転移するだけでなく、そこに磁場を作り出す。アジールがオレンダ・ハイルという磁力に満ちた場である以上、無数の供物が捧げられる。そこに文明・文化、富と武力が吸引され、政治的実力と経済的実力が集積するのは必然であるとも考えられる。その結果アジール理念と現実との矛盾が起こる。私が従前のアジール論によせる不満はここにある。アジールと経済の関係は、今までに当然議論されているべきテーマでありながら、欠落していたと言えよう。

磁場は黄金だけでなく塵埃《じんあい》をも引き寄せる。アジールである寺社勢力という磁場は、経済力・武力を引き寄せる。これは友愛を揺るがし、人間の内なる暴力を発動させる危険を常にはらむものであった。

モノの避難所

アジールはヒトだけでなくモノの避難所でもあった。財の保管所の役割を果たすアジールもあった。当然財そのものの価値（第一次的意義）はそれとは別にある。

正応五年正月（一二九二）、典侍局《ないしのすけのつぼね》という女性が若狭国遠敷郡名田荘知見村の所有権の証書を、「文書共は夜も恐ろし候程に、春日町の土倉に預置き候」[1]と自分の手許に置かず、土倉に預けている。春日町は春日小路と町小路が交差する地点にあり、土倉・酒屋が密集する京の中心地である。この頃の京の土倉の八割は山門気風《さんもんきっぷ》（延暦寺傘下）の土倉である。[2]

建武頃、祇園中路（祇園社の西門から賀茂川に至る東西の直線道路、河東のメインストリート）にある迎摂院《ごうしょういん》に文書保護預をしていた者があり、建武三年一月に略奪を受けている。[3]応永二六年（一四一九）には、土倉・酒屋が清水寺付近に一一軒、祇園社付近に少なくとも六軒あった。寺社境内には多くの土倉があり、保管庫の役割を果たしていた。

北野社家は、康応元年（一三八九）に、警備を行う幕府の公人《くにん》に払うべき手数料（酒直）として、西京の土倉に二〇〇疋《ぴき》を課税し、京都所司代浦上の酒直として、西京の土倉一所、境内の土倉一所に各一〇〇疋ずつを負担させた。[4]ここも土倉の密集地域であった。

紀ノ川下流の御家人の子息である摩訶《まか》鶴丸《つるまる》という子供が、紀伊国直川荘《のうがわのしょう》の下司職（地頭職に相当する）と京都屋敷の所有権を保障する文書を根来寺に保管していた。ところが一三五三年に南朝の四条隆蔭《しじょうたかかげ》が紀伊国に乱入したとき、配下の楠氏の家人が根来寺に打ち入ったため、それが

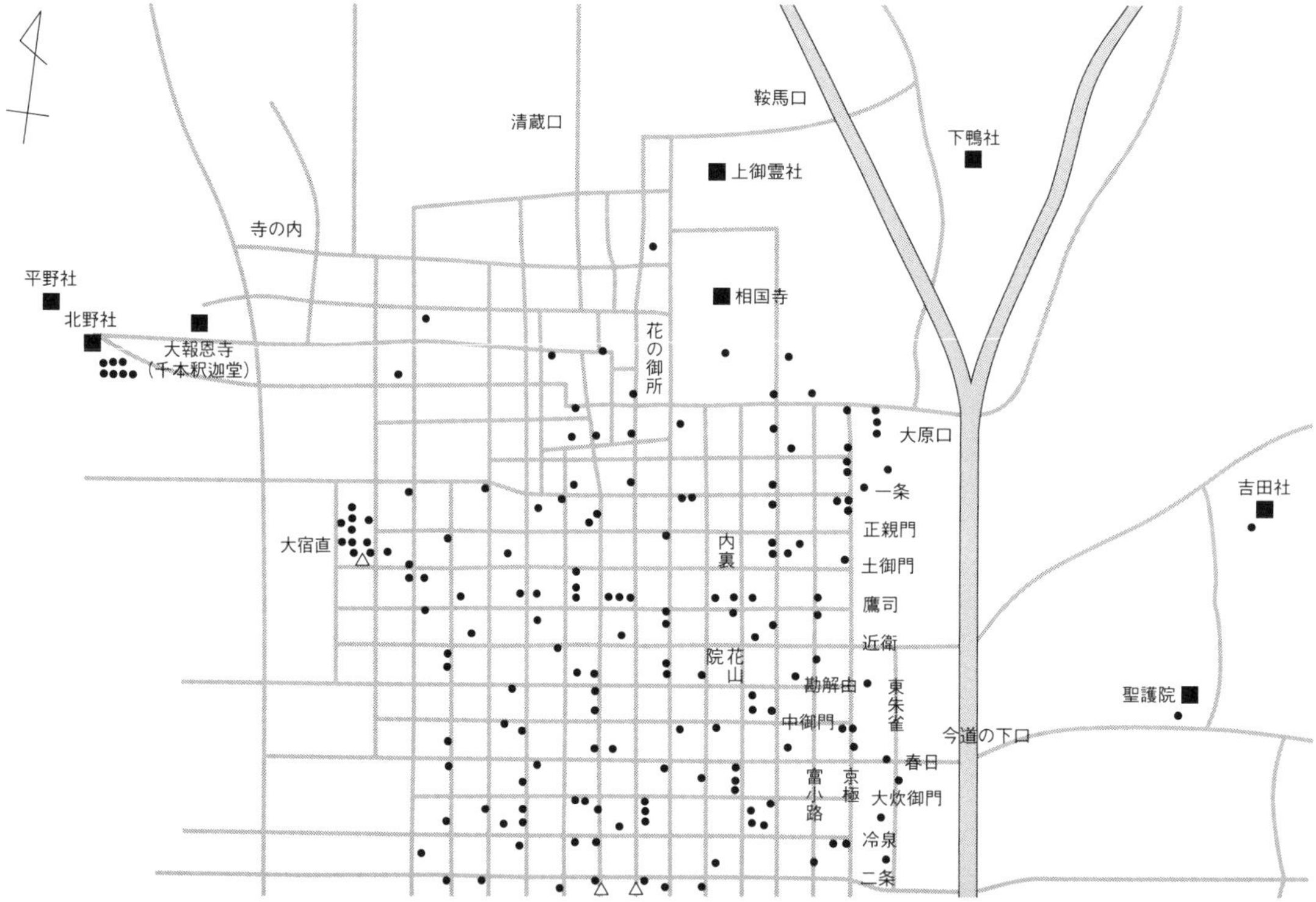
平野社
北野社
大報恩寺
（千本釈迦堂）
寺の内
清蔵口
鞍馬口
下鴨社
上御霊社
相国寺
花の御所
大原口
吉田社
大宿直
内裏
一条
正親門
土御門
鷹司
近衛
花山院
勘解由
東朱雀
中御門
今道の下口
聖護院
春日
富小路
東極
大炊御門
冷泉
二条

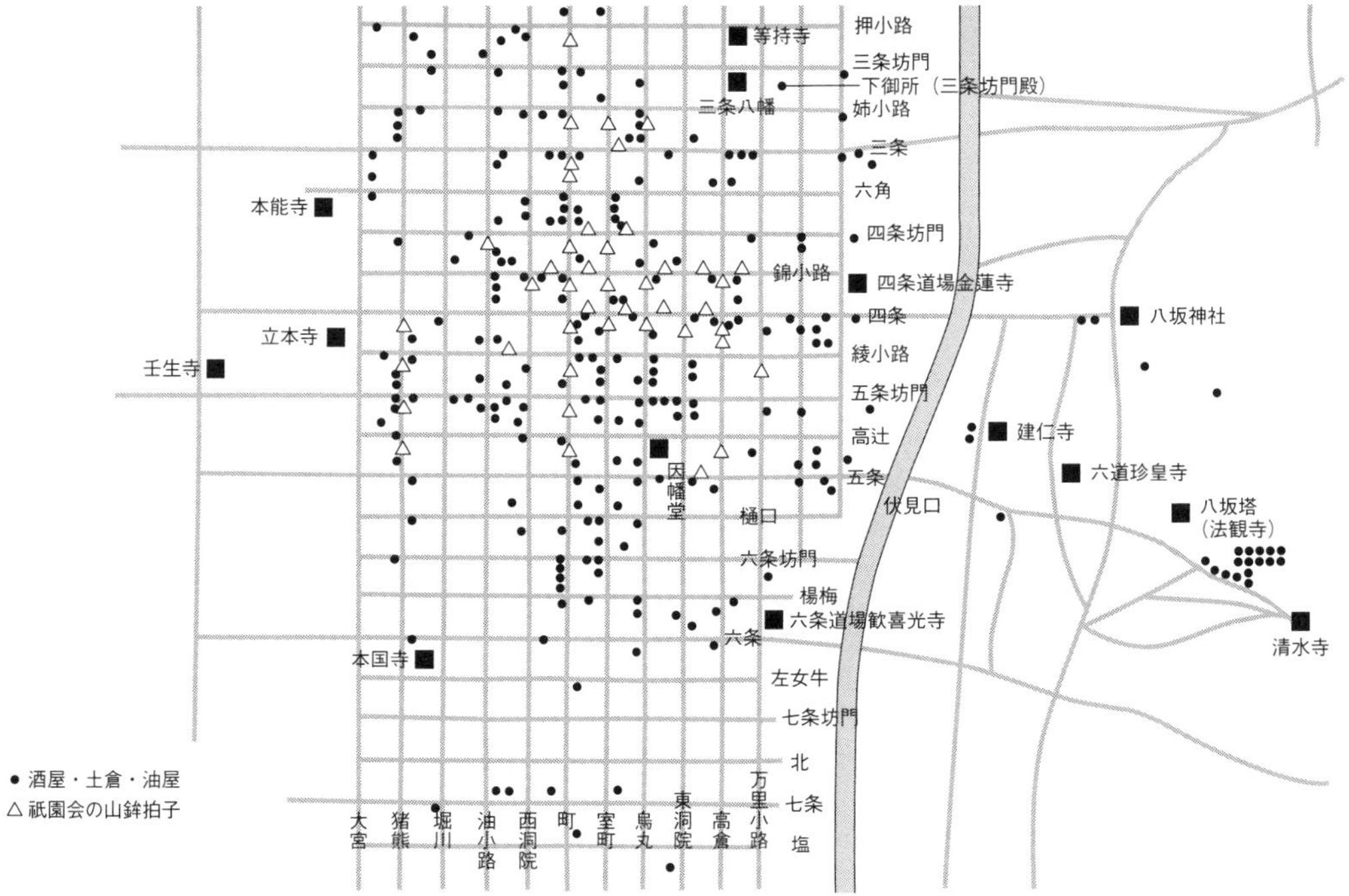

3図　京都の酒屋・土倉・油屋図（室町時代）

現在通用している京都の酒屋・土倉・油屋図は史料に現れる「朱雀」を平安京の朱雀大路と誤認している。平安京の朱雀地名は七条以南にしか残っていない。中世の堀川以西は荒地であり、この図の元になった史料に「朱雀」と記されている道は賀茂川沿いの今朱雀・東朱雀大路である。

失われた。そこで近隣の武士一二人が証人となって、その所有権を再確認した文書が残されている。[5] 財産権を保障する重要な文書が、当事者の手許にではなく、アジールに保管されることがよくあった。この場合は正文（原本）が保管されていたようである。有名な東寺文書には、東寺と関係のない第三者が保管した文書が多いと指摘されている。[6] 寺社はそのアジール性ゆえにモノの保管所となった。

では財を持ったまま駆け込んだ者がいた場合、その財はどうなるのか。西欧では裸一貫でなく、財を持ったままアジールに駆け込んだ場合について、阿部が触れている。財産をかかえこんだまま教会に逃げ込んできた者を聖職者たちが優遇したために、アジールの侵害やその他の手段を誘発したこともしばしばであった。[7] 特に都市と都市内の教会領との政治闘争の場合によくあったことであるが、債務者が教会に逃げ込むと、当人だけでなく、持ちこんだ財産も債権者の手を逃れることができたので、各都市当局者は債務者のアジールに対しては激しく反対していたという。

土地への転移

アジールと経済との関係をさらに考察する。寺社勢力の中核が境内都市という商工業地帯だったことはすでに述べたが、ここで扱うのはその外縁にある寺社領荘園である。

動産はともかく、「土地を持ったままの駆け込み」は土地制度を揺るがす。駆け込みが不動産所有権の変更に帰結する、ということは大変考えにくいが、よく考えればこれこそが……それがあったのか否かという問題を含めて……政治史・経済史上最も重要な問題である。そこでかつて学界で議論されたテーマを、アジール論の中核にあるオレンダの転移説から見直してみる。

寺奴・因縁という観念

荘園研究史上、史料に最も恵まれた東大寺領伊賀国黒田荘は、一世を風靡《ふうび》した石母田正『中世的世界の形成』（岩波文庫、初版一九四六年）で取り上げられて有名である。もともとは大仏殿の杣《そま》（材木を伐採する山林）、板蝿杣《いたばえ》が発展したものである。黒田荘は、

Ⅰ　二十余町の杣工の耕作田が東大寺創建当初からあった。一町は約一ヘクタールである。
Ⅱ　杣工が公領に出作《しゅっさく》して荘域が拡大した。
Ⅲ　公民が杣工の縁者と号し、その耕作地が編入されてさらに拡大した。
Ⅳ　出作地が公認され、Ⅰの約十五倍の三〇〇町の大荘園に成長する。

という過程をたどって発展した。

Ⅰ　本免田

学界で、奈良時代における寺院への寄進地に注目が集まった時期がある。[8] 天平勝宝元年（七四九）の諸寺墾田制限法は、寺院に対する勅施入とその制限を規定した。大安寺《だいあんじ》・薬師寺《やくしじ》・興福寺・法華寺・諸国国分寺に各一〇〇〇町、東大寺に四〇〇〇町、元興寺《がんごうじ》に二〇〇〇町、弘福寺《ぐふくじ》・法隆寺《ほうりゅうじ》・四天王寺《してんのうじ》・崇福寺《すうふくじ》・新薬師寺・建興寺《けんこうじ》・下野薬師寺・筑前観世音寺に各五〇〇町が寄進された。中には法隆寺領　鵤　荘《いかるがのしょう》など、聖徳太子により律令制以前の五九八年に寄進されたと伝える地すらある。

そもそもこういう土地は、最初から公地公民制の対象とされていなかった。また開発者の権利に重きを置く墾田永世私財法とも全く別次元の土地所有権である。これらは初期荘園と言われるものの一類型であるが、純然たる宗教的契機によってできたアジールである。このうちには退転したものもあるが、そのいくつかは中世まで続き本格的な荘園に成長する足場となった。ただ奈良時代においては、その面積が国土全体に占める割合は無視してよいほど小さく、律令制下の土地制度を論ずる上では別に重要ではない。

板蝿杣もこの種の古代寺領の一つで、杣工が自給するために与えられた小規模農地があっただけである。

Ⅱ　寺奴の論理

康保五年（九六八）頃から杣工が作田を拡大しようとする動きが始まった。[9] 杣工は隣接する名張郡の公領で耕作を開始した。こういう土地は「出作《しゆつさく》」（出作田）と呼ばれる。そして「寺奴《てらやつこ》」「大仏の奴《じど》」である杣工の作田は、東大寺の所有地だとする「寺奴の論理」が主張された（『平安遺文』二八〇・二一四七号）。対して国衙は、当該土地は公領にあるのだから、当然国衙の管轄地であると主張した。杣工は名称こそ変わらないが、すでにこの頃は林業者というよりは農業経営者としての性格が強くなっている。石母田は、これを人の論理と土地の論理の対立と位置づけた。古代奴隷制的な論理と中世封建制的な論理との対立という構図である。

Ⅲ　因縁・所従

公領に住んでいる公民が、「自分は杣工の家来（所従）である。あるいは杣工と前世から仏縁で結ばれた人間（因縁）である。だから自分の耕作地は東大寺領黒田荘の田である」と主張しはじめた。[10] こういう公民が「寄人」で、荘園領主に所属しつつ国衙の臨時雑役を免除された。これだけとれば国衙から賦課されていた臨時雑役が東大寺によって賦課されることになったに過ぎない。だが東大寺は意図的に負担額を減らして公民を黒田荘に引き寄せたと思われる。ただ国衙の年貢は免除されない原則である。そしてその次の段階では公領に居住する農民が所従・因縁と称して、広い意味での荘民、黒田荘の寄人になろうとする運動を始めた。[11] そうして公領が黒田荘の荘域に編入されはじめた。私はこれを公領の農民の東大寺領への「駆け込み」と理解する。

Ⅳ　最終的に承安四年（一一七四）、保元新制には反しているが、院庁下文《いんのちょうくだしぶみ》によって加納・出作を含む黒田荘三〇〇町の不輸不入権が公認された。独裁者である院が新制に反する決定をしたわけだが、こういうことは頻繁にある。諸役不入・検断不入が認められた巨大なアジールが成立した。

石母田は東大寺を（残滓ではあるが）律令国家の下部組織と規定し、東大寺の論理は律令国家の論理そのものであるとした。したがって中世的論理が古代的論理に敗北するのは異常なことと考えた。そして「繰り返し復活してくる古代」という問題と格闘した。黒田俊雄が寺社勢力を古代の残滓ではなく中世的な存在であると指摘した頃から、奇妙なことでないと見られるようになった。

黒田荘の拡大とオレンダ

以上の論議の際、宗教・呪術の問題が取り上げられたことは一度もない。黒田荘の場合、大仏のオレンダに接触した人（杣工）が持つ二十余町という小規模な不輸田《ふゆでん》が寺領拡大の基礎だった〈Ⅰ〉。その杣工に接触した土地（杣工の出作田）が黒田荘に組み入れられた〈Ⅱ〉。ついで所従・因縁としてその杣工に接触した人（公民）の土地が編入されて拡大した〈Ⅲ〉。

ここにオレンダの転移を見いだすことは容易である。まさに接触呪術・感染呪術そのものである。黒田荘はオレンダ（神的な力）の転移によって拡大した。オレンダ自体が電流のごとく人間だけでなく隣接する土地に入りこんで行った結果である。

「人の論理」は論理と言うよりオレンディスムス的宗教観念であり、これは広義の宗教史のテーマと考えることができる。「外被」としてかたづけるにはあまりにも強力な、宗教的な重しを加えた強力な論理であった。中世における寺社領荘園（領域型荘園）の成立と膨張、そしてそれを契機とする荘園公領制の成立は、経済史のみならず、大きな政治史的転機である。黒田荘の歴史は、経済・政治史の好個の素材には違いないが、宗教史上の重要課題でもある。

現実問題、土地の帰属は公領と荘園の税率の高低、公領における国司の苛政を主な原因として変更された。だがその際に寺奴の論理、因縁の論理が使われたのである。オレンダの転移説を参照することで、現代的感覚では到底理解不能な中世法の理解が容易になる。そこに学問的意味がある。アジールの原理は消極的どころか極めて能動的に働いている。ここには国家ではなく、民衆の実利主義がよく現れている。

もちろんこの過程をオレンダの転移説一辺倒で説明すれば間違いになる。実情に即して言えば、国司の苛政と公領の重税を嫌った農民が、税率の低い荘園に土地を持ったまま駆け込んだものということができる。かれらは動かないままに大仏の許、アジールに駆け込んだのである。アジールは彼らを呑み込んで膨張した。

われわれがイメージする絵に描いたような犯罪者の逃げ込みと異なり、人間の移動がないのに「アジール」と表現することに抵抗感を持つ人がいるかも知れない。だが検断権者・徴税権者である国家あるいは国司の立場から見れば、公田が紛れもない無税かつ治外法権の場、場所的なアジールに変貌したのである。

武士の台頭を阻止

黒田荘は、天喜元年・二年（一〇五三・四）の天喜事件と呼ばれる合戦、応保二年（一一六二）の東大寺の学侶威儀師《いぎし》覚仁《かくにん》による武力占領、安元元年（一一七五）の合戦などに彩られている。また国衙との訴訟は一一世紀半ばから一一七四年まで連続して続けられた。従来の研究はこれらの事件に注目してきた。それはそれで正しいのだが、それだけでは不十分なのである。

この一連の過程で、伊賀国の「猛者」と呼ばれた藤原実遠《さねとお》、また丈部近国《はせつかべのちかくに》・源俊方《としかた》など「中世を担うべき武士」が敗北し滅亡していった。西国の武士団の多くは、寺社勢力の手によって成長の芽を摘まれた。大武士団が順調に発展していった東国社会と西国社会とは本質的に違う。東国と西国を別の国家と見なす学説もあるほどである。いずれにせよ、貴族の世から武士の世へ、という図式は畿内近国においては、全くあてはまらない説であることがわかるだろう。

宗教的・魔術的段階のアジールから実利主義的段階のアジールへ

さて東大寺は別にして、公民や国衙、さらには最終的に黒田荘三〇〇町の領有を承認した中世国家が、この「寺奴」（Ⅱ）「因縁」（Ⅲ）の観念を、どこまで本気で信じ恐れたのだろうか。公民は単に詭弁を弄《ろう》しただけなのだろうか。これをつきとめる方法はないものだろうか。ともかくも結果は東大寺の勝訴（Ⅳ）であり、魔術の勝利であった。院庁はこの土地を大仏に寄進することと決定した。[12] 保元新制に反してである。

このような法手続や判決は、近代的な意味での法や裁判ということは到底できない。アジールが「法としての特徴を欠いているにもかかわらず、生存のための闘争を制限し調停する手段として機能している」。そのことを如実に示している。

それにしても、通常アジールと見なされない耕地という日常生活の場が、アジール論の対象たりうるということは一つの発見である。

諸寺墾田制限法で設定された古代の寺領は、国家にとっても、民衆にとっても、大きな経済紛争の種となる可能性は考えられない。宗教的・魔術的段階のアジールと思われる。だが中世の寺領荘園の成立は、宗教的外観を呈するものの、民衆の実利追求の結果である。不輸不入の絶対アジール、実利主義的段階のアジールの成立である。全体社会における寺領の比重は決定的に大きくなった。黒田荘では十五倍である。そして寺領荘園に先導され、それを構造的に組み込んだ中世的土地制度である荘園公領制が成立した。

土地を持ったままの駆け込みをきっかけに、荘園・公領の帰属が変動するということが事実としてあった。アジールへの駆け込みでなく、アジール自体が膨張して重税・苛政に悩む人々とその所有地を呑み込んだように一見見える。アジールをマクロの視点で見ることが必要なのは、こうした実例があるからなのである。

殺生禁断と「境内」の拡大

寺社は境内・門前を殺生禁断の聖地と主張した。その後その所領をも「境内」と呼び、ここも寺社の敷地である境内の延長であるとして、寺社領荘園の拡大を行った[13]。境内都市の隣接地ばかりでなく飛地の荘園についても「境内」と呼んだ。アジールの平和聖性の維持を論理上の旗印として、オレンダ（神的な力）の転移を感覚上のてことして、寺社領を拡大させたのである。ここには加納・出作、寺奴・因縁の原理とはまた別の道筋があった。

網野は『増補　無縁・公界・楽』で次のように述べた。

「殺生禁断」「伐木禁制」が、院政期、多くの寺社によって主張され、その領域的支配の槓桿《てこ》となった。（中略）そうした主張を支えていたのは、当時の一般社会に根強く生命力を発揮していた「無縁」の原理にほかならない、と私は考える。この主張が実現されたとき、広大な山野河川等を含む寺院・神社の四至内は、一個の「聖域」として確立したのであり、それは、さきに、「山林」に関連してふれたように、山林自体の聖地性、山野河海の無縁性を背景としていた、とみなくてはならない。

そして、検断使の入部停止に端的に示されているように、これこそまさしく、寺域・神域、さらには寺社領荘園における「不入」の確立であった。（中略）荘園公領制の形成過程において、こうした不入権の確保が荘園支配者にとって緊要の課題だったことも周知の通りである。

古代・中世における土地所有はどうして呪術的・宗教的な形態をとらなくてはならないのか（傍点引用者）、なぜ中世が宗教の時代といわれるのか、前近代の人民の反乱が「原始」への復帰をめざす宗教的な反乱として現れるのはなぜか。

私が付け加えることはほとんどない。もちろん山林・山野河海の無縁性、それを支える「原始の自由」を跡づけることは、実際問題非常に困難であると私は思っている。

網野史学の魅力はこういうところにあるのだが、私は即物的に考えてしまう。強固な不入権に基づく寺社領こそが絶対アジールであり、寺社勢力こそがアジールの最重要の一類型であるとするほうが説得的であると考える。それは中世の開始を荘園公領制の形成期に置く土地制度史の時代区分と整合する。

殺生禁断と一殺多生

殺生禁断を破った者には死罪が適用されることもあった。高野山の最大の仇敵は中世を通じて吉野であり、再三再四、武力抗争が繰り返された。吉野山民なのか高野山領住人なのかわからない人々が数多くおり、高野山の側から見れば、殺生禁断の地、すなわち高野山領がどこかという境界争いの問題であった。高野山の主張を聞こう。

建保三年二月ごろ、高野山領に隣接する野川の住人らが、吉野山の執行《しゅぎょう》（座主や別当に相当する吉野金峯山寺のトップ）春賢《しゅんけん》の命令と称して、高野山領の境界を四・五里ほど踏み越えて、そこが吉野領であるという札をかけた。その後野川の山民は兵具を帯びて高野山の寺辺にまでやってきて、弘法大師が入定している奥之院の御廟のかたわらで、鹿を射殺して皮をはいだりした。また白昼に弓箭《きゅうせん》を帯びて、東大寺復興の功労者である重源上人《ちょうげんしょうにん》建立の専修往生院の庵室を犯した。その昔、聖徳太子は仏法が禁ずる殺生禁断をあえて破り、仏法を守るために物部《もののべの》守屋《もりや》の命を奪った。衆生の苦しみを救う大悲菩薩（観音）もまた「一殺多生の行」を行った。春賢以下の山民はわが山の怨敵である。もし彼らを刑罰に処さなければ、同じことをする連中が跡を絶たないであろう。何としても懲らしめるべきだ。[14]

高野山の論理に注目したい。原文は「聖徳太子既絶守屋大臣之命、大悲菩薩又励一殺多生之行」である。一殺多生は「殺生を行う悪人一人を殺すことで、多数の生命を救うこと」である。根来寺も紀伊国日前《ひのくま》・国懸《くにかがす》社との所領相論に際し、天養二年三月二八日、応保二年一一月に相手を仏法の障碍である物部守屋にたとえて非難している。[15]

殺生禁断の処罰はときに異常と思われるほど重い。文永四年（一二六七）の「十津川十八郷荘司等起請文案」では、狩猟しか生活のすべを持たない吉野山民が、「高野山の寺命を守り、高野山領内では猪・鹿・鳥類を殺さない。もし命に背いたら一家・一族・縁者に至るまで、高野山によって殺害されてもかまわない」と誓わされた。[16] 寺社勢力は、殺害すら合理化する論理を持っている。鬼気迫るものが感じられる。

狩猟という殺生のほうが山民の殺害より重い。現代的感覚からすると転倒した観念である。高野山による「殺害」は、平和秩序を壊乱した者が供犠として処刑されるという意義を持つと推定される。これは宗教的・魔術的段階のアジール法の残存であろう。寺領維持の目的で主張されたアジール法は実に過酷な形式をとっている。それにしても「一殺多生」は、スケープゴート機制を直訳したような語彙である。また殺生禁断の地は文字どおりにとれば動物のアジールである。

民衆闘争と寺社勢力

網野は民衆闘争の宗教的外被に着目した。ただその際取り上げた素材に偏りがある。宗教的存在のうち最大のものである寺社勢力を軽視し、中小規模の寺社から「無縁・公界・楽」的側面を見いだそうと試みていることで、搦手《からめて》から証明する手法になっており、かえって説得力が弱くな

下川耿史

性風俗50年

――わたしと昭和のエロ事師たち

エロ雑誌、性具、パンパン宿、ゲイバー、夫婦交換など、戦後日本の性風俗を創り出した達人たち。戦争の傷を負い、高度経済成長の陰に咲いたエロの花々を描く。

86473-4　四六判（2月下旬刊）予価1800円

平山洋介

マイホームの彼方に

――住宅政策の戦後史をどう読むか

戦後日本において、マイホームの購入を前提とする社会がどのように現れ、拡大し、どう変化したのか？　住宅政策の軌跡を辿り、住まいの未来を展望する。

87909-7　四六判（2月下旬刊）予価2900円

6桁の数字はISBNコードです。頭に978-4-480をつけてご利用下さい。

好評の既刊
＊印は1月の新刊

武道的思考
内田樹　読めば気持ちがシャキッとなる達見の武道論
43590-3　800円

戦略読書日記　●本質を抉りだす思考のセンス
楠木建　22冊の本から浮かび上がる戦略と経営の本質
43591-0　1200円

「読まなくてもいい本」の読書案内　●知の最前線を5日間で探検する
橘玲　『言ってはいけない』は、この本から生まれた！
43592-7　780円

想像のレッスン
鷲田清一　アートに揺れる自分
43582-8　880円

注文の多い注文書
小川洋子／クラフト・エヴィング商會　この世にないもの探してください
43593-4　860円

佐武と市捕物控　江戸暮しの巻
石ノ森章太郎　マンガ史上に輝く傑作シリーズ！
43599-6　780円

アサイラム・ピース
アンナ・カヴァン　山田和子 訳　その叫びは、美しい歌になる
43603-0　860円

沙羅乙女
獅子文六　こんなに面白い小説がまだある!!
43601-6　840円

御身
源氏鶏太　60年前の禁断の恋愛小説、遂に復刊!!
43609-2　780円

わたしの中の自然に目覚めて生きるのです　増補版
服部みれい　悩みの答えを見つけるには
43611-5　680円

森毅　ベスト・エッセイ
森毅　池内紀 編　生きるのがきっと楽になる。
43615-3　950円

赤塚不二夫のだめマンガ
赤塚不二夫　三振でホームランのマンガなのだ！
43621-4　780円

父が子に語る日本史
小島毅　次の世代に何を伝える？
43624-5　800円

温泉まんが
山田英生 編　白土三平、つげ義春、楳図かずお、他収録
43631-3　780円

したたかな植物たち　●あの手この手のマル秘大作戦　【秋冬篇】
多田多恵子　眠れなくなるほど面白い植物の本！
43619-1　950円

家族最初の日
植本一子　家族で過ごした、素晴らしい瞬間の数々がここにある
43627-6　980円

独居老人スタイル
都築響一　ひとりで生きて、何が悪い。人生の大先輩16人のインタビュー集
43626-9　1000円

やっさもっさ
獅子文六　〝横浜〟を舞台に鋭い批評性も光る傑作
43638-2　840円

＊**エーゲ　永遠回帰の海**
立花隆　須田慎太郎［写真］　伝説の名著、待望の文庫化！
43642-9　1000円

＊**高峰秀子の流儀**
斎藤明美　没後10年の今読みたい、豊かな感性と人生への矜持
43630-6　860円

6桁の数字はISBNコードです。頭に978-4-480をつけてご利用下さい。

2月の新刊　●12日発売

ちくま学芸文庫

パワー・エリート
C・ライト・ミルズ　鵜飼信成／綿貫譲治 訳

エリート層に権力が集中し、相互連結しつつ大衆社会を支配する構図を詳細に分析。世界中で読まれる階級論・格差論の古典的必読の古典。（伊奈正人）

09967-9
1900円

折口信夫伝
岡野弘彦
■その思想と学問

古代人との魂の響き合いを悲劇的なまでに追求した人・折口信夫。敗戦後の思想まで、最後の弟子が師の内面を描く。追慕と鎮魂の念に満ちた傑作伝記。

09963-1
1600円

企業・市場・法
ロナルド・H・コース
宮澤健一／後藤晃／藤垣芳文 訳

「社会的費用の問題」「企業の本質」など、20世紀経済学に決定的な影響を与えた数々の名論文を収録。ノーベル賞経済学者による記念碑的著作。

09961-7
1400円

Math & Science

数学と文化
赤攝也

諸科学や諸技術の根幹を担う数学、また「論理的・体系的な思考」を培う数学。この数学とは何ものなのか？　数学の思想と文化を究明する入門概説。

09970-9
1100円

6桁の数字はISBNコードです。頭に978-4-480をつけてご利用下さい。
内容紹介の末尾のカッコ内は解説者です。

chikuma primer shinsho

ちくまプリマー新書《さいしょのしんしょ》

★2月の新刊　●7日発売

344
日本史でたどるニッポン
東京大学史料編纂所教授
本郷和人

日本はひとつの民族が、ひとつの言語を使い、ひとつの国家を形成して長い歴史があると習う。けれどもそれはちょっと違う。日本史を通して学ぼう。

68371-7
840円

345
一枚の絵で学ぶ美術史　カラヴァッジョ《聖マタイの召命》
神戸大学大学院教授
宮下規久朗

名画ながら謎の多い《聖マタイの召命》。この絵を様々な角度から丁寧に読み解いてみる。たった1枚の絵画からくめども尽きぬ豊かなメッセージを受け取る。

68369-4
950円

好評の既刊　＊印は1月の新刊

銀河帝国は必要か？──ロボットと人類の未来
稲葉振一郎　人はどこからきて、どこへいくのか？
68354-0　860円

なぜ科学を学ぶのか
池内了　科学・技術の考え方・進め方の法則を学ぼう
68360-1　840円

ダイエット幻想──やせること、愛されること
磯野真穂　カラダをめぐる呪いからあなたを解き放つ
68361-8　840円

はじめての三国志──時代の変革者・曹操から読みとく
渡邉義浩　時代の変革者からみた新たな三国志の一面
68362-5　780円

世界はデザインでできている
秋山具義　アートディレクターが語るデザインの意味
68363-2　760円

若い人のための10冊の本
小林康夫　ほんとうの本の読み方、こっそり教えます
68365-6　920円

はじめての憲法
篠田英朗　気鋭の政治学者による、世界水準の入門講義
68367-0　820円

はじめての日本古代史
倉本一宏　農耕の開始から武士の台頭まで一気に解説
68364-9　980円

＊ぼくらの中の「トラウマ」──いたみを癒すということ
青木省三　つらい経験の傷をこじらせずに向きあい和らげる術
68368-7　840円

＊どこからが病気なの？
市原真　人体と病気の仕組みについて病理医が語る
68366-3　840円

6桁の数字はISBNコードです。頭に978-4-480をつけてご利用下さい。

っている。私が述べた事実の理解はおおむね学界の通説に沿ったものであり、特に独自性があるわけではない。網野も大筋ではこれを認めている。このような大手からの研究のほうが、アジール論にしても、「無縁・公界・楽」論にしても、理解を得やすいのではないだろうか。学界においては、網野は無縁概念の提唱者というよりも、荘園公領制論の大成者として高く評価されている。なぜ本道を行かず脇道をとったのだろうか。やはり寺社勢力を支配者と位置づける説に強く呪縛されていたのであろう。マクロの視点からのアジール論はやはり意味がある。

公家領・武家領荘園

アジール論からはやや外れるけれども、中世史の重要なテーマなので、寺社領荘園の成立以後の土地制度史についても簡単に触れておきたい。寺社領荘園の成立にやや遅れて、俗の側も荘園の集積を始めた。公領を基礎とする財政が完全に崩壊し、独自の所領を獲得する必要に迫られたのである。前述のように白河院は師通とともに積極的に荘園整理を行ったが、次の鳥羽・後白河院は全く逆の政策をとり荘園の集積に走った。鳥羽の安楽寿院《あんらくじゅいん》や歓喜光院《かんきこういん》領を中核とする八条女院《はちじょうにょいん》領《りょう》が鳥羽院政期に、長講堂領が後白河院政期に成立している。前者は大覚寺《だいかくじ》統《とう》に伝えられ、後者は持明院統《じみょういんとう》に伝えられた。また鎌倉幕府も平家没官領《へいけもつかんりょう》（平家の旧領）の荘園を検断の得分として受け継いで財政基盤とした。史料が残っていないため王家領荘園（皇室領）・貴族領・幕府領荘園の荘民支配の実態はほとんどわかっていない。

荘園は黒田のいわゆる「三権門」、朝廷・幕府・寺社すべてにとって主要な経済基盤である。

ただし荘園領主の名義を見ると、□□上皇領××荘、関白□□家領××荘、将軍家領××荘という荘園はほとんどない。院御願寺の長講堂領××荘、三十三間堂（蓮華王院）領××荘などである。摂関家領は藤原氏の氏寺の法成寺《ほうじょうじ》などの所領の形式を取る。もし名義だけでいえば荘園の多くは「寺社領」に分類され、俗人領荘園はほとんどないことになってしまう。なぜ名義を寺社にするかは興味ある問題である。おそらく、領地を仏神の支配下に置くことが、その保全に有効と考えられたためであろう。俗人領荘園は形式上、寺社領荘園群である。

　俗権は荘園集積に際し独自の論理を打ち出すことができなかった。それは皇室関係寺社領荘園、公家関係寺社領荘園、五山禅院領荘園などの形式をとらざるをえなかった。俗人領を保全しそれを聖化すべく、寺社勢力の荘園の不入の形式をかりた。しかしこういった官製寺社は檀越以外の人々の広い信仰の対象となることはなく、寺社勢力のような大きな宗教的・魔術的権威を持つことはなかった。

　荘園制は、寺社勢力が先行し、院や貴族が追随することによって成立した。平家もそれにならって荘園を集積し、それが平家を討った鎌倉幕府の重要な所領となった。荘園公領制がこうして完成した。完成の時期は鳥羽院政期〜承久の乱までの間であり、諸説がある。

　公家・武家領がそのものずばりの「家のアジール」でなく、寺社アジールの形式をとったことが注目される。中世の家のアジールは寺社領アジールをまねた二次的なものである。この点は宗教的アジールと世俗アジールの前後関係、いずれが先導者であったかを如実に示す。

　なお公領を除く国土すべての家産的分割は、国土の総アジール化と見えるかもしれない。ただこういう考察をしているうちに、国家の隅々にまでアジールを押し及ぼしたくなり、アジール論が逸脱をはじめる。注意したい。

荘園には様々なものがある。田地が散在していて他荘や公領と入り組んでいる荘園やしばしば領主が変わる荘園もある。荘園領主が複数いて重層的に領主が重なっている荘園など、多様な形態がある。本書が対象とするのは、一円的・排他的に一定の土地を囲い込む寺社領の領域型荘園である。荘園一般がアジールであると主張するものではない。

仏陀法・神明法

笠松宏至氏の法制史研究は、宗教と経済が、法という土俵で切り結ぶところに魅力がある。その成果の一つに「仏陀《ぶつだ》人に帰らざるは、大法歴然」「仏陀寄進の地、悔返《くいかえ》すべからず」などと表現される仏陀法の発見がある。一旦仏のものになった物「仏物」は、二度と人間のもの「人物」にもどることはできない、という法である。氏は仏陀法を鎌倉幕府の「他人和与法」の論理に対抗する後発的な論理として位置づけたので、その成立時期を鎌倉中期という遅い時期に設定した。ただ同じ表現はもっと古く平安中期からあり、その実効もあった。

天喜元年（一〇五三）美濃国の茜部荘の荘司住人らは、この荘園を国司が没収しようとしたのに対し、つぎのように述べた。

近年東大寺の諸国の荘園が国司に没収されることが多い。王法と仏法は相並んでこそ、車の両輪、鳥の二翼の役を果す。もし一方が衰えれば、飛ぶことができない。もし仏法が衰えれば、どうして王法が安泰でいられようか、また王法が衰退すれば、仏法も滅びるであろう。ところが国司は天皇の寄進した土地を没収しようとしている。これは「仏物虚用」という、一旦仏のものになったものを俗人が奪い取る犯罪行為だ。このままでは王法・仏法ともに滅んでしまう。[17]

仏物虚用の罪（仏陀法の一つの表現形式）、これは律令格式などとはまったく無縁の法である。この文書が、文中で使われている「王法仏法相依論」の典型的事例とされている点はあまりにも皮肉である。王法と対等のようにみせかけて、寺院だけが利を得ようとする王法仏法相依論の正体が、最初から露呈しているわけであるから。寺院から世俗に対して出された仏陀法の主張は笠松氏の例示したものより二百年以上古く遡る。

笠松氏は仏陀法を、仏教教団の婆羅夷罪《ばらいざい》や「仏物僧物虚用《ぶつもつそうもつきよよう》」の罪を起源とし、教団の内部法が世俗に拡張された法理と理解する。だがその面だけから考えると、類似した法理、一旦神の手に入ったもの「神物」が「人物《じんもつ》」に戻ることはないという神明法《しんめいほう》の説明にやや手間取ることになる。たとえば、神仏習合であるから神明法すなわち仏陀法である、といった迂回的な説明が必要になる。感染呪術・接触呪術の働き、オレンダの転移と考えるほうがずっと容易に理解できる。仏陀法も神明法も同根である。

オレンダを帯びた土地という観念は、諸寺墾田制限法あるいはそれ以前からある。だがそれはごく極限された土地であり、世俗法が無関心であるがゆえの無税地である。だが強力な「寺奴の論理」「殺生禁断」「仏陀法・神明法」として実利的に利用され、汎社会的な実効を持ち、無視し得ない大きさを持つ寺社領荘園の拡大に帰結することになったのは中世である。このような結果を経て、荘園公領制という土地制度ができあがることになる。アジールの強化・弱体化は一直線には進まず、その時々の全体社会の政治力学に依存して変遷する。

醍醐寺三宝院満済は、応永三三年九月（一四二六）、将軍から徳政令の御教書《みぎょうしょ》が出されたのに対し、醍醐寺が売得した土地を守るため「これらの土地は売得後、醍醐寺の如意輪堂・御影堂（弘法大師の御影堂）などに寄進されている。寺領になった土地は「仏陀施入の地」である。再び人の手には帰りがたし」と言っている[18]。満済は「黒衣の宰相」「天下の義者」であり、武家政権の側に政治的立ち位置があるが、自分の領地を失いかねない場合には、仏陀法を持ち出す。仏陀法が国家に認められた法であったことを示している。

今まで述べてきたように、境内都市・寺社勢力がその経済・所領を維持するためには、魔術的観念が必要である。その中核にあるアジールの磁力を否定するわけにはいかない。神霊の求心力は経済にも働く。私の唯物論的寺社勢力論は一つの研究方法であり、これはこれで今後も継続していくつもりであるが、今回は非科学的なものに着目し宗教の役割に着目する方法をとる。

一方で、仏陀法・神明法を認めない観念もあった。東大寺領荘園のある地頭代官は、「およそ六十余州の内、いずれの所か神社仏寺の領にあらざるか。しかれども、地頭あり守護あり、皆これ謀反人の跡なり[19]」と言い放った。「日本国中すべての土地は神社・仏寺の所領である。それなのに謀反人の領地だった所には地頭・守護が設置されているではないか（だから犯罪人の財産はそれを摘発した警察官のものになるという「検断得分」の論理は寺社領であっても適用される）」という意味である。この主張は検断得分の論理が仏陀法に優越すると見る前提からくる観念である。またこの日本国土についての認識は皇室領・貴族領荘園も多く寺社領の形式をとっていたことからくるものと思われる。

石井進は中世における「罪」は、古代と同様「ケガレ」と見なされていたとする[20]。武士が行う検断は、ケガレを祓《はら》う呪術的行為という一面を持っている。そのため仏陀法に対抗する論理たりえたのである。少なくとも武士は対抗しうると思っていた。

寺社と金融

モノについても、仏陀法・神明法が裁判や係争に影響を与えた事例が多く見いだされる。『中右記』天永二年（一一一一年）六月一四日条に記された祇園会の式日の事件が、その古い例と思われる。

祇園神人が祇園会の執行を拒否した。その事件の原因と経過を述べる。皇后宮（皇后の家政機関）が伊予国の年貢を皇后のもとに輸送している途中、祇園社の神人が来てそれを奪取した。そこで検非違使がその神人を強盗と見なして拘禁した。祇園社は反発し神人の釈放を求めた。実はこの時代によくあることなのだが、皇后宮が年貢納入期限の直前に祇園社から借米をして、年貢相当分を祇園社に立て替えてもらい皇后に納めたのである。ところがその返済が滞ったため、祇園社が自力で強制的に返還させたわけである。こういう行為は手荒な形で行われるのが普通だから、皇后宮から見ればその行為が「強盗」に見えたのである。
この時、祇園社は「借用人物不返之所致也」と言ったと『中右記』に書いてある。後半部は、「返さざるのいたすところなり」（不返之所致也）、返済を怠ったので強制的に奪回したのだ、という意味でわかりやすい。問題は前半部である。「人物」という語は滅多に使われず、「仏神のものを人物（人間のもの）として横領する」など、悪い意味で使われるのが普通だから、このままでは意味が通らない。貴族の日記にも誤字脱字が少なくない。「人物」は「神物」の誤記と考えられる。「神物」とすれば「神の物を人である皇后宮が返さないのが事件の根本原因である」となり、意味が通る。宗忠も「神人すこぶる理あり」と祇園社の言い分を了承している。この事件は神明法がすでに世俗でも認められていたことを示す例である。

金融業者は、荘園領主や荘官などに対し、将来納入されるはずの荘園年貢を担保に貸し付けを行うことが多い。返済できなかった場合には、金融業者自身がその荘園の荘官に任命してもらい、年貢取り立てを代行することもある。寺社勢力の基盤が寺社領荘園の外にまで広がったのはそういう理由もある。

古代日本では、租《そ》として納められた米は、神への捧げものと見なされ、百姓が困窮した際に貸し与えられた。収穫後には返礼として、借りた分よりも多い米を神に返さなければならない。そのため、日本では古い時代から利子を取ることはタブー視されなかった。

中世になると、日吉社や熊野三山などの寺社勢力などが金融を営み[21]、米や銭の貸し付けを行った。神仏への捧げものを貸し付ける行為とされたため、中世初期には俗人は金融に関わることができず、仏神に直属する者がもっぱら金融を行った。

結局のところ、ヘンスラーはアジールを避難所という消極的側面からとらえる限界を脱しきれなかった。だがそれでは、アジールの根源にあるオレンダ（神的な力）、それが転移しうる世界が狭く限定されすぎるのではないか。宗教に覆われた時代、オレンダは、人だけでなくモノにも土地にも……とめどなく転移を続ける可能性を持っている。そしてそのモノ・土地・人（たとえば寺奴や因縁）に染みこんだオレンダは永久にロンダリングされない。

2　アジールの「支配者」

無力な寺社組織の長

権門体制論の最大の問題点は、その一画を担う寺社勢力が、一枚岩にはほど遠く、中世を通じて身分闘争を抱え、下僧である行人・聖が実権を握っていた事実を軽視していることに尽きる。なんといっても、普段は仲が悪い朝廷・幕府・学侶が五畿七道に堂衆追討宣旨を出して連合し、十年にも及び戦いながら、結局のところ駆逐に失敗した堂衆合戦という政治的大事件（内乱）の意義を軽視してはならない。

では境内都市及び寺社領荘園は、領民にとってどのような存在だったのであろうか。平安時代の公領における国司のような苛政が行われなかっただろうと推定されるが、この点を少し詳しく見てみよう。

まず第一に確認しておくべきことは、寺社勢力の長には独裁的な権力がないということである。それどころか長が構成員の一味の命（衆命）に反した場合、「大衆違背」として、その地位を追われることが度々あった。[22]住坊を破壊され追放されることすらあった。ローマ教皇や司教などが絶対権力を握っていたとされるキリスト教会とは大きな違いがある。

院宣を延暦寺に下し、山上で兵杖《ひょうじょう》を帯することを禁じたが、院宣を執行する任にある「座主の威軽く、（山僧は）制法を憚らず」という状態で、効果はまったくなかった。[23]また山上の法師原の裹頭《かとう》（覆面）を禁じたときも、「山上の習い、制せらるべからず」であった。[24]

天台座主でさえ衆命には逆らえなかった。それどころか大衆の使者の役割を勤めさせられることさえあった。「先日、後白河上皇が山門の座主・僧綱《そうごう》に命じて大衆の乱暴を制止するために、叡山に登山させようとしたが皆固辞した。それどころか今度は、大衆の使いになって、その言い分を院に伝えようとしている。返す返すも奇怪である」[25]という貴族の慨嘆の記事が残っている。

鎌倉時代末期、高野山は所領荘園の荘官らに「荘園に寺僧をお向えするにあたっては必ず礼をつくします。金剛峯寺の使者として来られた寺僧に対しては、それがたとえ公人《くにん》・堂衆であっても、決して敵対いたしません」と誓わせた。[26]

中世、「敵対」という言葉は、絶対的な上下関係が存在する場合に使われる。何があろうと背いてはならない存在に背く重罪を意味する強い言葉である。ところで荘官は武士または富裕民の身分に出自を持ち、入寺した子弟は学侶になる。公人・堂衆（行人）はこれより下の一般の百姓身分で、寺に入れば行人である。「一般百姓 ∧ 武士・有力農民」という世俗身分が、「荘官 ∧ 公人・堂衆」に逆転する。「凡下《ぼんげ》身分 ∧ 侍身分」が「侍身分 ∧ 凡下身分」へと転ずるのである。アジールにあっては身分の逆転が簡単におこりうるのだ。これもまた今まで指摘されていないアジールの重要な特徴である。

僧伽の理念と平等

仏教教団（僧伽）は一味和合の精神によって結ばれる。そして仏前においては皆が平等である。オレンダ（神的な力）の前では、出自身分などは消えうせてしまい、すべての人は一律に無力である。その意味で平等である。

上座部仏教は教団内外を問わず、人間すべてが仏性《ぶっしょう》を持つとする。アジールの特質として、自由・平和のほかに、その内部の平等を挙げてよいと思われる。平等を建前とし出自身分を問わない場は、社会の中で寺社世界しかない。そしてその寺社の権威は朝廷・幕府よりはるか上にあった。

ヨーロッパに目を向ければ、キリスト教団には絶対的なローマ教皇が存在していた。また大司教や司教に仕えるものはその命に絶対服従であった。これが通説的理解であろう。だが仏教教団の内部規律はキリスト教教団のこのイメージとは根本的に異なっている。

中世日本では諸寺の長官、別当《べっとう》（興福寺・東大寺・熊野）・座主《ざす》（延暦寺・醍醐寺）・長吏《ちょうり》（園城寺）・検校《けんぎょう》（高野山）などの寺院トップは全く無力であり、その下位の僧らの意志に反した場合（衆命違背）には、不信任を突きつけられるだけではすまず、暴行を受けたり、追放されたり、住宅を破壊されることなどが頻繁にあった。この点がキリスト教教団と決定的に違う。こういう基礎知識を常に頭に置いておかないと、日本仏教の理解が根本的に間違ったものになってしまう。わずかに戦国時代の一向宗の門主が、破門権を独占し絶対権力を持っていた。

寺内には、学侶（出自身分は貴族・武士）・行人（百姓）・聖（広義の非人身分）の三身分があるが、力関係はむしろ下層ほど強い。教団のピラミッド型組織が成り立っていないのである。

学侶の役割

一般に高位の者のほうが個人情報の史料が残りやすい。たとえば僧侶の俗縁は学侶のほうが行人よりよくわかることは事実で、データの多い学侶が寺社勢力の中心であるかのように見えやすい。寺院史は、表面だけを見ると、学侶史・高僧史になりやすく、全体像を見落とす危険が大である。ここに寺社史料を扱う際のポイントがある。

東大寺領伊賀国黒田荘の獲得過程において、二人の学侶が政治家として重要な役割を果たした。威儀師《いぎし》覚仁《かくにん》と別当顕恵《べっとうけんえ》である。覚仁は故実《こじつ》に通じていたうえに、「南京《なんきょう》の悪僧なり」と呼ばれる武勇の人でもあった。応保二年（一一六二）には三〇〇人の私兵を率いて国衙の拠点を攻撃した。覚仁に従った軍兵は、国司にいたためつけられている住民であった。[27]

一方の顕恵の祖父は白河院の近臣として絶大な権勢をふるった夜の大臣《おとど》葉室顕隆《はむろのあきたか》であり、父は鳥羽上皇から特別な寵愛を受けた藤原顕頼《あきより》であった。顕恵は普段は東大寺にではなく京都に住んでいた。承安四年（一一七四）、後白河院の厳島《いつくしま》参詣につきそい、厳島社殿の御経供養の導師を勤めた。この九ヶ月後、黒田荘は院庁下文を得て不輸不入の荘園として完成した。顕恵の政界工作が黒田荘獲得に大きな力となったと考えられる。

翌一一七五年、顕恵は疱瘡《ほうそう》に罹《かか》って急死した。そのとき政界工作のために使った黒田荘関係の証拠文書を手許に持っていた。紛失を恐れた東大寺は、そのゆくえを追い、三十三間堂に置いてあった文書を取り戻している。

黒田荘はあくまでも東大寺のものであり、顕恵個人のものではない。このように最初は学侶が政界工作をしている例が見られるが、獲得した荘園は寺総体のものであり、すぐ学侶個人から寺家の手に返った。

それから二十年ほどたった建仁元年（一二〇一）に、覚仁の未亡人である尼眞妙《しんみょう》が黒田荘の領主権を主張した。それに対して東大寺は「覚仁は確かに功労者である。だがその功労は大仏の御恩があってこそのものである。大仏の外にだれが黒田荘の「領主」でありえようか。自分が領主であるかのような主張をする眞妙は大仏の怨敵だ」と述べている。[28] たしかに学侶は院政政権との交渉に一定の役割を果たした。だが忘れてならないのは、学侶だけの力で黒田荘が成立したのではないことである。

すでに多くの研究が積み重ねられているため私は記述を省略したが、現地における民衆の国衙に対する実力闘争が黒田荘成立の基本的要因である。アジールは、行人・聖を含む寺家、さらには荘民の不断の闘争によって成立し維持されたのである。

武士を滅ぼした寺社

武士は西国では台頭を阻まれた。荘民の反発が激しかったためである。荘民が最も嫌った税は重い年貢ではない。生業の妨げとなる労働徴発で、特に農繁期・農閑期かまわずかかる軍役である。

応永元年（一三九四）、高野山領紀伊国野上荘の野上越前守らが隣荘の猿川荘に軍役をかけようとした時、「軍役の賦課は先例がない」[29]と、高野山の訴えを受けた守護が抑えている。

紀伊国鞆淵荘《ともぶちのしょう》の鞆淵範景《のりかげ》という武士は、高野山だけでなく守護にも属していた。彼は守護被官としての職責を果すため鞆淵荘に軍役を賦課した。荘民は猛烈に反発し、範景の非法十三条を挙げて高野山に罷免を要求した。範景はそのうち十二条については譲歩したが、軍役の条項だけは譲らず、断固として百姓から徴発を試みた[30]。守護被官の立場を何としても守りたかったのだろう。しかしこれが原因となって、鞆淵氏は荘内から追放され、苗字断絶し滅亡することになった[31]。このとき鞆淵氏の館に鞆淵八幡宮の神輿が振られている[32]。寺社勢力が直接に制裁を加えた実例の一つである。後世の鞆淵荘の荘官は山伏が勤めていることが確認されるから、在地領主鞆淵氏は本当に滅亡してしまったのである。

寺社勢力のために滅ぼされた西国武士は非常に多い。また公家領荘園が早く武士に奪われたのに対し、寺社領荘園は戦国時代まで存続する例が多い。

守護役の拒否と高野山

紀伊国では畠山満家《みついえ》が守護となった応永一五年（一四〇八）頃から、守護不入が原則のはずの高野山領荘園に守護役をかけ始めた。実はこういうことは頻繁にある。アジール権（不入権）は卒業証書のように一旦獲得すれば終わりというものではない。常に脅かされているのであり、その維持には不断の闘争が必要であった。

高野山膝下の志富田《しぶた》荘では、百姓らはこれを嫌って、[33]応永一七年に逃散《ちょうさん》した。[34]だが守護方は軍勢を入れるという強硬手段をとって、あくまで役を徴収しようとした。そこで百姓らは高野山に登山し、何とかそれを止めようとして訴えた。ところが、「せっかく登山までしたのに、一度も集会が開かれず訴えが放置され、日にちばかりが経つばかりだ」と苦情を言っている。[35]百姓らは「高野山が守護に働きかけても守護役免除の問題が解決しないなら、我々が京都に行って幕府に訴える。そのときは高野山の推薦状をいただきたい」とも述べている。[36]いささか頼りない感じもするが、ともあれ武家の支配を免れるため、百姓らが高野山を頼りにしていたことがわかる。このように寺社勢力の背後には民衆がいた。

山上と山下の升

永享六年（一四三四）、高野山領では、前年の行学合戦のため年貢徴収の時に使用する升が失われた。このとき領主高野山と現地の村の寺尾・兄井《あにい》・志富田の代表との間で、年貢徴収の際の升に関する文書が作られた。食い違いを避けるため、証文を高野山の山上と荘園の現地（山下）に一つずつ保管し、さらに「山下の升が失われたら山上の升をもとに復元し、また山上の升が失われることがあれば、荘園の升をもとに復元する」と定めた。同じ大きさの升を相互に持ち合い、升の管理を文書だけでなく実物でも行った。[37] 当時の升は不公平で、領主が領民に引出物などを出すときには小さな升で下賜《かし》し徴収の時は大きな升で徴収するなど、同じ一石《こく》、同じ一斗と言っても領民側が損をするようにできていたのである。この方式ならば領主・領民が升を相互に保管し正確を期すことができる。この文書は高野山の命令書の形式をとっていない。高野山の代表者とともに三村の代表者が花押《かおう》を押す契約書形式の文書である。村々の代表者は文字が書けないので、筆の軸に墨を付けて花押に代えている。これは権威権力をあらわにした荘園領主 - 荘民関係とは性格を異にするといえよう。

寺社領荘園の特質

嘉元元年（一三〇三）、東大寺が黒田荘の検注（土地の調査）を行おうとした。検注の際には荘民は検注使の食事などの接待を行わなければならず、費用負担は甚大であった。それは臨時課税にも似た収奪となる場合があった。このとき荘民は検注を拒否して逃散しようとした。東大寺別当聖忠はこれを憐れみ、惣寺の会議に提案し、結局寺家としては寛容の心で検注を免除してやろう、ということになって中止と決まった。百姓らは農作業を再開し「大変喜ばしいことである」

と述べている。[38]有名な阿弖川《あてがわ》荘における地頭の非法のように、鎌倉時代の武士による徴税（その前提となる検注も）が、検断に準じた強権的なものであった[39]ことを考えると実に対照的である。

東大寺も高野山も、現地の実情を無視して少しでも多くの税を徴収しようとする領主ではなく、寺領内の百姓の要求を吸い上げることのできる存在である。この弾力性があったから、高野山の所領支配は永く中世末期に至るまで存続した。百姓は突出した力を持とうとする武士的在地領主を排除し、高野山に結集した。アジール的平等を実現しようとしたのである。

寺院集会に参加する百姓

さて先の応永の守護役免除の問題が起こった頃、また別の問題も起こった。高野山が志富田荘の百姓にかけている労役免除の要求が出されたのである。このとき高野山は「明日の申《さる》の貝（高野山では毎日一定の時刻に法螺貝《ほらがい》を鳴らして時を知らせる）以前に登山せよ。そうすれば学侶と若衆の集会で審査する。明日来なければ処罰する」と命じている。[40]強制的にではあるが、高野山は集会に百姓らを集団で参加させている。百姓の登山は日常的なことであった。[41]税の免否についての交渉が領主・領民間で頻繁に行われた。このような百姓の政治参与は武家領では到底考えられない。寺社勢力の荘園支配のきわだった特徴は、こういう部分に現れている。

誰も個人支配者のいない不思議な虚構意識

牧健二は「我が中世の寺院法に於ける僧侶集会」（一）（二）（『法学論叢』第一七巻第四号・第六

号、一九二七年）で、中世寺院を「歴史上団体観念が最も発達したる」存在として位置づけている。新井孝重氏は「誰も個人支配者の存在しない、不思議な虚構意識＝イデオロギーを外枠にする共同体」と位置づける。大師や大仏以外には誰も領主たり得ない世界である。氏はまた、東大寺領黒田荘の住民たちが求めた生活世界は「絶対君主の存在しない地域自治の世界であった」とする。私が述べたように、高野山も絶対君主とは言えないだろう。

寺社の政治文化は社会に輸出された。新井氏は「中世寺院の自治の成立は、在地の庶民世界に影響しないはずはなかった。裏頭の大衆の周囲に密集する土民荘民は、目の前にくり広げられる荘重でしかも荒々しい僉議《せんぎ》の様子から、おのれを支える団体の観念を確実に学び取り、在地に持ち帰ったはずなのである」「住民はことあるごとに寺の集会と嗷訴《ごうそ》を見てきた。そしていつの間にか、〈全体〉を形づくる集会の意味と、正義の信念を分かちもち、自分たち荘園住民の集団にもち込んだ」（新井前掲書）。また荘園に置かれた村堂は、寺院集会の命を受け取る唯一の場である、とも述べている。

寺社勢力は荘園領主（法人地主）であり、年貢などの収納者ではある。その形式だけに目を奪われると領主に見えてしまう。だがこの「領主」は、実体のない虚構の大師（弘法・元三大師）・大仏などである。収納した年貢などは、法会などの際に、長から末端僧侶の行人・聖まで、役職に応じて一応公平に配分され、使途の透明性は高かった。組織の長が利益を一手に吸い上げていくような分配システムではない。

以上、下からのアジール形成とその維持、そして荘園の内部運営について述べた。このような世界は理想郷に見えなくもない。だがこの理想郷はこのままではすまなかった。それについては次章で検討する。

シンボルとなる神霊を持つだけで、基盤となる階級（支配階級）を持たない寺社勢力が、膨大な所領を保持し、国家史上でも絶大な権威を誇った。このことの意味を深くかみしめる必要がある。荘園領主であるからと言って、単純に「支配者」とレッテルを貼ってすますことはできない。厳しい身分制に支えられた朝幕の世俗権力と、誰も個人支配者のいない寺社勢力が並立していたのである。このような二元的な体制は日本史上例のない驚くべきことである。

地頭の非法

ここでアジールの外に目を向けてみよう。鎌倉時代には国家の法が未熟で未発達であった。古代・中世の国家はむき出しの収奪をこととする存在であった。国家組織の末端は特にそうである。朝廷・得宗など国家上層部は、体裁上、非暴力的な形式を保とうとするが、国司・目代《もくだい》・地頭・地頭代など国家組織の末端はそんなことを考えない。

「ミミヲキリ、ハナヲソキ」という阿弖川荘の地頭の非法は、厳格であるには違いないが、当時の合法的徴税・検断の範囲内にあったことが明らかにされている[42]。問題は厳しすぎる体刑を用意する国法の側にあり、それが荘民の怒りをかったのである。

建長五年（一二五三）一〇月に、幕府は諸国の郡・郷や荘園の地頭代に対し次の命令を出した。

土民の習いでは、傷害にも当たらない事件をあげつらって刑事事件にすることはない。ところが猛悪の地頭が、あるいは闘争、あるいは打擲《ちょうちゃく》と号して、民の煩《わずら》いをなす事件が多い。今後は、専《もっぱ》ら撫民《ぶみん》の計をし、無道の沙汰をやめるべきである。[43]

地頭の行為が、社会に大混乱を起こしていることが知られる。「煩い」とはここにあるように、もめ事を針小棒大に拡大し無理矢理に捏造した刑事事件である。「犯人」の財産を警察官である地頭が強奪する検断得分が目的である。

撫民

ここに現れる幕府の政策はいわゆる撫民政策で、地頭の酷刑を防止することによって、山僧の行為を非合法化し、社会秩序を保とうとしたものである。この後、幕府は安達泰盛が主導する弘安徳政で本格的に撫民を打ち出した。国家が過酷な刑罰をとどめ、正当な処罰を試みはじめたことを示す。その際には山僧による寄沙汰《よせざた》（国家以外のものによる一種の撫民）を否定しなければならない。幕府が代わってそれを担うことになる。

笠松氏は、寄沙汰という行為は自力救済のできない土民が紛争解決を山僧に頼まざるをえない（山僧に沙汰を寄せる）社会状況があったからと説明する。自力救済世界での「自由」は強者の特権である。神威を帯びた山僧や西国諸社の神人[44]などが、地頭に対抗して、自力救済ができない弱者

——の訴訟代行などの行為を行ったのである。彼らは民衆にとって非常に身近な存在であった。なおこの法には東国の神人については言及がなく、東国の神社は寄沙汰を行っていないようである。

寄沙汰は、延暦寺領でもない荘園・公領や公道における山僧による物資の奪取などの暴力的な行為を含む。なぜこんな「非道」が行われえたのか、その答えがここにある。寄沙汰は、国法上は犯罪でも、全体社会次元では有効に機能するアジール法だったのである。

ヘンスラーは「キリスト教会がアジール権を隠れ蓑《みの》としながら企図した文化的使命」として、「刑罰の種類と刑量に関して融通の利かない国家の法を改善することである。体刑や死刑があまりにも多く、軽微な犯罪にまでこれらが適用されていたことは、キリスト教の寛容の精神と相容れないものであった」と述べる。「アジール権を隠れ蓑としながら企図」という表現は悪意的に響く。これが国家中心主義的表現で、筆者が不満とするところである。だが刑罰の過酷さは日本でも全く同じである。また明らかに刑罰自体を名目とした財産没収、検断得分の獲得が実質的な目的であった。これも日本だけのことではないのではないか。

もちろん山僧や西国の神人に「文化的使命」の自覚がどの程度あったかは明らかでない。けれども寄沙汰には、宗教による未熟な国家機能の補完という意味があった。

「国家の強制権力はゆっくりと少しずつ形成されるものであり、初めのうちは、正しきものを承認し不正なものに罰を与えることを、個々の事例のすべてにおいて行えるほどに強力なものではないからである」。一言で言えばその通りだが、幕府はこのようにアジールの寛容を取り込んで秩序維持と政権基盤の確立を試みた。撫民はアジールの平和維持機能の取り入れであり、アジールが国家に代わって果たしてきた役割を不十分ながら国家が担おうとしはじめたことを示す。ヘンスラーの指摘のとおりアジールが国法を補完し改善することがあったのである。

だがこの精神がその後の武家政権に引き継がれたかというとそれは疑問である。国家が改善されたかというとそうでもない。室町幕府は撫民的要素のある政策を打ち出していない。「ゆっくりと少しずつ」に「行きつ戻りつ」を付加すべきである。戦国時代になると、分国法に大名の都合だけでなく、撫民の条文がかなり盛り込まれるようになる。近世の藩法では民政を統制する条文が明示されるようになる。

第六章

退化するアジール

1　悪党

アジールとの対立

鎌倉時代中期から個別荘園の枠を超えて、商業・流通に関わり複数の荘園・公領を活動舞台とする悪党の活動が始まる。かれらは既存の秩序を破ることが多く、大きな社会問題となった。この悪党問題は、日本史上最大の謎の一つで、無数の研究者が多様な手法で研究をし、盛んに議論しているにもかかわらず、その発生の経過や消滅の原因が十分に解明されているとはいいがたい。「悪党」という言葉は相手を貶めるレッテルであるから、いつの時代にも使われたが、ここでは鎌倉時代末期に社会問題となった悪党を問題とする。

荘園公領制が成立し、不入地（アジール）の併存体制が確立した。その後アジールの社会進出が盛んになる。熊野三山・高野山などが全国からの参詣者を集めるようになった鎌倉中期にそれは劇的に活性化する。そして交通の発展に伴い流通も発展する。流通に関わり複数の荘園・公領を活動舞台とする人々が増加する。

ちょうどこの時期にアジールに敵対する「悪党」が発生する。彼らはある荘園・公領で「悪行」を行い、追討されそうになると、他の荘園・公領（アジール）に逃げ込んで危機を脱し、機を見て係争地に再度侵入するということを繰り返した。他のアジールを「隣り合う敵を打ち負かすために最大限に利用」した。荘園公領制の構造自体が悪党対策を大きく阻み、西日本において重大な政治問題と化した。アジールは危機を迎える。

荒川荘悪党

正応四・五年（一二九一・九二）高野山領紀伊国荒川荘で、著名な「大悪党事件」があった。悪党張本の源為時《ためとき》が、荘内にある延暦寺末寺の高野寺《たかのでら》僧であると自称し、問題を高野山対悪党というところから、高野山対比叡山という問題にすり替えて抵抗した事件である。

為時は「市・津ならびに路次において押買」（『鎌倉遺文』一五九九八号、一二八六）を行っており、荒川荘内外で流通・商業に関わって生活していた。彼は訴状・陳状などで一貫して「高野寺僧法心」と自称し、自己の保有する米を「日吉大行事所上分米」（日吉社に捧げられた神聖な米）であると主張し、これを没収した高野山検校以下全山の寺僧を告発してその奪回を狙った。対して高野山はかれを終始「源為時」の俗名で呼び、高野寺に彼が同寺僧でないこと[1]、さらに彼が衝動的に髪を剃《そ》っただけの僧侶といえない俗人であることも証明させている[2]。この裁判は高野山の主張の方が明快であり、為時の主張は見るからに拙速のこじつけである。しかし、そのような無理で一時の便法に過ぎない主張が、ともかくも叡山の支援するところとなったことに意味がある。叡山は能登国の判例を引いて[3]一旦は勝訴の綸旨を賜わるというところまで行った。

アジール論からこの事件に切り込んでみよう。高野寺は高野山領荒川荘という大きなアジールの中にある小さなアジール内アジールである。実は、アジールAに対するアジールBは、容易に生まれるのである。アジールAの住人が、アジールAに対抗するためアジールBに駆け込む、他のアジールの権威にすがることは容易であった。これまたアジールの構造的欠陥と言ってよいだろう。

不入権の放棄

悪党問題は深刻の度を加えてきた。弘安三年（一二八〇）には、東大寺が、黒田荘の混乱に手を焼いて、

> 諸国の山賊以下、夜討・強盗などの大犯の取り締まりは武家の権限である。弘安三年二月三日の六波羅探題の命令によれば、国中どこでも幕府が悪党を召取ることができる、と規定されている。わが高野山領荘園も例外でない。[4]

と述べ、幕府に悪党討伐を依頼し、嘉暦二年（一三二七）に、幕府が黒田荘の悪党退治を伊賀守護代に命じた。法令の原文は今に伝わらないが、有力寺社領一般について不入権を定めた包括法があったと推定される（成文法でない可能性も高い）。またその例外を定めた成文法があり、それがここに抄出・引用されているわけである。

正和五年（一三一六）には、ついに比叡山までが、山城国桂上野荘の悪党、清閑寺《せいかんじ》道雅《どうが》法印《ほういん》を

退治するため武家の介入を求めた。[5] アジールが自力で秩序を維持できなくなり、アジール性を自ら揺るがす決断をしたのである。

個別の寺社領を超えて活動する悪党を追討するため、叡山・東大寺ほどの強力な寺社勢力さえもが幕府の介入を要請した。不倶戴天《ふぐたいてん》の敵であった鎌倉幕府と寺社勢力がこの問題では協力関係に立った。元亨四年（一三二四）の法令は、[6] 各地で悪党討伐のために守護が入部すべきことを定めている。

だが振り返って考えてみよう。不入権こそがアジールの生命線であった。黒田荘の不入権が、一世紀以上の永い葛藤を経て一一七四年にかちとられたものであることを考えると、わずか百年でそれを放棄するということは大変に異常である。アジールは避難所という本質そのものが原因となって危機を迎えた。

網野は『蒙古襲来』下（初版一九七四年）で、自ら守護不入の特権を放棄する寺社について指摘している。一方で氏は『増補　無縁・公界・楽』（初版一九七八年）で不入権を「無縁・公界・楽」の場の第一条件として位置づける。四年を隔てた二つの記述の関係については述べていない。私のアジール論にとってもこれは根本的に重要な、そして困難な問題である。

2　末期症状

内紛

一三世紀末の叡山は連年内紛が続いた。堂舎に逆茂木や木戸を作って立て籠もり余人を立ち入らせない閉籠《へいろう》、堂舎に放火して自ら焼死する自焼など、ゆがんだ頽廃的行為が頻発した。[7] 末期症状としか見えない状態になった。

さらに一二六〇年代から、幕府が内紛を利用して叡山の分断を図るようになる。青蓮院と円融坊（梶井門跡）の不和により一山が闘乱状態になった。そしてこの混乱に乗じて幕府が座主にふさわしいと考える人物を推薦するようになる。もっとも寺社勢力の中核は行人・聖であるから、こうした首のすげ替えによって幕府が寺社勢力を構造的に支配下に置くことができたわけではない。

南都でも一二九三〜一二九七年にかけて、大乗院・一乗院の合戦、いわゆる「永仁の闘乱」が起こり、幕府が介入して大和に守護を置き、興福寺別当の人事に介入する事態となった。このとき、悪党が乱入し春日社頭で合戦が起こり、神鏡が盗まれるという混乱が生じている。後世「寺門滅亡の初なり」と評される興福寺の衰退が始まる。[8] 幕府によるアジール切り崩しが始まった。

むき出しの暴力

源平合戦のとき、叡山は両軍からの援軍要請を断った。また承久の乱の際にも、叡山の堂衆は後鳥羽院の動員に応じなかった。平和を保とうとするアジールの理念に忠実であったといえる。ところが南北朝時代になると、行人が軍事動員に応ずることは普通のことになる。『太平記』には播磨太山寺などが戦陣で大活躍したことが記されている。

史料を見てみると、

Ⅰ　北朝の「法勝寺宮《ほっしょうじのみや》」某が、建武三年（一三三六）四月の日付で、高野山堂衆に勲功の賞として和泉国麻生荘の領家職（荘園領主権）を与えた。[9] 後醍醐天皇は同年二月二九日に元号を「延元」に変えている。だから四月になっても「建武」の年号を使っている法勝寺宮は、後醍醐天皇に従わない尊氏方の皇族である。

このとき尊氏は九州にあって上京を企てていた。その翌月の五月に湊川の合戦で楠正成を討ち取って入京、後醍醐天皇を叡山に逐《お》い、八月に光明《こうみょう》天皇を立てて北朝を擁立した。この四月時点では北朝は擁立されていないけれども、それに向けての尊氏の政略が見え隠れする。

Ⅱ　南朝の「鎮西宮《ちんぜいのみや》」が、延元元年の日付で（一三三六、北朝は建武の年号を用い、南朝は延元と改元している）八月、土佐国富崎別府（高知県南国市岡豊町中島、土佐の国衙、及び四国八十八番札所土佐国分寺の付近）の下司職（地頭職に相当）を、高野山堂衆に勲功の賞として与えた。[10]

鎮西宮は十五年後に九州の主となる懐良《かねよし》親王と推定される（ただし九州に到達するのはこの六年

後）。給付地が土佐であること、さらに鎌倉時代に高野山が海賊禁止令を諸荘（内陸の荘園を含む）に対してたびたび出していることから考えると[11]、高野山の行人は水軍を持っていたのではないかと思われる。山間にある高野山の水軍とはやや意外であるが、高野山は紀伊国に南部荘、また備後にも尾道・倉敷という港湾のある荘園大田荘を持っている。また堺の高野堂は重要な末寺であった。寺社勢力の活動範囲は海陸に広汎にわたっていた。

この年は南北両朝が京を交互に制圧する激動の年であるが、それにしてもⅡはⅠのわずか四ヶ月後のことで、南北両朝から勲功の賞を受けているわけである。武士だけでなく、寺社勢力も叛服常なき状態であった。

Ⅲ　後醍醐天皇が、一三三六年七月、粉河寺行人に勲功の賞として、紀伊国井上新荘の荘園領主権（領家職）を与えた[12]。

Ⅳ　懐良親王が、一三四八年正月、高野山夏衆に恩賞として、和泉国甲斐沼という土地を与えた[13]。

南北朝時代には、こういった恩賞付与や軍勢動員の文書が多く残っている。ここに挙げた例で、宛先になっているのはいずれも平民身分の行人である。武士団の長に対するものと同じ様式の文書が平民に対して出された。同じ集団でありながら「行人」「堂衆」「夏衆」と様々に呼ばれ不定である。行人身分が低く正式名称すら一定していないことを反映していて興味深い。やはり彼らは名もなき存在なのである。それはともあれ軍事力、むき出しの暴力が表面に出てきた。アジールが平和を放棄したのである。

アジールの全盛期はいつか

平泉はアジールが戦国時代に全盛を迎えたとする説をとる。『増補　無縁・公界・楽』も冒頭の数章を戦国時代の事例についやしており、「「無縁」の場」の典型として挙げられた一向一揆・自治都市などは戦国時代固有のものである。永久に存続すべき「原始の自由」を論の前提としてはいるものの、「実利的なアジールともいうべき現象が広く社会に現れはじめ、室町～戦国期にいたって、それはほぼ完成した姿を示す」と述べており、やはり戦国時代を大きな山場と認める説といってよい。

けれども今見たように、すでに鎌倉末期のアジールは「ならずものの溜まり場」となり、「国法に対立する」のみならず「アジール自身に対立する」存在となっていた。アジール自身が所領荘園の不入権を放棄し、国家権力の介入すら望むという事態を迎えている。ヘンスラーが述べたそれとはやや内容が異なるが、まさしく退化・終末期的現象である。

不入権放棄の問題を考えると、戦国時代全盛説どころか、アジールの鎌倉時代終末説すら検討に価する。ただし不入権の放棄は、寺社境内についてではなく、寺社領荘園において行われた。

本書は鎌倉時代末期に、第一段階のアジールが消滅した可能性を指摘するにとどめておく。次節の事例を考えると、とてもそうは思えないからである。

3 アジールの領邦化

アジールを国家が取り込む

建武政権を支えた楠正成は、本領から他荘に進出して活動し「悪党」と呼ばれた。正成は金剛山に本拠を置きながら、和泉国若松荘や伊賀国黒田荘にもネットワークを持っていた。建武政権という「異形の王権」は、寺社勢力の、悪党の、ないしはアジールの力を利用して政権奪取に成功した一面がある。

建武政権に代わった室町幕府は守護権を強化した。これは鎌倉末期の東大寺や延暦寺の要望に応えるものであった。このことはアジールの後退と見てよいだろう。

さて幕府は畿内近国には直接支配を及ぼし、遠国は地域の自浄作用に多くを委ねる遠国宥和策をとったと言われる。だがこの説には例外が多く疑問である。室町幕府は、何度も大和に俗人武士の守護を設置しようと試みた鎌倉幕府の方針を転換し、興福寺を正式に大和の守護と認定した。山城の隣国大和は、興福寺・春日社に仕える「衆徒」「国民」と呼ばれる国人が紛争を繰り返し、幕府の停戦命令に従わなかった。それにもかかわらず「大和放任論」と呼ばれる姿勢が幕閣を支配していた。興福寺のアジールを、遠国に準じて宥和策をとりその自浄作用に任せていたと言える。

近江国は六角・京極の両佐々木氏が守護であったが、その支配が及ばない地域があった。比叡山領である。幕府は鎌倉時代中期から台頭してきた「大名山徒」と呼ばれる山門の有力者を山門使節という職に任じてここを支配した。延暦寺は近江国の「第三の守護」であり、彼らは山門関係所領の裁判の際、幕府の訴訟窓口の役割を果たした。山門使節は延暦寺領において俗人守護の守護使節と同じ役割を果した。幕府の命令がその通り行われるかどうかの監督を「使節遵行」というが、それを行ったのである。山門使節家は世襲の僧の家で、杉生《すぎお》坊《ぼう》・円明坊《えんみょうぼう》・乗蓮坊《じょうれんぼう》・行《ぎょう》泉坊《せんぼう》・行住坊《ぎょうじゅうぼう》・禅住坊《ぜんじゅうぼう》・定光坊《じょうこうぼう》・金輪院《こんりんいん》などが有名である。

遠国宥和策という説は、寺社勢力・アジールの存在を見落としている。武家の守護のみに目を奪われ全体社会を見落とした結果、出てきた説と言うべきであろう。

また、従来あまり注目されていないが、高野山使節も設置された。紀伊国守護と高野山との間では、宝徳元年（一四四九）に「大犯三ケ条の科人は、寺領と守護領の堺で身柄の引き渡しをする。それ以外は守護の代官は高野山領に介入しない」と定められていた[14]（高野山寺御使節三宝院・常光院宛て益田久康書状）。山門使節と同じ性格が想定される。また根来寺使節も設置されたようである[15]。

山陰加春夫氏は『中世高野山史の研究』（清文堂出版、一九九七年）において、高野山は「室町幕府‐守護体制の一定程度以上の干渉が排除されていること、および百姓等の検断への参加が明確に規定されている」「高野山金剛峯寺は、室町時代初期に至って、紀伊国北東部の一円領域（膝下荘園＝「惣寺領」）に臨む「唯一」の荘園領主として自らをおおむね確立させた」と述べた。また南北朝期から室町時代にかけて、高野山が寺領荘園の検断権を掌握して、室町幕府‐守護体制の干渉を排除して、鞆淵氏などの守護被官に対してすら、検断権を及ぼそうとしていた。つまり室町時代に高野山は寺領内で守護権に類似した権限を行使していたとする。田中慶治氏も大和宇智郡について同様の意見を述べている。[16]

アジールの残存

興福寺・延暦寺・高野山・根来寺などは守護に準ずる地位にある。領邦とアジールとの区別は難しいが、山陰氏の「室町幕府‐守護体制の一定程度以上の干渉を排除」というところにポイントがある。幕府は半ば寺社勢力のアジール性を残存させつつ、半ば世俗的な領邦として承認し、体制化しようとしたものと考えられる。だがこれらの地域には俗人武士を守護として任命できなかった。室町時代になって、アジールが衰退したと単純に言うことができないのはこういう例があるからである。

「幕府‐守護体制」はそのまま国家と言い換えてよいだろう。とすればその枠組みから外れた大和・近江・紀伊（紀ノ川流域）の一部地域をアジールと見てよかろう。ここは首都近隣の重要地域である。その地域に高野山は領内武士を抑圧・排除し、民衆の意志をある程度反映する新型のアジールを築きあげたのである。

ヘンスラーも舟木氏も、ザルツブルクなど教会領の武装した領邦について記述していない。西欧アジール論において、こういう存在はどう位置づけられるのだろうか。

国家中枢への進出

室町幕府の財産管理や出納業務は、公方御倉《くぼうおくら》という機関が行い、その実務は京都の土倉から選ばれた納銭方《のうせんかた》が行った。その多くはかつて山門気風の土倉として京の経済を牛耳った人々の末裔で、山門使節・大名山徒の縁者である。またほとんどが法体《ほったい》である。鎌倉時代からの懸案であった幕府による土倉・酒屋課税は実現したが、税を納める土倉の中から徴収担当者が選ばれたわけである。彼らは徴収した幕府の税を自分の土蔵（土倉）に保管した。幕府から公共事業への支出命令を受けたときは、保管している銭のうちから国家予算の執行を行った。その時は帳面《ちょうづら》を動かすだけですみ、銭を運搬する手間も危険もない。また公方御倉は財政難の際には幕府に貸し付けを行った。朝鮮国の使節は「日本には府庫（国庫）というものがない。大金持が財政を支えている」[17]と記す。叡山と縁故の強い土倉が室町幕府の財政を担った事実は重要である。衰退どころか国家中枢への進出である。

大名山徒の栄華

義満は応永元年（一三九四）に、貴族・諸大名を引き連れて日吉社に参詣し盛大な歓迎を受けた。坂本は黄金の町として富み栄えていた。大名山徒の子供たちは、将軍や守護の子息のように、岩松殿《いわまつどの》（上林坊の子）・鶴光殿《つるみつどの》（辻本坊の子）・徳寿殿《とくじゅどの》（座禅院の子）などの敬称で呼ばれる御曹司であった[18]。坂本の比叡辻にあった徳蔵の酒屋は「後園に座敷あり、華美洛中《らくちゅう》に過ぐ、炉あり、厠《かわや》あり、安便の至りなり[19]」と言われた。公方御倉を取り仕切っていた土倉正実坊《しょうじつぼう》の屋敷は、花御所の西隣にあったが、応仁の乱が勃発した際、細川勝元《かつもと》方の陣所となった[20]。富裕な土倉の姿を見ることができる。

さらに山徒の多くは幕府被官のようになっており、将軍直属の武力である幕府奉公衆（武士の末端）に準ずる身分であると自称していた。乗蓮坊は「山徒の事はもともとより当方奉公衆に准ぜられ、召仕わるる儀に候[21]」と述べている。この種の自称は身分をかざることが多いから、実際の身分はもっと低いと思われる。大名山徒は幕府と叡山との間にあって、ときに幕府と対立し、ときに叡山と対立した。

大名山徒の多くは京と坂本の両方に邸宅を持っていた。義持は円明坊の京都屋敷を訪問している[22]。室町将軍は、数日ごとに、守護大名の京都屋敷を訪れることが慣例化している。山門使節はそれに準ずる地位にあると言ってよいだろう。

将軍になったばかりの義教が日吉小五月会に参拝するため坂本を訪れた際には、山門使節の金輪院坊・杉生坊・乗蓮坊に渡御し、乗蓮坊に宿泊した[23]。その際乗蓮は近江猿楽三座の芸を見せて接待した。乗蓮坊はこの時期の大名山徒の大立者であった。

その後永享の山門騒動の際に、乗蓮坊は叡山の張本人として自害させられ、その弟も処刑されている[24]。この弟が降参してきたとき、管領以下の五大名が「もし彼が助命されなければ、諸大名は京の館を焼いて本国へ帰る」と義教を威迫している。このことを後花園天皇の父伏見宮貞成《さだふさ》は

「天下の安否なり」[25]と書いている。弟は一旦助命と決定したが、独裁者義教は結局だましうちに近い形で処刑した。室町幕府の屋台骨をゆるがす事件であった。乗蓮の人脈は大名たちに広く及んでいた。山門使節の実力はまことに大きかったのである。

以上、山徒の栄華を見てきたが、民衆史が困難な点はこういうところにある。史料に姿を現す民衆の多くは、（網野が挙例した一向一揆・自治都市・惣村の指導者もそうだが）富裕層であり、強者、少なくとも勝者である。末端の弱者の姿は史料に現れず、非常に見えにくい。だから筆者は寺社領荘園の拡大など、最末端の大衆までをもいやおうなしに巻き込む社会問題を取り上げ、アジールを本当に必要とする人々である「大衆」に迫ろうとするのだが、正直言って隔靴《かっか》掻痒《そうよう》の感がある。私がマクロ - アジール論をとらざるをえないのは、そういう理由もあるのである。

古代・中世、紙は貴重品であった。文書を廃棄した後、その裏を転用して経典を書写したり他の文書を書く場合が多かった。このオリジナルの文書を「紙背文書《しはいもんじょ》」と言う（本来はこちらが紙の表だが）。後に転用、事実上廃棄してしまうぐらいだから、不動産売買の文書などはまずなく、後世まで保存する必要のない動産の売券が多い。さてこの動産の中には人間、すなわち奴隷が含まれる。千葉県市川市中山の日蓮宗大本山法華経寺の法華経の裏には、多くの紙背文書がある。その中に、下人が主人の許を逃れて比叡山三塔に聞こえた寛賢美濃律師《かんげんみのりっし》に仕えようとした事例が見られる（結局は失敗した）[26]。網野が強調しているように、こういう紙背文書・襖下張《ふすまのしたばり》文書など、廃棄された文書に民衆が姿を現すことが多い。この例では比叡山アジールが奴隷解放の役割を担おうとしたことがわかる。

永享七年（一四三五）二月五日、根本中堂に閉籠していた延暦寺の衆徒が堂舎に火を放ち多くのものが自害した。根本中堂の焼失は当時の人々に衝撃を与えた。満済は「天下の凶事・重事、何事かこれに過ぐべけんや。驚歎周章《しゅうしょう》のほか、他事なし、他事なし」と記し、また貞成は、その日記『看聞日記《かんもんにっき》』に「山上滅亡すとうんぬん。驚くべし、悲しむべし」と記している。さらに、道ばたでこの事件を話題にした者が首をはねられたことを聞いた貞成は、「万人恐怖、言うなかれ、言うなかれ」と恐れおののいた。義教の恐怖政治を象徴する事件として有名である。

この事件は永享五年（一四三三）七月、延暦寺が山徒の光聚院猷秀《こうじゅいんゆうしゅう》、幕府要人の赤松満政《みつまさ》・飯尾《いいお》為種《ためたね》らの不正を幕府に訴えたことにはじまる。山門奉行飯尾為種をはじめとする幕府奉行人や、将軍近習の満政らが賄賂を受けて、猷秀らをかばった。閏七月、猷秀・為種は配流　満政は宗家に身柄を預けられることになり、訴訟は一旦決着した。

しかし永享六年（一四三四）七月、山門が関東公方の足利持氏と通謀しているといううわさが流れた。[27]比叡山は西坂本の雲母坂《きららざか》（現在の修学院近く）に堀を設け、釘抜（釘を打ち通した木で作った柵）を構えて幕府に対抗する挑戦的姿勢を示した。

将軍義教は山門攻撃を決定し、守護六角・京極氏に近江の陸路と琵琶湖の湖上を封鎖させた。一一月二五日に、山名・土岐氏の軍勢が坂本を焼き打ちし、すべての民家が焼き払われ、「坂本中滅亡」といわれた。ここに至ってもまだ有力守護たちは和解を模索した。しかし義教は翌七年二月、罪を許すといつわって、金輪院弁澄・月輪院慶覚らを下山させ京都の悲田院で処刑した。根本中堂の自焼はこれに抗議するものであった。

この騒動を経た後も山門使節・大名山徒はその地位を保った。一五三九年には、幕府が京都の土倉・酒屋二〇人を納銭方に加えて、公用銭を公方御倉正実坊に納めさせている。[28]幕府の中枢に依然として居座っている。幕府の山徒に対する待遇は変化しなかった。永禄一二年（一五六九）に信長が将軍義昭に対して「殿中の掟」で山門衆の祇候を禁じた姿勢[29]とは決定的に異なる。
ただし大規模な強訴は以後起こっていないから、永享の山門騒動の歴史的意義はより大きなものとして見直す必要があるのではないかと考える。

アジールの承認と拡充整備

大名山徒は叡山アジールの成員であり、その活動は鎌倉中期から見られる（『天台座主記』文永元年四月に行泉坊が見られる）。南北朝時代にその性格を根本的に変えたわけではない。幕府に対し恭順一本槍ではなく、ときには延暦寺の意を受けて行動する自律性も失っていない。こうみるとアジールが滅亡したなどと単純にいうことはできない。

ヘンスラーは実利主義的アジール段階の政策について「国家は一部の宗教的・魔術的形態のアジールを明確に承認し、やがて国家の要求に応じた形でそれを拡充整備したり、新たな目的を持った諸形態へと発展させたりする」と述べる。守護と並列される領邦化したアジールが、あるいはその具体例のひとつなのかもしれない。けれども国家によるアジールの「承認」「拡充整備」と簡単に片付けるには、残存したアジールの力はあまりにも強力でありすぎる。

永正五年（一五〇八）、管領細川高国《たかくに》・大内義興《おおうちよしおき》の連合政権が京都を制圧した。高国は次の諸機関に対し撰銭令《えりぜにれい》を発した。Ⅰ、大山崎（自治都市、石清水八幡宮寺の門前町でもある）Ⅱ、細川高国（管領）Ⅲ、堺（自治都市）、Ⅳ、山門使節、Ⅴ、青蓮院、Ⅵ、興福寺、Ⅶ、比叡山三塔、Ⅷ、大内義興の八者である。[30] 撰銭令は貨幣経済の時代にあって、経済政策の柱であった。この八者は一六世紀の畿内近国の経済地図を示すものであり、同時に政治地図でもある。このうちⅣ・Ⅴ・Ⅵ・Ⅶは寺社勢力であり、Ⅰは石清水の門前でもある。Ⅳ・Ⅴ・Ⅶは叡山関係者であるが該当者には重複する人間がいると思われる。寺社勢力の組織としての未熟な構造は依然として残っている。戦国時代においても、経済面においては、体制化したアジールを成員として含む国家の枠組みは厳然と残っていた。

さてそれにしても注目すべきは、南北朝期において、アジールが自壊に向かったにもかかわらず、国家がその機をとらえて廃止することができなかったことである。それどころかアジールの実権者が、かえって国家中枢へ進入したように見える。「権力に侵入するアジールの担い手」。これは従来議論されていない論点である。徳政一揆の標的となる土倉はもはや支配層である。いずれにせよ南北朝以後、実利主義的アジールは第二次の段階に入った。

4　世俗のアジール

悪党はどう克服されたか

本節では南北朝時代以後にできた世俗のアジールを扱う。ただその形成期が内乱と重なっているため、関連史料が少ない。そのため困難が伴う。

さて鎌倉時代の荘園制的アジールは、悪党問題により、自己崩壊のような形で退化・終末の様相を呈した。このとき国家がどう対応したかは前節で述べた。

だが悪党は国家だけでなく、地域社会にも混乱を巻き起こした。筆者自身が下からのアジール形成と崩壊という問題を提起した以上、国家でなく地域社会が、この問題にいかに対応したかについて、ここで一応の見通しを述べねばならない。結果から言えば、悪党の語は一五世紀のはじめには、在地でほとんど使われなくなり、問題は沈静化する。だがこの過程は十分に解明できなかった。そこで以下に悪党克服の筋道と思われる諸事例を述べておきたい。

寺社の落書

落書《らくしょ》という言葉は犯人を指名する匿名の書、またそれによる犯人特定の方法を指す。中世村落の秩序維持に落書が活用され、犯罪者の摘発に効果をあげたとされる。落書は入札《いれふだ》ともいう。

鎌倉時代中期の落書の事例を春日社で書かれた記録『中臣祐定記《なかとみゆうじょうき》』でその先駆形態を見てみよう。[31] 春日社で仏具の盗難事件があった。翌日すぐに落書を行うことが決定され、社内の特別な聖域である大湯屋で落書が行われ、一七九通が寄せられた。

投票は「前々のごとく」行われたというから、これは以前からの裁判の方式であった。神人・社司・氏人だけでなく、社司の下人や料理人に過ぎない膳部《かしわで》《ぜんぶ》などの身分の低いものを含めた全員が一人残らず投票に参加していることが注目される。検断に最下層身分の者までが参画するのである。

神前で犯人を指摘するのだから、彼らは単なる参考人ではなく歴《れっき》とした証人である。犯人の名を書いた後、「落」としてしまった「書」、落書は神のものになって聖化される。身分の上下によらず一票は一票である。ここには平等観念が含まれている。身分制を超越するアジール的平等である。これは領主の専権による検断とは全く異なった検断のあり方である。

驚くべきことに、落書・入札は江戸時代末期に至るまで行われた。投票（入札）の実物が残っている。越後国三島郡越路村では、A、村の組頭の後任を選出する（天保二年、一八三一）、B、窃盗の犯人を入札で決める「盗難入札」（天保五年八月、一八三四）、C、村の善行者や非行者を投票で決める（嘉永四年四月、一八五一）、などの問題につき入札が行われた。

入札には本百姓だけでなく小作人までが参加する場合があった。領主法では絶対にありえないことで、明らかに村の法手続（村法）である。全員参加方式はアジール的平等に似ている。藤木久志氏はこの起源を鎌倉時代の落書に求める。春日社においては、最底辺身分の者を含めた全員が投票に参加したが、その伝統が受け継がれているのだろう。ただし「落書」が神観念と不可分のものであるのに対し、「入札」は神とは無関係な投票であって神秘性はない。魔術からの解放という濾過を経た後のものである。

一国落書

大和では悪党の跳梁《ちようりよう》が甚だしかった。弘安八年三月頃（一二八五）、興福寺の下知により、大和添上・山辺・平群・高市郡、さらに隣接する山城国相楽郡で、悪党摘発のために嫌疑者を指名する「一国起請落書」が行われた。[32] 地図に見られるように驚くほど広い範囲に及んで行われた。

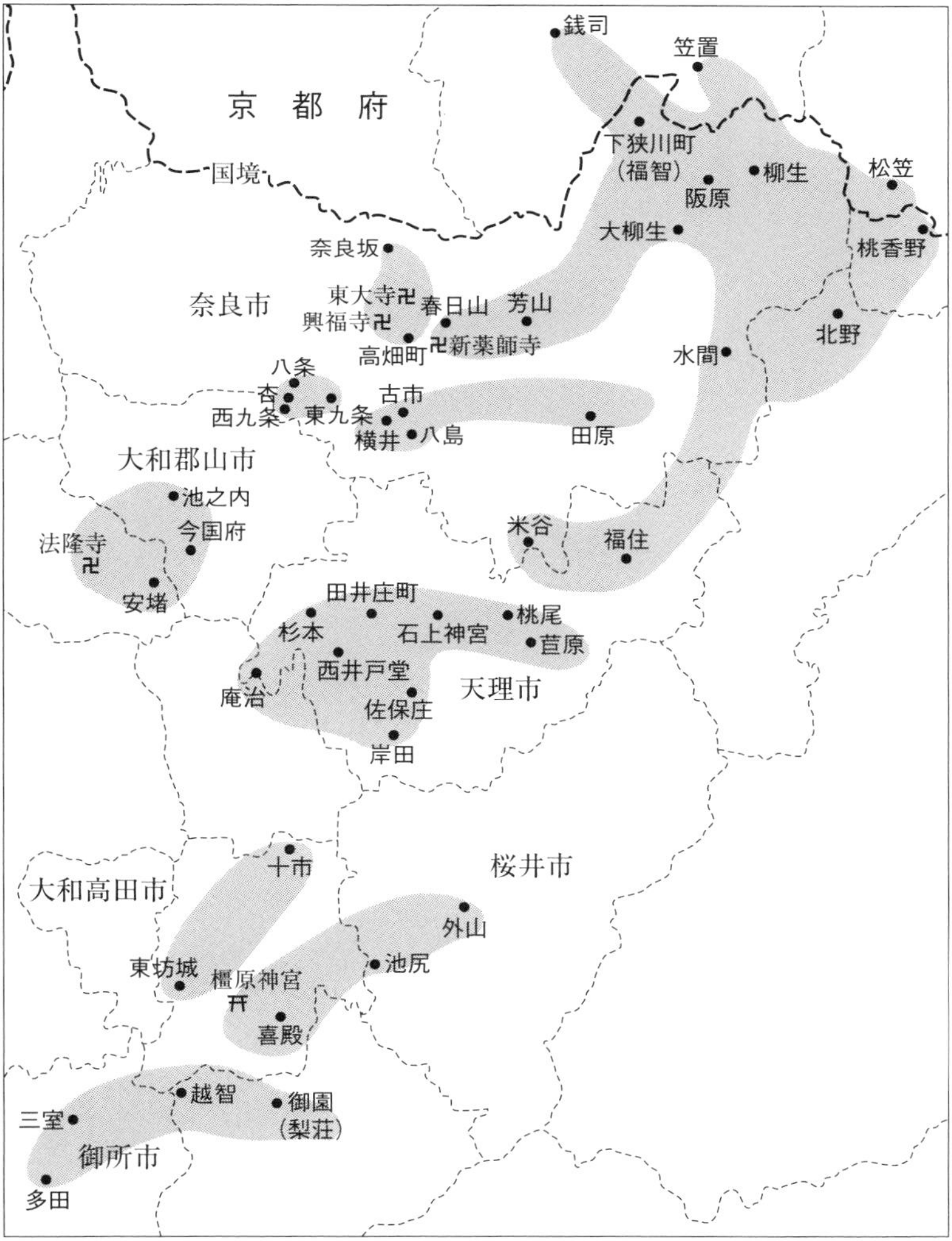

4図　一国落書関係地図

酒井紀美『中世のうわさ』吉川弘文館、1997 年、及び『奈良県の歴史』山川出版社、2010 年より

個別の荘園を超えた一国規模の落書による悪党退治の試みである。大和はともかく山城は守護不設置の国であるから、落書は興福寺の大和守護権のみに基づいて行われたものとはいえない。通常の興福寺検断権の発動とは異なっている。国境を越える複数の荘公が荘園公領制的アジールの枠を超えて、悪党対策を講じなければならなくなったのである。

法隆寺の落書

延慶三年（一三一〇）、法隆寺で夜盗事件が発生した際には、捜索が行き詰まったので、付近の一七の村を対象に落書を実施した[33]。この一七村の中には、法隆寺領でない村も含まれていた。法隆寺が領主の立場から落書起請文を書くよう命じたわけではなく、村々に対して捜査協力を要請したのである。これらの村々は次第に自治村落（惣村）に変貌しつつあり、また灌漑《かんがい》のための池を共同で掘ったり、事件が起こったときには共同で対処するといった日常生活上の関係をすでに持っていた。

落書の札の形式は二通りあった。ある特定の人を犯人と名指しする「実証票」、ある人物が犯人だという風聞があるという「風聞票」とである。犯人決定の基準は、実証票一〇通以上、風聞票六〇通以上が集まったら有罪とすることと定められた。その結果、六〇〇通もの落書が集まり、最終的に二名の法隆寺僧が盗人と決定した。

すぐさま一七村から武具を持った大勢が押し寄せ、二人を処罰しようとした。法隆寺は「寺中のことは寺が処分をするので、しばらく待ってほしい」と陳弁した。その後法隆寺は二人の僧に犯人を捜させ、五ヶ月後、盗品を持っていた真犯人を捕えて斬首した。[34]

これで見る限り、荘園公領制的検断の枠組みでは犯人逮捕が困難になっており、地域のまとまりに依存しなければ犯罪捜査が不可能になってきている。アジールとしての法隆寺の独立性は徐々に崩れはじめ、自治的な村（いわゆる惣村）、またそうした村々の連合による地域社会の検断が姿を現しはじめた。

風聞

舟木氏は風聞による断罪について、

領主との対抗関係においてはアジール権を主張し認めさせる必要があった都市が、今度は都市内部に種々の犯罪に応じて存在していた種々のアジールを、自ら撤廃してゆかねばならなくなった。（中略）都市はほんらい（原文ママ）各地から素性の知れない放浪者や乞食が集まる場所であり、食い詰めた彼らが犯罪者となる恐れはつねにあった。しかし都市が特許状を得て武装を禁じられる平和領域となった以上は、個々の市民ではなく市当局がそうした犯罪者を取り締まらなくてはならなくなる。（中略）こうした条件から、「ラントにとって有害な人間」と見られる者に対して、風評のみにもとづいて断罪できる手続きが整えられてゆく。（下略）

と述べる。これはアジールの手によるアジール内アジールの廃止である。日本においても風聞を取り入れた刑事手続が明瞭に見られるわけである。

なお『御成敗式目』三十二条では、「悪党」とされた人物が風聞だけによって処罰されることはなく、「証跡」に基づいて処罰する、と規定する。だが弘長新制（一二六二年）になると「人口に乗る」だけで処罰すると規定が変わってくる[35]。悪党問題が深刻化してきたことの反映である。

村法アジール――過酷な中世社会

後期中世社会には自治村落が数多く生まれた。これを自治都市と見なす論者もいる。ここには二つのレベルの法があった。領主法と村法である。領主法は、謀反人の追捕《ついぶ》や年貢未進《みしん》の取り締まりなど、領主のための法であり、村人の営む日常生活を守ることを目的としない。村法はより村社会に密着した村人の法で共同体秩序を守るための掟である。そして後者のほうが領主法以上に厳しく村人を束縛していた。

村は内部規制に関して、荘園領主とは別個の法と別個の権力を持っていた。村法は近世社会においても部分的に温存された。

大犯三箇条といえば、鎌倉時代には守護による大番催促・謀反人・殺害人の追捕を指すが、室町時代の村では放火・殺人・盗みを指すようになった。そしてこれらの罪を犯した者は死を免れなかった。ただの盗みでも死罪という厳しい掟である。

飢饉《ききん》のさなか、蕨粉《わらびこ》を盗んだ子供二人とその母を、「盗人の科《とが》」により和泉国日根野荘入山田村の人々が処刑した。在荘していた荘園領主の九条政基《くじょうまさもと》はこの事件を目の当たりにして、村法

（「地下《じげ》の沙汰」）のあまりの過酷さに驚いた。領主でありながら酷刑を止めることができなかった。『政基公旅引付《まさもとこうたびひきつけ》』文亀四年二月一六日条（一五〇四）は彼女らを悼《いた》む「南無阿弥陀仏」の言葉で結ばれている。

領主法でなく村法で裁かれる事件は、政基にとって不可侵のアジール領域にあるというべきであろう。しかしこれは全く同一の場所、入山田村の法世界において、領主法が対象とする法領域と村法が対象とする法領域とが存在し、後者が領主から見て場所的アジールであるということになる。こういうアジールの存在を認めてよいだろうか。領主法（国法）とアジール法との併存である。

藤木久志氏は、村々が戦い合い、さらに過酷な村法に圧迫された「過酷な中世」からの解放という人々の潜在的要望に応える政策が、豊臣の平和だったのではないかと推定している。36

惣はアジールか

荘園の枠を飛び出したのは、最初は悪党であったが、村々も殻を打ち破った。地域社会は、個別の荘園・公領からなる荘園公領制的秩序から、荘園・公領を横断する地域結合に変質したのである。ここに至るまでに村々は合戦と同盟締結を繰り返した。惣村という中間的権力が下から形成され、さらに隣村と結び合うことによって自治的な惣国的結合を作り出したのである。

戦国時代の畿内近国では、荘園領主を異にする近隣の複数の村が結合し、ほぼ一郡規模の一揆的結合を持つようになる。惣国と呼ばれる。山城国一揆が有名であるが、伊賀惣国一揆、紀州惣国などもよく知られている。
勝俣鎮夫氏は、以上のような一揆《いっき》・惣がまさしく「「無縁」の場」であり、ここで行われた多数決制が「無縁」の場においてはじめて成立したことを指摘した。[37] 網野もこれを踏襲し「一揆」「惣」を「無縁・公界・楽」の場としてその意義を強調した。そして室町期以後、全国に現れる農村・漁村・山村の「惣」は多数決制を取っていたとする。多数決制は一定の平等観念がなければ成り立たない。一揆・惣にはアジール性がある。

しかし惣村はアジールとは対極をなすように見える地縁的結合でもある。また上層民が下層民を支配するための組織でもある。これらは幕府・守護・荘園領主に対してはアジール権を主張し、領域内では村民のアジール権を否定するという両面があったと推定される。

舟木氏は「都市が特許状を得て武装を禁じられる平和領域となった以上は、個々の市民ではなく市当局がそうした犯罪者を取り締まらなくてはならなくなる」と述べている。この表現にならえば、「領主との対抗関係においてはアジール権を主張し認めさせる必要があった惣村は、その代償に過酷な法によって内部統制をせざるをえなかった」ということになる。この「市当局」にあたるものが上層民である。

村々と国家（室町幕府）・領主との関係について見る場合、徴税吏の入部と検断吏の介入のあり方が最大の問題になる。この時代、領主に対する税は村組織が一括して徴収し納入した。地下《じげ》請《うけ》（村請）と呼ばれる制度である。これは徴税吏の入部による直接的な徴税を拒否する諸役不入権を意味する。先に述べたように領主の徴税は暴力的であり、接待費の負担なども重い。これを免れることは村にとって非常に大きなメリットがある。また検断権について見ると、村は自検断を行っていた。軽罪については領主でなく村自らが村法に則り検断を行う領主検断不入権である。検断得分は村が没収する。鎌倉時代の地頭の非法、また微罪に対する酷刑を思い出してほしい。以上二つの不入権をともに備えている。つまり村組織が検断権と徴税権を持っており、国家・領主の介入を許さないアジール領域となっていた。

寺社勢力が惣村を育成した側面があることは『寺社勢力の中世』で指摘した。惣村の寄合が寺院集会の方式を踏襲していることは、先に紹介した新井孝重氏が証明している。だが惣村の不入権はもはやオレンダ・ハイルに基づくものと言うことはできないだろう。これは世俗のアジールである。

惣村・惣国横断的検断は存在したか

「村の検断」研究の成果は、地域社会による悪党の克服という本節の最初の問題関心からするとやや不満な面がある。隣村に逃れた罪人が再度侵入してくることはないのだろうか。近隣の村々を含む一体となった地域における検断体制がなければならないであろう。

今までの研究成果を見ていったが、正直言ってもどかしい。あれほど社会を混乱させ、鎌倉幕府滅亡の一因ともなった悪党がどのように克服されたのか、それを直截に述べた研究がないのである。

こんなことは言うまでもない自明のことかもしれないけれども、一村を追放された悪党が隣村に逃げ込んだ場合、村々の強固な結びつきがあれば、隣村もまたこの人物を追放ないし処罰しただろうことは疑いがない。隣村・隣荘はもはや避難所にならなくなったと推定できる。だが追放されて逃げ込んだ悪党を、同じ地域的一揆の構成員である他荘・他村が追捕したはっきりした実例が見つからない。南北朝時代において村々連合が「悪党」を処罰した明瞭な証拠がほしいのである。前述の法隆寺の落書の場合は、法隆寺領以外の村々も検断に参加しており、このことは一定領域の地域的検断に向かう過渡的な方向性を示しているのかもしれない。

たとえば「惣村・惣国が地縁的結合により流浪する悪党を克服した」などと断定できれば、きれいに説明できるのだが証拠がない。本書ではその可能性を指摘しておくに止めざるをえない。南北朝時代は悪党の活動が内乱に覆い隠されてしまっている。そして一五世紀に至ってやっと在地検断の史料が現れる。南北朝時代は、悪党問題に関して……同時にアジール論にとって……空白の一世紀である。ここに重大な画期がある以上素通りすることは本来許されない。だが残念ながら出発点と到達点を示すにとどまった。

本節は悪党の克服という問題から出発したが適切な事例を発見できず、明解な結論を出せないうちに脱線してしまった。ただ結果的に世俗のアジールを概観することになった。対外的にはアジールであり、なおかつ内部はアジール的でない存在である。

長禄三年（一四五九）、守護領（かつては摂関家領）の紀伊国賀太荘《かだのしょう》の荘民は守護に訴えを起こした。港湾都市賀太荘は守護領でありながら守護不入であり、年貢などの徴収使の立ち入りを拒む

諸役不入権を持ち、その代償として「御不入の礼銭」三〇貫を負担していたのであるが、守護の代官がその契約を破り賀太荘に立ち入り取り立てを行ったことに抗議した（向井家文書五〇号『和歌山県史』二）。繰り返すが、代官や徴収使の立ち入りは荘民が最も嫌悪することであった。守護の領地でありながら、守護の入部を拒絶する守護不入の守護領があったのである。[38]

守護よりはるかに大きな権力を持っていた戦国大名の領国でも不入地が新たに形成される場合があった。今川義元は遠江《とうとうみ》府中の見附（現磐田市）に代官を駐在させていた。だが一五四一年、代官を停止し見附の町人・百姓（見附町衆）に自治権を認めた。見附は、毎年の納税額一〇〇貫を一五〇貫に増額することを条件に、自らの責任で検断・徴税をする町となった。ただしこの上納を怠った場合は、再びその権限を取り上げる、と決まっていた。[39] 戦国の自治都市・惣村は礼銭を出して不入権を買うことができた。年度更新のアジールといえる。アジール権は買うことができるものであった。アジールが一直線的に克服されず、再生する場合があることは、これらの例からもわかる。

5　再びの退化

畏怖と懐疑

前節で時代がいささか先走りしたが、室町時代にもどろう。アジールは全体社会における魔術の権威の低下、世俗化の波に呑み込まれていく。寺社勢力のアジール性を支える根拠であった神霊の威力が失われていく。このことは本質的な変化といえる。

魔術への懐疑は古くからあった。『中右記』の時代、一〇九五年の最初の日吉神輿動座のときにも、神輿を恐れ憚るべからず、という宣旨が出てはいる。土肥実平は比叡山に攻め上ろうとさえした。しかし懐疑に包まれながらも、魔術からの脱却はなかなか進まなかった。清盛が仏罰を受けた（とされる）ような偶然があるからである。

　魔術に対する疑義を持つ人々は少なくなかった。魔術を否定する内容の立法も多くなされた。神人定数化法や新加神人制限法などがそれである。

　けれども魔術に対する畏怖の感情は強く残存した。応安の強訴の際、応安元年八月二九日夜（一三六八）、日吉神輿は、仮安置されていた祇園社を出発して内裏に近づいた。武士たちは、神輿が近づくと篝《かがり》を消し、下馬の礼をとり、弓弦《ゆみづる》を外して不動の姿勢をとり、抵抗の姿勢を捨てた[40]。強訴は時間的アジールである。

　神話・伝説に書かれている情景ではない。第一次史料の日記に記された事実である。武士は恐怖の的である神輿に抵抗を「敢えて - しない」というより、「恐怖のあまり何もできない」状態であった。この武士の恐懼した態度は、南北朝時代において、全体社会がどの程度魔術に縛られた状態にあったか、アジールと国家との力関係がどういう状態にあったかを反映しているのである。

神訴から理訴へ

乾元二年（一三〇三）、高野山僧は紀伊国阿弖川荘を獲得するため、閉門し寺を離れて一切の法会を拒絶する姿勢を示した。これに対し朝廷は、「阿弖川荘の問題は現在朝廷で審議中である。それなのにその裁断を待たず、「嗷々《ごうごう》の沙汰」をするならば、高野山を敗訴とする。それが定法である。この法は比叡山の訴訟にさえ適用されている。こんなことをする高野山は比叡山より悪い。早く門戸を開き本寺に帰住せよ」と、高野山の本寺である東寺長者（長官）を通じて高野山に命じている。[41]この文章は誇張的であるが、強訴の禁圧政策はすでに鎌倉末期に始まっている。ただこの時の要求は実現され、阿弖川荘は結局高野山のものになった。

石清水八幡宮は足利氏の氏神であり、足利義持の帰依も篤《あつ》かった。その代には叡山以上に頻繁に強訴を行った。すべて理不尽の訴訟である。一四二四年（応永三一）六月、石清水の神人が社務田中融清《ゆうせい》の解任を求めて同社の薬師堂に閉籠（閉じ籠もって神事をボイコットする）した。義持は在京守護のほとんどの軍を投入して攻めたが、結局涙を呑んで融清の解任を決定した。しかし一〇月には京都で八幡神人百人以上が虐殺され、「明徳内野合戦（明徳の乱）以来、京都において多人打ち殺さるる事これなきか」という大惨事となった。幕府も政治決定の変更を余儀なくされたとはいえ、武力弾圧を辞さない姿勢に転じていった。

義教が将軍となり、永享の山門騒動の際には、強訴する僧徒らを取り囲んで攻撃した。そしてついに強訴そのものの禁止が法制化された。宝徳三年（一四五一）のことである。

> 延暦寺は、みだりに神輿を動座させ、堂舎に閉籠し嗷訴をいたす。さらに近日は賊徒を山上に招き寄せ、神聖な結界の地において、合戦をいたし殺害を企む。そのため裁判のたびごとに混

乱がおこる。今後は支証（証拠書類）のみに基づいて訴訟すべきである。もし神輿を動座させたり堂舎に閉籠するものがあれば、その張本人を追及する。衆徒ならばその身を追捕して財産を没収し、それを延暦寺以外の諸寺社の修理にあてる。嗷訴を行った者が地下人（庶民）ならば処刑する。処罰を執行する山門使節が怠慢であれば、その使節も処罰する。[42]

永享の山門騒動が直接の契機となり、神威による理不尽の「神訴」から、道理に基づく「理訴」による政治への転換がもたらされた。[43]

魔術からの解放

日根野荘七宝滝寺《しっぽうりゅうじ》の雨乞は、ゆるやかな魔術からの解放を示す。[44]

Ⅰ　水をつかさどる神社の神前で能などの芸能を奉納、神に楽しんでもらって雨を呼ぶ。

Ⅱ　だめなら山伏に神前で、雨乞の祈禱を捧げてもらう。

Ⅲ　それでもだめなら七宝滝寺の滝壺に、鹿の頭や骨といったケガレたもの（原文「不浄之物」）を投げ込み、神を怒らせて雨をよぶ。こうすれば必ず雨が降る。

いずれの行為も真剣に神霊の意を迎えようとするもので、なおざりに行われているわけではない。Ⅲを供犠と見なす説もあるが「不浄之物」と明記されているので、本来は供犠であったとしてもすでに意味は異なっている。神を怒らせるなどという危険な行為は、それ以前には考えられもしなかった。都合よく神を怒らせる、という神力の調整的利用である。迷信的な恐怖から人々は徐々に解放されつつあった。

神慮、力及ばず

一六世紀初頭には日蓮宗が京都で地位を高めていた。だが貴族の間には反法華の空気が広がっていた。有職故実の大家で一流の文化人として有名な一条兼良《かねら》の子の興福寺大乗院尋尊は、「元関白鷹司政平《たかつかさまさひら》の若君が法華宗の寺で、去る正月七日出家したそうである。摂関家の若君が、天台・真言・法相《ほっそう》宗ではなく、格下の法華宗の寺などで出家するのは前例がない。とんでもない屈辱で無念である。藤原氏の氏神である春日神の神慮も力が及ばなかった」と怒っている[45]。この法華宗の寺は妙本寺《みょうほんじ》であるが、寺名を挙げることすらけがらわしいのであろう。

それにしても、「神慮」という言葉はずっと、「神慮はかりがたし」「神慮にかないがたし」「神慮ありがたくかしこみ申す」「神慮恐れあり」「神慮いかが」「神慮恐るべし恐るべし」などと使用されてきた。満済にとっても神慮はどうしようもない宿命的なものと捉えられていた。「神慮不及力」という表現はこの時代になって初めて現れる。国法を曲げてしまうほどに大きかった神慮の威力は、大きく低下し相対化してしまった。

文化の還俗、「宗教」の還俗

芳賀幸四郎は、大永四年（一五二四）以後成立の『犬筑波集《いぬつくばしゅう》』で「釈迦《しゃか》はやり（槍）弥陀《みだ》は利剣を抜きつれて仏も喧嘩するところそ聞け」などと、仏神を諧謔の対象とする歌が現れる状況を

「文化の還俗」と表現した。[46] 俳諧師宗長《そうちょう》の『宗長手記』（一五二七年頃成立、『宗長日記』収集、島津忠夫校注、岩波文庫）には「不動も恋に身をこがらす身か」という文句も現れる。恐怖の不動明王に恋をさせて言葉の上で遊んでいる。

仏神の権威は急速に低下していった。魔術が効かなくなるのも当然である。神罰の恐怖を前提とした起請文もその効力をしだいに失ってくる。

桜井氏は奇跡・奇瑞《きずい》に関する説話を持たない蓮如《れんにょ》教団を比喩的に「宗教の還俗」と呼んだ。[47] 佐藤弘夫氏も大永四年（一五二四）の比叡山の集会において、日蓮宗徒が「霊仏霊社の参詣」を禁止している点が問題視されたことを指摘している。[48] 日蓮宗も奇瑞を信じなかったのである。西欧では宗教改革に伴ってカソリック呪術が否定された。それと同様の変化なのであろう。新仏教の意義の一つはこの点にある。

一向宗寺内町・法華寺内は、戦国時代に発生した新たな絶対アジールである。また一向一揆・法華一揆は新型の寺社勢力である。

経済の還俗

桜井英治氏は『日本中世の経済構造』（岩波書店、一九九六年）で、

歴史上、職人が巨大な力をもち、雇用主たる寺社を圧倒した時代があった。その時代とは中世後期であり、（中略）寺社は雇用主でありながら職人を選択する自由も解雇する自由も失うと

いう異様な事態が生じたのである。そこでは職人は解雇の危惧から免れているので、平気で賃金を釣りあげたり、あるいは賃金をもらいながら作事をおこなわないなどの放縦な行為に走る職人も増えた。（中略）職人にとっては天国のような、しかし寺社にとってはまさに受難の時代の訪れである。

と記述している。やや強調しすぎている面があるが、職人の実力の上昇、寺社の地位の低下は事実である。

豊田武が指摘するように、京においては一五世紀に法体土倉が減少し俗体土倉が増加する。前述のように、中世初期には俗人が金融に関わることはできず、仏神に直属する者がもっぱら金融を行った。仏神からの借米・借金は神霊とつながっておりオレンダを帯びているから、簡単に廃棄できる性質の債務ではなかった。信用によって保証される近代的な意味の金融とはそこが異なっていた。ところが中世末期には金融の性格が異なってくる。叡山につくよりは幕府に所属するほうが、債権保全の上で安全で有利になったのである。寺社付属の金融業者が俗体のものに取って代わられる、まさしく「経済の還俗」である。

絶対アジールは、武力以上に経済力をそのプレゼンスの基礎としていたから、経済の還俗は日本アジール史上決定的な意義を持つ。

寺院に対する武力行使

ヘンスラーは異教ゲルマン時代の叙述で、次の資料を引用している。

寺院を焼き討ちしたブイはトロンヘイムを目指して逃げ、ステインヒェルへとやってきたとき、王の前に赴いた。王は彼を迎え入れ、言った。「ブイよ、お前はすべての人々に名誉を与え給う、寺院にましますわれらが神々を焼くという破廉恥行為を犯した。それゆえ、もしお前が無条件で私に身を委ねなかったならば、お前を殺させなくてはならなかったであろう。」

アハト事件の犯人が王のアジールによって救われた例であるが、日本中世にはアハト事件の犯人を救済できるような強力な人格的アジールはいない。そんな強力な王権は存在しない。

平重衡は南都焼討の実行犯だったため、捕らえられた後南都の僧に引き渡され、その手で処刑された。死後も堕地獄決定の極悪人と見なされ、その名は永く悪人の代名詞となりはてた。また何度か述べたように高倉院・清盛が南都焼討の直後に没したが、これは仏罰、わけても大仏の罰と考えられ、その恐怖は世代をこえて再生産され続けた。

たとえば永享の山門騒動に際し、諸大名は「根本中堂以下が焼失したら、公方様のおんため、また天下のため、極めてよろしくない」という意見を持ち将軍義教の強硬姿勢を危惧していた。[49]それにもかかわらず根本中堂は炎上してしまうのだが、室町幕府は全体として攻撃に慎重であり、この時も山上に直接軍兵を投入してはいない。後世の信長の焼討とは違う。

戦国時代になると寺院の焼討が頻発するようになる。九条政基は和泉国守護細川政久宛に「日根野荘ならびに入山田村は九条家の一円所領である。ところがそれを横領しようとする守護被官がいる。あまつさえ近日、寺院に放火する者さえいる。これらの行為を禁止せよ」という命令を出している。[50]

もっとも民間では、寺社に対する暴力は早くから始まっていた。その最初は康暦元年（一三六九）に坂本から馬借《ばしゃく》千余人が祇園社に打入って乱暴した事件であろう。山門使節の有力者円明《えんみょう》坊《ぼう》が関を置いて馬借の商売を妨害したからであった。[51]

それ以前、一四四一年の嘉吉の土一揆は、ときの声を挙げて、徳政令が発布されないならば、東寺以下の霊祠・霊仏・霊社を焼きはらう構えを見せて威迫し、徳政令を勝ち取った。[52]支配者の宗教的・魔術的な畏怖と民衆の現実主義とが好対照である。迷信からの脱却は民衆のほうが早かった。

仏陀法の終焉

応仁二年五月一三日（一四六八）、室町幕府の奉行人たちは次のような法を定めた。[53]

一旦幕府により神領と確認された土地を、本主の訴訟によって返還できるかどうかを論ずる。もし訴えに道理があると認められた土地は、たとえ神領であっても凡人に返還された前例がある。今後は証文次第によって決定し裁決すべきである。

翌年にも同趣旨の判決が下っている。[54] 以上は特定の土地に対する判例ではなく包括法令である。中世の大法、基本法であった仏陀法・神明法もついに終焉のときを迎えた。多少事情は異なっているが、満済が仏陀法を主張した応永三三年(一四二六)からわずか四十年ほど後、オレンダ(神的な力)は色あせたものになった。永享の山門騒動がその転換点となっているのではないかと思われる。籤引き将軍足利義教は、ある意味で歴史の転機に大きな役割を果たした人物だったのかもしれない。

武力への傾斜

平泉寺は一五世紀に全盛を迎え、一六世紀にはやや衰退する。遺物散布の範囲が小さくなるのである(宝珍伸一郎氏のご教示による)。戦国時代になると、絶対アジールは退化・終末期の特徴を見せはじめる。

大山崎神人は油売の独占権を持っていたが、将軍への強訴によってその特権を守ることができなくなった。彼らは強訴で培った戦闘能力を合戦に生かし、戦功を上げることで大名の保護を求めるようになった。応仁の乱が起こったときには、彼らは東軍に属して積極的に西軍と戦った。そしてこの頃から彼らに宛てられる文書の宛所には「大山崎神人中」と並んで「大山崎諸侍中」とするものが多くなってくる。彼らは神威から武威への転換を図ったのである。[55] 一五世紀の鞆淵氏のように、寺社勢力と守護の板挟みになって滅亡するようなことはなくなった。この時代には多くの寺社において、アジールに属しながら公然と世俗権力とも結ぶ人々が現れた。

根来寺・高野山一味の訴訟

日根野荘で公然たる恐喝事件が起こった。『政基公旅引付』永正元年（一五〇四）七月五日〜一〇日条には、高野聖が政基の裁判に抗議して人数を集め、判決の誤りを訴えた事件が生き生きと描かれている。同書の中で政基が一日の記載に、最も多くの筆を割いている重大な事件である。

政基は訴人と贓物《ぞうぶつ》の存在を証拠として、三月に有力百姓正円右馬《しょうえんうま》を処刑し、村の有力者である番頭たちが遺領の配分を行った。「御本所様在荘」の状況で、裁判権を正式に発動して出した判決である。この言葉は『政基公旅引付』によく使われ、守護使入部や根来寺軍の在陣忌避の理由として殺し文句として使われた。形式的には完璧な裁判でどこからも文句が出るはずはなかった。

ところが日根野荘にたまたま帰省した正円右馬の弟で高野聖の順良《じゅんりょう》は、兄の冤罪を主張し証人と贓物の明示、及び遺産の返還を要求した。そしてこの要求は「高野山・根来寺一味の訴訟である」と言い放った。すると突如として、三月には明言をしていた証人らの言葉が歯切れ悪くなり、ある者は逐電しようとする事態になった。順良の訴えは「無理」の訴えと考えられていたにもかかわらず、その威嚇により村の中は戦々恐々たる有様となり、訴人・証人・番頭などが、危険を覚えて身を隠そうとしたり、身辺に人数を集めたりした。

政基は順良の訴訟に対し、「百姓身分の者などが、公家裁判に介入するとはなんたることか。

高野山領でもない日根野荘の事件について、高野山が理か非かを究明するなど筋が通らない」と述べ、順良の訴えにきわめて強い心理的抵抗を覚えている。しかしそれはなんら具体的解決を与えるものではなく、それを公言することさえできなかった。また不当な現実から逃げ回る番頭・訴人、さらに口に出す勇気のない自分自身に対し、強い怒りを現している。自身の生命に現実の危険が迫った守護と根来寺の合戦に際してさえ、和歌を詠み冷静な記事を残した政基なのであるが……。

真相はどうあれ、村の至上の権力者たち全員を、これほどの恐慌状態に陥れた理由はなんだろう。順良は一介の百姓身分の人物に過ぎず、日根野荘に根拠を持っているわけではない。「根来寺・高野山一味の訴訟」と言った順良は、高野山の集会に諮る以前に勝手に要求を出している。形式上は根来寺の集会にも諮るべきだが、そんなことを試みた様子はない。

かれの恐るべき力はかれが高野聖であることによる。では高野聖であることによる威嚇力とは何か。魔術師だということであろうか。それを窺わせる記事は皆無である。順良のもとには、高野山の悪僧や根来寺の足軽が徘徊し、打擲・刃傷の構えを見せた。訴人・番頭たちが恐れたのは、かれらの身体に直接の危害が及ぶことであった。人々はこれを目のあたりにして、身震いするような恐怖を感じたのである。この状況下で先の威嚇の言葉が発せられた。

一六世紀初頭になると、僧侶自身が魔術の権威を使おうとしなくなった。寺社勢力の暴力行使と威嚇が露骨に表面化してきた。高野山・根来寺というアジールは、「ならずものの溜まり場」と化していた。

アジールは終末期の史料のほうが多い。したがってアジールの醜悪な面ばかりが目立つことになりがちである。ここで偏見を持ってはならないであろう。

ヘンスラーは古代ローマと西欧中世後期の二度、退化と終末期のアジールの例を挙げている。しかし両者は対象地域も政治的条件も全く違い、相互の関連は全くない。だが日本では一三世紀末と一六世紀に退化・終末期的現象が見られる。征服も民族移動もない連続した歴史の中でのできごとである。宗教的・魔術的段階はともかくとして、実利主義的段階・退化と終末期のアジールは、何度でも復活と滅亡を繰り返すのではないかと思われる。

6　アジールの廃止

豊臣平和令

日本におけるアジール廃止の過程で決定的な意義を持ったのは、刀狩によってアジールの武器を奪ったいわゆる豊臣平和令である。

秀吉は国家統一以前からアジールを廃止する構想を持っていた。一五八四年（天正一二）七月一八日、大徳寺《だいとくじ》に対し、「当寺で参禅し学道修行する者は、真実の道心、一分の覚悟を持っていなければならない。駆け込み人（原文「走入輩」）の中には、刃傷・殺害を犯した者がいる。罪科を免れようとして、遁世と自称して押入っても一切許容してはならない」と命じている[56]。

天正一三年の高野山に対する鉄砲製造禁止令、一四年の天下惣無事令、一六年の諸国刀狩令と教会領長崎の没収、と平和令は進行する。一八年の天下統一に先行するが、私は天正一六年七月八日（一五八八）の寺社・百姓に対して出された諸国刀狩令、それに伴う絶対アジールの廃止をもって中世の終焉、近世の開幕と見る。

刀狩は百姓（惣村）に対するそれが有名であるが、最初の刀狩は高野山降伏直後に行われた。秀吉はこれにより、寺社勢力のアジールを武装解除した。また戦国時代の村々連合も相互に戦いあう存在であり、武士だけでなく百姓にとっても、戦国時代は過酷な時代であった。豊臣平和令は惣村・寺社勢力に対して行われた二本立ての政策であった。武装解除によって阿部のいうところの「何らかの実力」をそぎ落としたのである。

豊臣平和令は領主だけでなく村もまた望んだものであり、村法の過酷な部分の廃止という意義を持つ。藤木氏は平和令は中世の敗北でなく、中世の「達成」であったという見方をとっている。アジール論の目で見ると、村法の過酷さを原因とするアジール自壊の一つの筋道と解することができよう。

博多聖福寺《しょうふくじ》の天正一五年（一五八七）と推定される文書（井上春忠書状）に「不入の儀は関白様の御代には日本にこれなく候、その御分別肝要に候[57]」とある。秀吉の時代にアジールが廃止されたという認識は天下周知のことだった。形式上、各地の寺社には「不入」の文言が書かれた文書が江戸時代になっても残るが、実質的な不入権は秀吉の代に消滅したのである。

近世の国法的アジール

一五八八年以降、寺社勢力は消滅し、「何らかの実力によって裏づけられた」絶対アジールはなくなる。当然、国政に参与する機会も失われ、国家の中に取り込まれた。また一部の村法は残るが、村による村人の処刑などの厳刑もなくなった。

日本の中世史料を巨大史料群とすれば、近世史料は未整理の超巨大史料群である。その概数さえ数えきれていない。データベース化は十分できていない。一軒の庄屋の所蔵する文書の数が東大寺文書や東寺文書に匹敵する場合さえ珍しくない。近世史料の実数はいったいどれだけあるのだろうか。

近世にも、離婚目的の縁切寺ばかりでなく、広汎にアジールが存在したことが近年わかってきた。『無縁所の中世』では近世にはアジールは存在しない、という誤った説明をしていたのでここに訂正する。国家の形を変えるほど有力ではないものの相対アジールは江戸時代にも残るのである。アジールへの駆け込みは「寺入」「入寺」と表現されることが多い。佐藤孝之氏『駆込寺と村社会』（吉川弘文館、二〇〇六年）巻末の表には、ゆうに一〇〇〇件の寺入の実例が挙げられている。中世史料がもっと多く残っていたならば……中世史家はみなそう思っている。

佐藤氏は「重大な犯罪などは公権力による裁判・処罰によるとともに、比較的軽微な罪に対する処分や内々の紛争解決手段として入寺が機能していた」「幕藩領主は、中世以来のアジールの否定を継続しつつ、入寺を処罰や罪人赦免手続の一環として取り込んだもの」、と近世アジールを規定した。

近世アジールに駆け込む人々は、国家の暴力による死と隣り合わせの生存の危機の状況にはない。餓死に直面した人々が駆け込む典型的アジールとも言いがたい。近世アジールは舟木氏が指摘する「贖罪の場」という性格が強い。

さてアジールをもっぱら平和な避難所として捉える立場に立ち、その面から見ていると、中世と比較して安定した手続きに支えられた近世アジールこそが、アジールの典型であるかのように見えてくる。しかしそれでは国家と全体社会との対立という根本的な構図を見落とすことになる。避難者が逃がれようとする最も強力な相手は、死をもって迫ってくる国家である。「入寺」「寺入」の法律用語が定着しているように、近世アジールは国法の枠内にある日常の相対アジールである。国家を超えた世界にある非日常の絶対アジールとは本質的に異なる。現代においても、移民・路上生活者など暴力と餓死と隣り合わせの人々の増加は、深刻な世界的問題となりつつある。現代アジールの最重要課題もここにある。

佐藤氏の研究には学ぶべきことが多い。この書には、入会権を侵害したとして、甲斐国都留郡内野村（一七一三年）・上野国甘楽郡野栗沢村（一七三〇年）・出羽国秋田郡大巻村（一七七二年）など「村そのもの」が寺入している例が挙げられており注目される。村の入寺の実質は内済《ないさい》（和解）だったようだ。寺社領荘園形成期のように、人々が居住地を動かないまま（アジールに）駆け込む場合を研究するとき、大いに参考になるであろう。

なおヘンスラーのアジール論には一貫しない部分がある。一六〜一九世紀のヨーロッパ諸国におけるアジールの廃止を述べておきながら、別のところで「基本的には、教会はその伝統的方策を踏襲して、今日に至るまでアジール権を放棄していない」という記述がある。各国のアジール廃止後についての説明を欠いている。おそらく教会は相対アジールとして残ったのであろう。

日本アジールの変遷

以上、三章にわたり日本のアジールを通史的に概観した。私は摂関政治期までの古代を宗教的・魔術的段階のアジール、院政時代から応仁の乱頃までを実利主義的段階の絶対アジールの時代と考える。戦国時代が退化・終末期のアジールの時代である。

先に述べたように、鎌倉時代末期には退化・終末期的現象が見られたが、それは国家によるアジールの廃止に直結しなかったという意外な事実が明らかになった。したがって各段階のアジールの終末を、私とは違う時期に設定する仮説の可能性が残る。

第Ⅲ部　アジールの諸問題

第七章

アジール・境内都市・歴史

1　アジール法の三類型

場所的なアジール法

アジール論はどうしても独歩することを避けられない。本書のように最初から対象を限定していても、やはり逸脱を免れなかった。日本のアジールを通史的に述べたのだから、本来はここに結論としての終章が来なければならない。だがアジール論には通史的叙述になじまない問題がある。よって補論というべき本章が必要になる。本章では通史的に理解するのが困難なテーマ、またヘンスラーの指摘に疑義があると思われる問題について論ずる。まずはヘンスラーのアジールの三類型について検討する。

場所的なアジール法について検討しよう。ヘンスラーは「祭祠が有する最も深い意味および目的は、神とのあいだの平和の保障ならびにハイルの絶えざる更新であった」と述べている。中世の人々にとって寺社という場で起きたあらゆる怪異は、この更新が途絶え、宇宙の秩序が壊乱される予兆と見なされた。

ところでこのハイル更新の断絶は人為的に作り出すことができる。祭司が祭祠をボイコットすればよい。寺社で故意の祭祠断絶があったときには、例外なく世俗的利害が絡んでいた。祭祠を拒否する行為は、権力に圧力をかける手段として有効であった。

天永二年（一一一一）の祇園会に際し、祇園社は、検非違使に拘束されている神人を釈放しないならば、祇園会を執り行わないと言って、その宥免を要求した。この事件については先に述べたとおりである。

高野山は円満院《えんまんいん》領紀伊国阿弖川荘の獲得を狙っていた。旧領主円満院（園城寺の子院）の代理人であり、湯浅党との闘争に疲れた寂楽寺別当任快《じゃくらくじべっとうにんかい》は、建治三年（一二七七）一二月二一日（弘法大師の忌日）に、阿弖川荘の立券文書の正文や、以後の相伝関係を示す証拠文書案などをとりそろえ、その間の事情を記した裏書に花押を加えて高野山に譲渡した。根本文書の譲渡を受けた高野山は、翌弘安元年八月、阿弖川荘獲得の要求が通るまでは、寺僧全員が下山・閉門し一切登山しない旨を、諸衆老若一同の評議で決定し、大々的な運動を開始した。閉門は寺社で行われる一切の祭祀の拒否を意味している。そして阿弖川荘の奪取は成功した。

寺社がその要求を通すために、鎮護国家の重要法会挙行の拒絶をちらつかせたり、実際に法会をボイコットしたり、さらに閉門したり寺僧が寺を離れたりしてあらゆる法会を拒絶した実例は、枚挙に遑がないほどである。ハイルの更新の断絶によって権力を威嚇するのである。こういうことは日常茶飯事と言ってよいほどである。ところが従来の研究は、ただの日常茶飯事としてこのような非科学的な事例を軽視している。「人民的反乱」は間断なく続けられていた。

強訴の際にはほぼ例外なく祭祀の拒否が随伴している。平和聖性の維持、ハイル更新を自ら放棄することによって権力を威嚇するのである。また日記に記されている諸寺社で起こった怪異の中には、権力に圧力をかけるために演出された人為的なものが多かったと推定される。参考までに大日本史料総合データベースで「綱文」をチェックして「延引《えんいん》」（祭礼・法会などの延期）を検索すると、延久二年（一〇七〇）から天正一六年（一五八八）までが一五八一件（年平均三・二件）、それ以前が三一五件（年平均一・七件）、対して天正一七年（一五八九）以後幕末までは八九件である（年平均〇・三件）。合計一九八五件（すべてが祭祠の拒否による延引ではないが）。

祭祠拒否の効果が減退

中世は祭祠拒否による法会・祭礼の延引が多かったが、室町時代になると祭祠の拒否が効果を発揮するケースが少なくなる。一四六四年、興福寺・東大寺以下南都七大寺が、細川勝元が兵庫関を侵犯したことに抗議して閉門・強訴したが、幕府は何の反応もしなかった。[1] この頃には人々の意識が大きく変わっている。

江戸時代になると閉門ほか法会のボイコットは幕府により禁止される。高野山では行学紛争が江戸時代にも続いた。だが諸堂の戸を閉じ寺役を勤めない者があれば、高野山の僧籍を奪うこととされた。[2]

仕掛ける側の寺僧・神人は、自身もその中に含まれている大宇宙のハイル更新の断絶を恐れていなかったのであろうか。かれらの無神論とも見える宗教意識については全くの謎である。

寺社の年中行事・祭礼は、古来より毎年の式日に粛々と執り行われてきた伝統であると現代人は考えがちであるが、それは近世以後の実情から判断した誤解である。中世では寺社の紛争によりボイコットや妨害があり、しばしば中止・延期された。場所的アジールが場所的アジールでなくなる。場所的なアジールは祭祠を欠いた場合、その機能を停止するのである。

人格的なアジール法

次に検討するのは、人格的アジール法である。場所的なアジールは可視的な聖域であるから理解しやすい。だが人格的・時間的アジールはそれほど明白ではない。聖域の外で現れた場合に初めてアジールとして認識される。

最も猛威を振るった人格的アジールは神人《じにん》・山僧・山伏などである。一人の神人・神民を打擲した場合は、神によって七人半を生き埋めにされ、神人を刃傷した場合には三十三人が、殺害した場合には三千七百三十三人半が生き埋めにされ、神々の土地を侵したものは種々の天災地変を受けると信じられた[3]。タブー侵犯の処罰としての供犠は恐るべき大がかりなものであった。

九条兼実は、伊勢の神人の取り調べに際し、これを拷問にかけると神慮に背くことになるのではないか、と疑問を持って故実を調べた[4]。神人は神威（オレンダ）を帯びているので、手荒な扱いをしてよいかどうか、懸念があったのである。

一二世紀初頭には、祇園社神人や石清水八幡神人がたびたび海賊行為を行った。このような神人の濫行に手を焼いた朝廷は、神人の職を解いてから処罰しようとした（『中右記』永久二年四月六日条、一一一四）。永久二年八月二五日、傷害犯が自分は祇園神人であると称して解放するように求めたので、祇園社長官の別当に連絡した。だが別当はいつまでも解職しようとしない。早く解職して処罰すべきである、と宗忠は述べている（原文「称祇園神人、仍触本寺別当、全不解職如何」、『中右記』）。神人を憚ることはすでにこの頃からあった。なお祇園社の別当は代々本寺の延暦寺僧が任命される。

神人の統制

神人の定数を定め、その交名《きょうみょう》（名簿）を注進させようという試みもあった。

各神社の神人の定数は昔より定まっている。ところが最近は社司らが、神眷《しんけん》を誇り皇猷《こうゆう》を顧みず、賄賂を受け取ってむやみに神人に任命する。公民らが勝手に神人になることを禁ずる命令がたびたび出ている。神は非礼を享《う》けない。信仰心のない者が神人となることは神慮に叶わない。本来の神人名簿と神人であることの証文を提出させよ。そしてこのような新加の神人を永久に停止する。（保元新制）

神人の宗教的性格をむやみに恐れることをやめて国法上に位置づけ、世俗制度の下に置こうとする政策意図である。人格的アジールが無限に拡大しないように抑制しようというアジール規制法である。

アジールに達した人間が、その神性のもとで聖別された存在になるという観念が存在することについては、ヘンスラーが指摘している。この観念を神人自身が持ち、またそれが社会的にも一定程度認められていた。聖化とは、もともとは神的な力を持っていなかった人間が、場所的なアジールとの接触、及びオレンダの転移によって、人格的アジールとなることである。日本にはそういう自覚を持つ人々が数多くおり、大きな力を振るった。

こういう人格的アジールは、寺社境内・寺社領（場所的なアジール）の外で活動した場合に、その姿が明瞭に現れる。寺社と離れた場所で寄沙汰を行う山僧・神人がこれに当たる。幕府はこうした人格的アジールを原則的に否定しようとした。

鎌倉幕府という強敵が現れた後にも、西国における神人の増加は続いた。幕府は繰り返し神人の定員を守り増加を抑制すべきことを命じている。神人の名前と住所を記録した名簿があるはずだから、それ以上に人数を増やしてはならないとも言っている。[5] 室町幕府は神人の犯罪処罰について、その職を強制的に解職してから処罰すると法を定めた。[6]

山僧や西国神人が所領でもない荘園・公領で寄沙汰を行いえた理由は、彼らが人格的アジールであったと解するとよく説明できる。神威が発動される場所は寺社境内や寺社領に限定されない。それにしても外に一歩出るだけで殺害される類型のアジールとは極端に異なっている。

現場型墓所の法理

墓所の法理は、笠松氏の研究によって有名である。[7]

特別な平和聖性が存在する場所に足を踏み入れた者は、この聖性に捉えられる。そのため彼の人身の聖性はとりわけ強くなり、その当然の結果として、より高次の法の保護を享受することとなった。部族法において、このことは（そのような高次の保護下にある人間を殺害した場合の）人命金の上昇という結果を生んだ。しかしながら、このような保護は、法的な観念領域ではなく、宗教的なそれから生じたものである。聖なる領域のタブーと、一切の冒瀆行為を躊躇させるその不可侵性は、その領域に身を置く人や物にも転移した。

山伏・神人などが殺害された場合に、その所属宗教集団に犯行現場の所有権を与える現場型墓所の法理は、犯人とも犯罪事件とも何ら関係を持たない第三者の土地が奪われるという、現代人には到底理解できない奇怪な法理である。

墓所の法理は一四世紀になって実効を強める。京都の中心街である五条町前後八町が、日吉神人殺害の現場として叡山領となったのが代表的な例である。このときは山門の訴訟によりその所有権を室町幕府が認め、それは応仁の乱以後まで維持された。[8]

大名山徒の護正院《ごしょういん》がこの町の地主として地代を取り続けた。『五条町前後八町地検帳[9]』という帳簿が残っており、京の中心街を復原することができる。大工・銀細工・紙屋・薬屋・豆屋・蒟《こん》蒻屋《にゃくや》・茶屋・朱屋・紺屋・小袖屋・金箔屋・足駄屋（下駄屋）・櫛屋・唐物屋（輸入品専門店）・烏帽子屋《えぼしや》・花屋・鍵屋・索麵屋《そうめんや》・塗師屋《ぬしや》（漆塗製品の製造販売店）・筆屋・玉屋（数珠玉製造販売）・味噌屋・酒屋（この二つは金融業を兼ねる）・高麗屋《こうらいや》（朝鮮からの輸入品専門店、朝鮮人の経営する店もあるか）・筑紫屋（九州出身の商人）・井筒屋・算置《さんおき》（占師）などの商人・職人に混じって護正院などの山僧が居住する。武士は住んでいない。この台帳のおかげで各家の間口・奥行きがわかり、中世京都の繁華街の町並みを復原できる。

墓所の法理が国家によって容認された理由は、彼らが場所的アジールから出た二次的な人格的アジールであり、高次の保護を受けるべき人々であったため、侵犯（殺害）された場合の平和秩序回復の唯一の方法であったからではないかと思われる。そのため「人命金」が上昇しているのであろう。

正安二年[10]には高野山が紀伊国石走《いわばしり》村の山伏殺害現場を墓所として要求している。文和三年[11]には比叡山が丹波国山国荘の禁裏御領大布施村を、末寺末社祇園社の犬神人殺害現場として要求した例がある。

犯罪より犯行現場

東大寺は貞和二年（一三四六）八月一六日、寺僧の尊実《そんじつ》・永尊《えいそん》・慶朝《けいちょう》・慶尊《けいぞん》（恵存）、及び児童三人が梅小路大宮の篝屋《かがりや》（詰所、一種の交番）の前で、篝屋の武士小笠原某、及び山僧承能《じょうのう》以下らに襲撃され、慶尊以外が死亡、所持物を奪取されたので、この地を「亡魂墓所」として賜りたい、と要求した。そして「僧侶が殺害された場所を墓所として賜った例は一つや二つではない」として院宣で給付してほしいと述べている（原文「本寺本山住侶等、被殺害之在所、点賜墓所之条、其例非一歟[12]」）。中世で「例」と言えば、今日で言う先例ではなく、不文実定法であると主張者が解している法理である。

北朝のトップで足利尊氏・直義の信頼も篤い洞院公賢《とういんきんかた》は、叡山の田楽《でんがく》法師が殺害されたため、比叡山三塔挙げての訴えとなったことについて、光厳上皇の勅問に答えている。[13] 訴訟内容は明らかでないが、日記に「在所」(場所)という文言があるから、墓所を要求したものと思われる。身分の低い構成員の問題であるが、比叡山に有利な要求であるから、学侶も一味として加わっている。

西欧でも古い時期においては、犯人が誰かということは問題にならず、犯行そのものが平和秩序を破壊する事件とされた。そして平和秩序が乱された現場が重視されその境界づけが行われた。なお、鎌倉末期に見られる「跡型」墓所の法理と言われるものは、犯人の所属集団の所有地を被害者の所属寺社に与えるものであり、現代人にも理解しやすい。現場型墓所の法理はそれとは性格を異にする。南北朝時代になって、人格的アジールの侵犯は、寺社勢力の訴えによって新たに力を持った。アジールの魔術的威力は装いを新たにしてよみがえった。非科学的なものの影響力は室町時代にも残っている。

ヘンスラーの挙げた人格的アジールのうち、似たものを探せば、それは魔術師・聖職者である。だが西欧の魔法使が国家により迫害されたのに対し、神人・山伏などは全体社会が認め、国家もしぶしぶ従うアジール法によって、間接的に保護された。同じく人格的アジールとされたキリスト教教会の聖職者は保護されたが、それは神の意志の忠実な執行者であると見なされたためであろうか。

ヘンスラーの人格的アジールの問題点

日本では後醍醐天皇など、王自身が生前に、俗のカリスマとなった人はいるが、人格的アジールとなった場合は見られない。自らがオレンダに充ち満ち、神霊と同格の神的な力を持つ人格的アジールは見当たらない。その一方、崇徳院《すとくいん》・後醍醐天皇など怨霊として恐怖される人が多い。また空也《くうや》など無数の有名・無名の聖人・高僧には奇跡を起こしたという伝説が多く見られる。通常想起される人格的アジールは右のようなものである。だが日本では人格的アジールの発見は、伝説上はともかく、一次史料の上では困難である。

　こういう人々とは別に、場所的なアジールから外に進出した人々がオレンダ（神的な力）を身につけて人格的アジールとして全体社会を闊歩《かっぽ》した。現場型墓所の法理は人格的アジールの侵犯に対する「制裁」であろう。その土地の地主の責任問題ではない。宇宙の平和秩序が蒙った傷の修復という問題なのである。そのため国家が全体社会を代表して土地を神霊に捧げるわけである。ただしその修復は、犯人の殺害という供犠よりは、むしろ賠償をとることに力点がある。墓所の法理が実利主義的に使われていることは明らかである。五条町前後八町は京都の中心街である。賠償金は極めて高額であった。

　このような人格的アジールはヘンスラーの叙述では特に重視されていない。だが日本では場所的アジールのオレンダが転移し聖化した「二次的な人格的アジール」が数多く存在した。彼らの活動舞台は全体社会であるから、軽視してはならないであろう。なお国家が自発的に賠償をしたわけではない。「祭司」の働きかけ、強訴などによって賠償が行われていることを忘れてはならない。だから本寺・本山を持たない弱小寺社ではこういうことは事実上おこりえず、強力な寺社勢力の末端の場合にのみ墓所の法理が実効を持つことになる。墓所の法理は宗教・魔術で説明できるが、その実効は背後の寺社勢力に支えられている。

時間的なアジール法

第三の類型は時間的なものである。神霊が滞在しオレンダ・ハイルに満たされている場合だけアジールである時空がある。法会・祭礼の行われている期間がそれに該当する。北野《きたの》万部《まんぶ》経会《きょうえ》などが有名である。平和な時間的アジールであるはずである。ところがこれにも例外がある。祭礼の期間は平和聖性に満たされるべき時間的アジールであるが、しばしば闘乱が起こったことを見落としてはならない。

もっとも多く史料に現れるのは、祇園会の際における検非違使・武士と祇園社人や山僧・京童の喧嘩である。久安三年（一一四七）の祇園会に際し、平清盛が祇園社神人と闘った。叡山と祇園社は清盛・忠盛の流罪を要求した。文永六年六月七日（一二六九）には、武士が少将井《しょうしょうい》の神輿を射た。一四日の神輿入御の時に、また喧嘩が起こり、錦小路京極西頬《にしつら》の平門で、信濃国の住人が神輿に矢を放った。死者・負傷者は二十余人に及んだ。[14] 建治二年六月一四日（一二七六）には、三条大宮の篝屋の前で、祇園社の神輿駕輿丁《かよちょう》と近江前司藤原行清《ゆききよ》の所従との間で喧嘩が起こり、行清の郎従が神輿を射た。これに対して駕輿丁は神輿を行清の篝屋に振り上げてこれを占拠した。

祇園社の記録は「同日丑刻《うしのこく》より行清入道が病気になり二一日に死去した。行清の一族もことごとく疫病により死亡した。誠に神罰あらたかである」と記す[15]。祇園社は神輿の権威を至上のものと考えているようである。

幕府に反感を抱く叡山関係者が多い京都で、祇園会の際に、関東の出先機関である篝屋で頻繁に事件が起こっていることに注目すべきである。アジールと国家の間に潜在する緊張関係が見うけられる。平和と闘乱とは背中合わせである。ハイルに満たされた人々のエネルギーの発散は、日頃の身分関係の上下による敵対関係を激発させ、内なる暴力を誘発する。

室町時代にも、山名持豊《もちとよ》の三条東洞院前の桟敷《さじき》で、祇園少将井の駕輿丁と山名氏の被官人とが喧嘩に及び、両方に怪我人が出る事件が起こっている[16]。

祭礼は通常、厳粛な祭儀とその後の放縦な祝祭とに分けられるが、今挙げた喧嘩は祭儀の最中のできごとである。祭儀それ自体を破壊しかねない行為である。

管理される平和

嘉吉元年六月七日（一四四一）の祇園御輿迎《みこしむかえ》を将軍義教が京極の桟敷で見物した。そのとき「当年からは鉾・笠などの警固の際、甲冑・兵具を略し、ただ烏帽子《えぼし》・単物《ひとえもの》・上下《かみしも》のみを着せ」という命令が出た。「闘諍を避けるためしかるべき措置である」と貴族は評している[17]。祭礼の平和維持を、室町幕府が行おうとしはじめたものと考えられる。荒々しいエネルギーに満ちた祇園会を去勢しようとしたのである。江戸時代になると氏子が祭に作太刀等を出すことについて、所司代の許可を得なければならなくなった[18]。

戦国時代、幕府が飯尾《いのお》清房《きよふさ》を通じて祇園社執行に「訴訟ごとがあるならば、何はともかく祭礼を執行し、その後に訴訟を提起せよ。それが理訴ならば認められるであろう[19]」と命じた。この文書には年号が書かれておらず、ただ六月十三日という日付だけが書かれている。翌日が祇園会の式日である。清房は文明一〇年〜永正五年（一四七八〜一五〇八）頃に幕府奉行人として活動した人物であるから、戦国時代の史料である。祭礼の際の訴訟を禁じたわけである。これを逆に考えるならば、普段は訴訟が提起されないまま不満が鬱積しており、祭礼に便乗して訴訟が起こるのがむしろ普通だったということである。平和な時間的アジールという概念は再検討の余地がある。

祭礼の意義の再考

今日の祭礼は、闘乱による被害を最小限にする装置がそなわっている。いくつかの祭礼においては、神輿が乱入し頭屋などの家屋や物品を破壊することがあるが、破壊されても実害がないようにそれらはあらかじめ改造されている。

祭礼とは、神霊の来臨を得て、「内なる暴力」を統御する舞台である。祇園会は、祇園社神輿が洛中の御旅所に動座し、京全体が時間的アジールとなって平和聖性に満たされるはずの期間である。時間的アジールの典型といっても過言ではない。祇園の山鉾が内裏・仙洞に来て、称光院が御所の築地の上に登って見物したこともあった[20]。平和な光景である。

京の叡山シンパと武士もこのときには平和的に交流するかに思われる。ところが事実はその正反対である。時間的アジールは、一方で暴力を統御しようと試みているにもかかわらず、他方ではそれが最も激発しやすい場面であるといえる。大きな矛盾を抱えている。実利主義的段階では、祭祠の平和は維持できず、むしろ暴力的闘争が付き物である。

それとも、これはこれで全くの無秩序ではなく、日常は暴力の統御が一定程度できており、祭礼の際に限ってその統御がはずれる、と全く正反対に考えるべきなのだろうか。いずれにせよ、今日的な「平和な祭礼」という先入主を一度捨てて、根底から考え直す必要があるだろう。

2　家のアジール

中世の家のアジール

家はアジール論者が必ず取り上げる素材である。ここで筆者が気づいた家のアジールの史料について述べておこう。建久三年（一一九二）に検非違使が九条家領に入部し検断を行った。九条兼実は「於唐橋以北給之六条歟、不可入使庁使之由、自故殿御時、被沙汰置也、元ハ八条以南、高倉以東、為此領内、而余案之、塵転之沙汰、向後為違乱之基、加之、当時使庁不知之間、如夜行、不合期、旁失公平、仍唐橋以北、放給使庁了」と述べている。[21]この文章の要点を説明しておく。
「故殿」（藤原忠通、一〇九七〜一一六四年）の代に、それまで八条以南だった九条家領を六条以南とし、検非違使不入（「不可入使庁使」、検非違使庁の使入るべからず）と定めた。ところが今の検非違使はどこが不入地であるかを知らず、犯人逮捕のためここに入部し検断を行ってしまった。そしてこの事件をきっかけに、一転して唐橋（九条坊門）以北を検非違使の管轄区域にもどした（「使庁に放ち給わる」）。家領の西限は高倉小路で一定しているが、南北の不入区域は何度も変更されている。兼実みずから「違乱の基たり」と述べるように非常に曖昧で違乱のもとになりやすい。

この地が九条家の本邸の所在地であることに注目したい。藤原摂関家が　忠通の後、近衛殿に住んだ長男基実《もとざね》（その子基通《もとみち》）の近衛家と九条殿に住んだ三男兼実の九条家に分立するのがこの時期である。寺社境内のアジールが貴族の家の成立に先行するから当然ではあるが、それにしても貴族の家領、家のアジールの確立は百年以上遅れている。

「境内」という言葉は、寺社境内や所領荘園だけでなく、俗人の本領を示す語としても使われる。九条政基が居住する日根野荘入山田村を「御境内」「一具之御境内」[22]などと称しているのがその例である。根来寺が抗争相手の和泉守護に対し大規模な軍事デモンストレーション（打廻《うちまわし》）をするにあたり、九条家の御境内では暴行をしないと約束したものである。戦国時代になっても、政基の在所が家のアジールと見なされ、根来寺がそれを承認していたことを意味する。

将軍義教のアジール観

金輪院同宿福生坊《こんりんいんどうしゅくふくしょうぼう》という者が比叡山山上で殺人を犯し、下賀茂社の原生林、京都の糺《ただす》の森に潜伏した後に、山名邸へ「馳入」った。この事件について管領から諮問を受けた義教の意見は、罪を犯した人が、やむを得ず駆け込んできて平に頼み込んできたときは追い出すことはできない(原文「人ノ如此馳入平ニトテ憑候ハム事一向難追出」)というものであった。[23] これは社会通念であったとみなすことができる。私が新たに発見できた明文の家のアジール法はこの一件だけである。さらに博捜を続けていかなければならない。

3　無神論的行為

呪術装置は道具

すでに寺社勢力の神具に対する手荒な扱いについて述べたが、現代人の目から見ると無神論とも取れるような、神輿・神木・神宝の奪い合い、神輿の破砕や争奪ゲームが頻繁に見られる。

神輿について言えば、公家にとって呪術シンボルの日吉神輿は恐怖の的であった。内裏の修理を見送って、その費用で神輿の修理をしたことさえある。その日吉神輿は叡山内部でどう扱われていたか。その実態は信じがたいものがある。

神輿動座を武士に阻止されたとき、これを泥中に故意に振り捨てて汚し、朝廷に丁寧に修理させて受け取ることがよくあった（『天台座主記』正嘉二年、原文「大衆破損八王子三宮神輿、是入洛神輿之外、不可有造替之由、依被仰下及此企云々、仍七基神輿共以造替」）。さらに山僧は古くなった神輿を、自らの手で壊したり血でけがしたりした。新品を作らせるためである。アジールでは流血は禁じられていたはずである。これはアハト事件というべき行為である。にもかかわらず朝廷はこれを「破損穢気」というケガレと感じ恐怖を覚えた[24]。ケガレは災厄を呼ぶと思われていた。朝廷はこの行為を処罰しようとしていないし、山僧は神罰など全く恐れていない。

以下のような事例も見られる。

Ⅰ　治承三年九月九日（一一七九）、叡山の学侶（学生）・行人（堂衆）が合戦寸前となった。この時堂衆が日吉神輿を奪取しようとしているという風聞が流れ、学侶はあわてて日吉七社の神輿を確保し根本中堂に上げた（『天台座主記』）。僧侶同士の争いに際しても神輿を担ぐこと、または相手に担がれることは、一定の心理的効果を持ったのである。

Ⅱ　治承四年七月一〇日の夜半（一一八〇）に、春日の御正体（本地）を大衆が奪い合った。前月に遷都された福原にこれを振って還都を要求しようとする大衆と、それを止めようとする別当一派との争いだったようだ。なおこの「御正体」は、強訴の際によく使われる春日神木ではなく金剛般若経《こんごうはんにゃきょう》であった[25]。神仏習合の一つのあり方であるが、本地すなわちご神体が経巻であるというのは珍しい。

Ⅲ　文永五年一一月八日（一二六八）、比叡山の授戒会が延期された。一部の僧侶が根本中堂に閉籠し、その執行を拒否したためである。一〇日には閉籠した僧が坂本の日吉社に下って合戦し、日吉七社のうち大宮《おおみや》・聖真子《しょうしんし》の二社の神輿を奪って中堂に振り上げた。神輿の装束などは座主の門徒が取り隠した（『天台座主記』）。

Ⅳ　室町幕府は日蓮宗の保護を行った。これに叡山が反発した。応永二〇年（一四一三）には叡山が妙顕寺を破却するなど紛争が絶えなかった。反法華派は日吉神輿を根本中堂に挙げて、強訴の構えを見せたが、大名山徒の円明坊が神輿を奪回している。[26]

Ⅴ　応永二二年（一四一五）にも、山門の訴訟があり、六月五日に「鵜鳥御玉」「文鳥」（不詳）という神輿の神具を山門に奪い取られた。そのため式日には御輿迎《みこしむかえ》ができず、七月四日御輿迎、一〇日祇園会となった。[27]叡山による祇園会妨害はたびたびあった。室町時代にはそれがだんだん少なくなる。

神輿や祭礼に不可欠な神具を奪うことにより、神事・祭礼の執行を妨害する事例が数多く見受けられる。妨害するのはいつも俗人でなく、僧・神人である。彼らは現代的な合理主義者ではありえないが、どのような宗教意識を持っていたのであろうか。

4　都市のあり方

境内都市論

歴史地理学的見地から寺社そのものを都市と見なす見解は、原田伴彦『中世における都市の研究』（大日本雄弁会講談社、一九四二年）などに先駆がある。ただこれらは境内に視野が及んでいるものの、あくまで門前町の研究である。その過程で門の内部、境内が無視できない意味を持つことに着目したものである。永島福太郎は奈良について「門前郷はいわゆる門前町のことではない。この門前の郷は社寺が社人・寺人の住居したことにより社地・寺地の延長として境内に囲い込んだものである」（『奈良』吉川弘文館、一九六三）と述べる。これは他の門前町とは異なる奈良町の特徴について指摘した論考である。筆者はこれが奈良町だけではないのではないかと考えた。永島説を一般化し、あらゆる寺社勢力の境内・門前を密接不可分の複合体であるとみなし、それを「境内都市」と名付けたのが筆者である。門前だけでなく境内も都市の一部であると断言したところが、旧説と決定的に異なっている。

なお石清水八幡宮・伏見《ふしみ》神社の境内には「境内町」という地名がある。境内にある町場の意味である。前者については近年発掘調査が進められている。

境内都市は境内・門前の不入権を持つアジールである。外国においても外形上似た存在がある。教会だけでなくその前庭、また教会に通ずる道もアジールとみなされた。「ヒエロカイサレイアでは、アルテミスの寺院はその周囲二ローマ・マイルに対してアジール権を持っていた。イスラム教徒においても、モスクの周囲ではアジールによる保護が提供された」。

古代東大寺の衰亡

境内都市形成期の史料は東大寺に多く残っている。南都では一一世紀の半ばから宅地の売買が盛んになり、宅地の売券（売買契約書）が急増する。売買対象の土地は区画する道路・垣などで示される。宅地区画の大半は農村に見られる畦畔などでなく、垣根・小路・側溝などで囲まれており、団地区画であることを示している。宅地売買は門前だけでなく門の内部、現代語で言う境内にも及んだ。

禅得《ぜんとく》という僧が上司《かみつかさ》東というところにある土地と住宅の所有権の確認を、東大寺の寺務運営機関である五師所《ごししょ》に申請した。当該土地はもと荒野であったが、禅徳が開発し、小屋を建て長年居住している。だから「開発の理」によって土地所有権を確認してほしい、というものである。これに五師が承認の花押を押している（サインしている）。東大寺はこの申請を許可した[28]。

上司は二月堂近辺の東大寺の門・築地大垣内部の土地である。歴とした境内である。ここにある上司庁は有能な僧が実務をとる政所《まんどころ》の所在地である。東大寺以外に所有権者がありうるとは考えられない。ところがその東大寺が「開発の理」を理由に、禅得のそれを公文書で保障している。

境内が私的に分割され、東大寺もそれを当然のこととして認め、登記所の役割を果たしている。東大寺は古代に持っていた境内の土地所有権を失っていた。

考えてみると奇妙な文書である。この地はある時期まで「荒野」であった。荒野を「開発」した者がその土地の所有権を得るというのは中世の基本法というべき法理である。武士は自分の所領を、その土地（多くは農地）の「開発領主」であるとして保全しようとするのが通例であった。同じ論理が寺社境内について見られる。しかも史料上の所見は寺社のほうが武士よりも早い。古代の官寺東大寺は、法的にも事実上でも滅び、境内が荒野・無主地と化した。その後に開発によって、中世の境内都市東大寺が新たに生まれたことが確認できる。中世都市東大寺は古代の鎮護国家の寺院から脱却し、中世になって新たに自生したのである。

この土地の東西南北の境界のうち三方は「路」である。寺内に道路網があり、土地の公的な地点表示の基準となっていたことがわかる。これ以前、嘉承二年（一一〇七）、東大寺政所が上司阿弥陀院の宅地と山畠を僧春能《しゅんのう》という人物に宛行《あておこな》った史料には、土地の四至に「大路」が見られる[29]。

都市地名——小路・頬

売券の四至には都市独特の地名が出てくる。

〈小路・大路〉

大路は人家もない原野の中を通っている場合がある。だが「小路」は大路と交差する道であり、人家密集地にしかない地名である。また旧平城京の大路は東大寺の中を通っていないから、一一〇七年の文書にある大路は、中世になってから「大路」と名付けられた寺内道路である。東大寺境内は大小の道で区切られ、私的に分割された中世都市に生まれ変わっている。東大寺は創建当初の七堂伽藍を基準とした景観とは大きく異なった様相を呈している。

〈頬〉

一一五〇年に、「大和国添上郡東大寺郷今小路南頬」の宅地が売却された。この土地の四至は東が垣根、西が売却地と売主が売らなかった所有地の残地とを区画する中垣、南も中垣、北は大道（大路）であった[30]。東大寺郷の中にはさらに小さい今小路郷という「郷」（小郷、道路の両側の家並みからなるいわゆる「両側町」）が含まれている。「頬」は「つら」と読み、南頬は東西道路である今小路に南面する土地の意味である。京都でよく使われる言葉である。南都の都市化を示している。なおこの史料は東大寺境内・門前の複合体を指す「東大寺郷」という言葉の初見史料でもある。

鎌倉時代初期には同じ敷地に三・四人が居住する人口密集状態を示す史料もある[31]。

俗人と女人の居住

今見たように、東大寺では門前だけでなく、境内、寺域を囲い込む築地大垣の内側でも土地売買が行われた。他にも次のような売買の例がある。

〈大仏殿戌亥角、字酒殿〉ここは門内も門内、大仏殿の西北隣接地である。酒殿という小字名

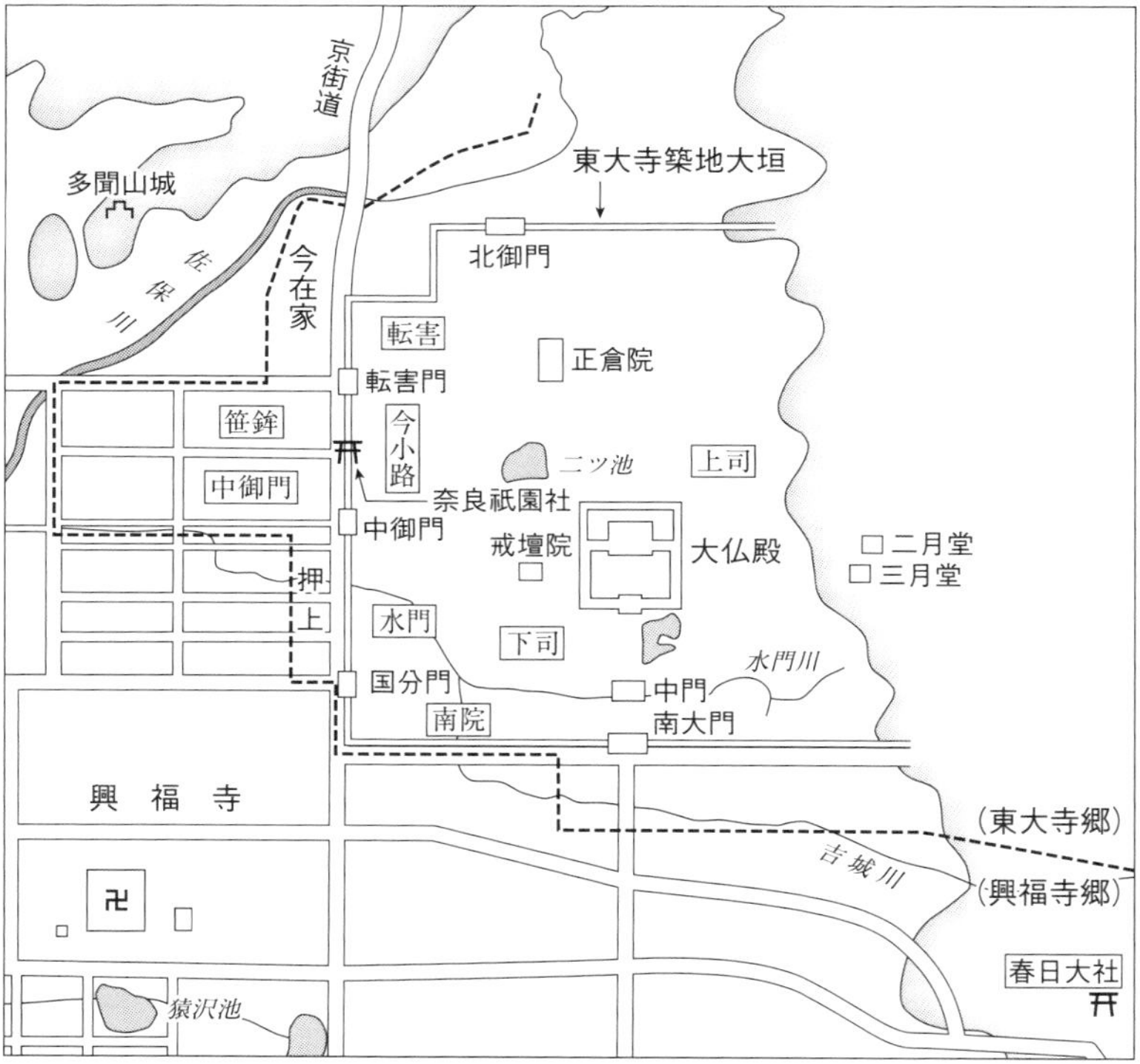

5図　東大寺境内地図

伊藤正敏『寺社勢力の中世』（ちくま新書、2008 年）より

が発生している。

〈楞伽院《りょうがいん》〉

楞伽院は東大寺国分門の北脇、その辰巳の角（南東の隅）にあった。四至は東が川、西が東大寺西面大垣、北が水門川である。国分門は西面しているからこの地は明らかに大垣の内部にある。清原姉子《あねのこ》、多中子《おおのなかこ》など女性に伝領されている。

永暦二年（一一六一）に東大寺門内の上司の宅地が、寺僧ではなく俗人の美和気貞《みわけさだ》に売られ、[32]上司の地が応保三年（一一六三）に平姉子という俗人女性に買い取られている。[33]女人禁制や妻帯禁止という問題があるはずだが、現実に女人が居住している。

町並みの成立

個別的な住宅の造成が進みやがて町並みが成立した。町並みの成立を安田次郎氏『中世の奈良』（副題―都市民と寺院の支配、吉川弘文館、一九九八年）によりながら見てみよう。永承元年（一〇四六）、興福寺の「西里中小路東辺」にあった「薬大丸」（薬犬丸）の住宅が放火された。隣近所の「宅」が類焼し、火は興福寺に飛んできて、中金堂・東西金堂・講堂・南円堂・南大門などが焼けた。[34]

興福寺の西に西里と呼ばれる一画があり、その西里に中小路という南北道路があり、その東辺に薬犬丸の家があった。永承四年（一〇四九）以前に興福寺の四つの門の門前に「四面郷」といわれる興福寺領の住居区画ができていた。また康和四年九月三日（一一〇二）、東大寺手掻会《てがいえ》の祭礼の日に、東大寺と興福寺との間で合戦が起こった際、「東大寺領西里四町」が焼かれ、興福寺の「東里二町」も焼けた[35]。「東大寺領西里四町」は中御門《なかみかど》・転害・今小路という地域であった[36]。民家は類焼するほど接近して建っていた。南都の土地売券が増える頃には、すでに町並みが成立していたのである。南都の境内都市の成立は一一世紀半ばである。

都市化と同時に近隣の家同士の連帯も始まった。この連帯組織を「郷《ごう》」という。製油業を営む楞伽院周辺は、東大寺七郷の一つ水門郷の中核となる。七郷とは、転害・今小路・宮住《みやずみ》(近世の地誌に「今小路小名」として現れる)・中御門・押上・南院(水門)・北御門である。

鎌倉時代末期に南都は、東大寺郷と大乗院郷・一乗院郷・寺門郷・元興寺郷(四者は興福寺の境内都市)の各郷が入り組んだ都市となっていた。奈良は東大寺・興福寺の境内都市が複合した都市である。

学侶の視線

古代以来、正式な僧侶とされた学侶(衆徒)は、こういう世俗化をどうとらえたか。

平治元年(一一五九)から仁安元年(一一六六)の間に、東大寺別当を勤めた寛遍《かんぺん》が『東大寺要録』(第四)に記した記事を見てみよう。

Ｉ　戒壇院の前の二池(二ツ池、現代でもそう呼ばれている)は、経典で位置を定められた宗教的聖地である。ここには本来家などなかった。ところが永久の頃(一一一三〜一一一八年)、こ

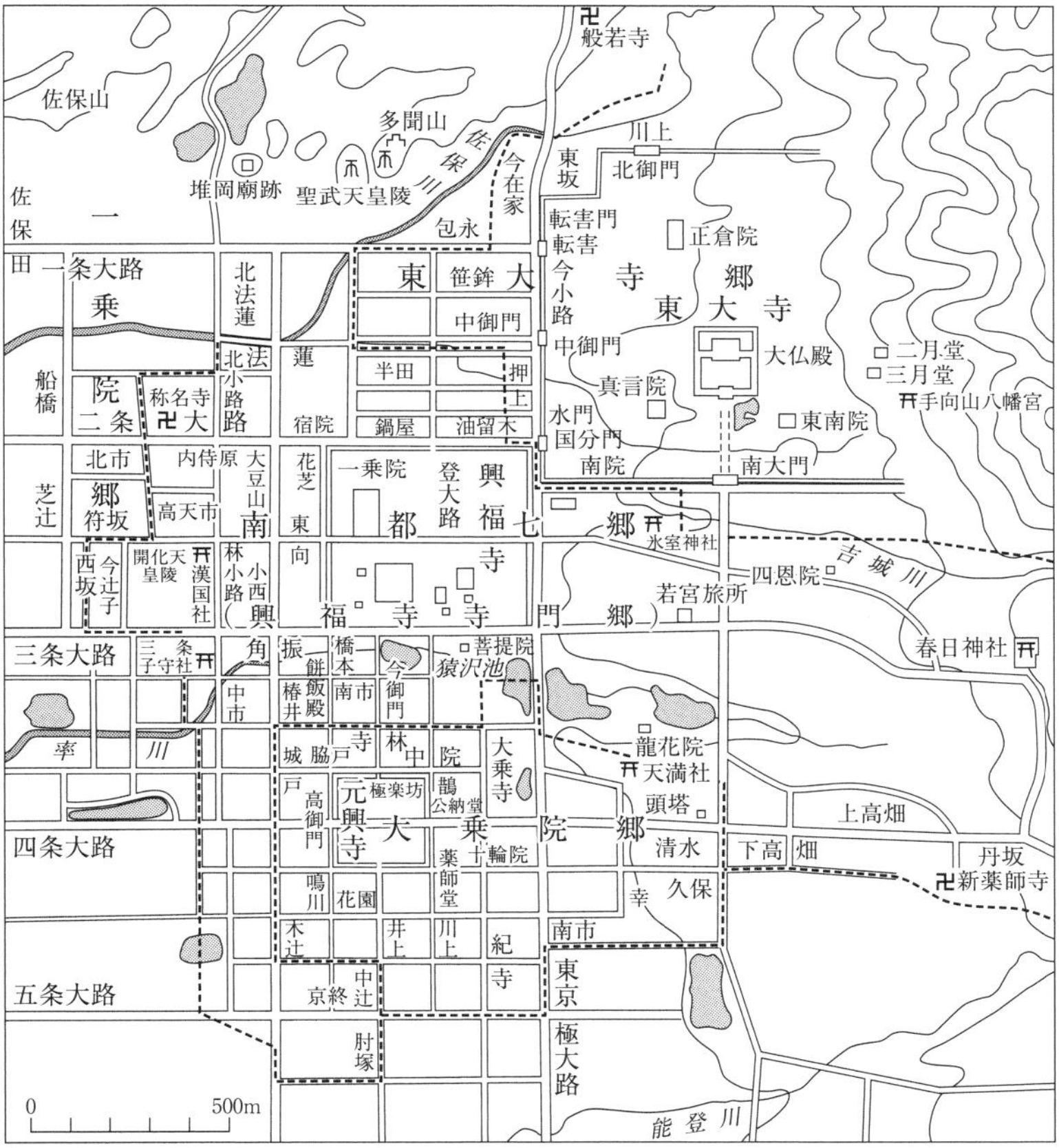

6図　南都諸郷図

永島福太郎『奈良』（吉川弘文館、1963年）

こに小屋を建てるものが現れた。東大寺の衆徒（学侶）が蜂起してこれを破却（取り壊し）した。ところがその後また小屋が作られ、破却と再建を繰り返した。ついに建造者が衆徒を「語らい」、この区域の片隅に居住するようになった。その区域は広くなり長くなりどんどん膨張している。このままでは聖跡・霊地が汚れる。早く撤去して聖地にふさわしい景観に復すべきだ。

Ⅱ　東大寺建立の天平の頃には、私坊を寺内に作ることなどなかった。凡卑の汚穢（俗の穢れ）を避けるためである。中でも戒壇院北の地は特別の聖地である。ところが今ではその地において、池を埋めたりして宅地を造成し、僧侶ばかりでなく俗人も入り交じって居住している。受戒会（国が僧侶の資格を与える法会）の際には、諸寺諸山の人々が全国から集まる（戒壇は受戒のための施設、中世では全国で延暦寺と東大寺だけにしかない）。戒壇院に近い転害門は京街道に面した正門に準ずる門であるから、ここはまた法皇や親王が参詣の際通行するところである。ここは天下無双の高名の所、海内《かいだい》第一の地である。だから穢れをはらうため、早く居住を禁止すべきである。

境内都市形成の様子がよくわかる。「聖跡」「霊地」が古代的宗教空間であり、「凡卑」「汚穢」が中世的世俗空間である。学侶は繰り返し俗所を壊したが、とうとう「語らい」により承認し、それは拡大を続けた。「語らい」の具体的な内容はわからないが、賄賂が贈られた場合、あるいは公的な税（地子）の納入義務・徴収権の規定が定められた、より法的に安定したケースが考えられる。

一定数の学侶は、境内を清浄の結界、門前を猥雑な世俗空間と見る。境内が都市化することに嫌悪感を持っている。傍観者の立場にある現代人にもこういう思考は理解しやすい。寺は宗教的であるべきだ、と。筆者の境内都市論については一部に感情的な反発を示す人がある。そういう論者は、寺社をもっぱら聖域として理解したい、という観念に縛られているのだろう。

ここが商工業地帯だったことは以前に証明したとおりである。境内が拡大して門前町ができたと考えるのが常識だが、それとは逆に、「汚穢」の門前が「聖跡」たる境内に侵入してきた。少なくとも一定数の学侶にはそう感じられた。

世俗的行為

このような学侶にとって僧侶や寺院の世俗的行為は好ましくないものであった。わけても経済行為は学侶がもっとも嫌悪するところであった。『大乗院寺社雑事記』延徳二年一二月（一四九〇）の記事で尋尊は、
利銭・出挙《すいこ》は、あってはならないことである。昔、この問題に関する法はなかった。公家法にも武家法にもなかった。天下に利銭・出挙がなかったからである。俗世間でもなかった。ましてや僧の世界では、利銭・出挙はあるまじきことである。悪事の最たるもので、戒律に背く。

足利尊氏のとき、建武三年に京都の土倉が質物を取ることを始めた。国をほろぼすものとしてこれ以上のものはない。これは次第に諸国に広まり、こともあろうに僧がこの悪行をさかんに行った。

利銭・出挙は、大変な悪事であるので、奈良では質物、借物、徳政の問題は学道（学侶・六方）は扱わない。
（安田氏の訳による）

尋尊の記述には誤りや矛盾が多い。尋尊自身、ごく当たり前に利息を取る経済社会に住んでいた。だが同時に戒律に背く行為についての罪業感も、依然として残っていた。これはアジール的な宇宙の平和聖性の希求ではなく、狭い学侶世界における聖性へのこだわりである。

安田氏は経済行為のほか「武力行使に代表されるような、学侶・六方が基本的にタッチしたくない種類の仕事・権限」があったと指摘する。その汚れ仕事の部分は下僧が担うことになる。

境内都市の住人

東大寺水門郷にある楞伽院は、本業の製油業のほかに、金融などの多様な事業を行って東大寺の経済を支えた。[37] 楞伽院は康治二年（一一四三）以前に成立していた。[38] 根来寺では門内で瓦葺《かわらぶ》きの法体職人の家が発掘されている。

東大寺転害郷には、大和八派の一つに数えられる手掻派の刀鍛冶、武器・武具職人が集住していた[39]。今も地名を残す包永《かねなが》の刀が有名であった。室町時代には腹巻屋も存在した。『庭訓往来《ていきんおうらい》』には手掻の「奈良刀」が特産品として挙げられている。『庭訓往来抄』には「奈良ノテンガイ（手掻）ニ、文殊四郎ト云鍛治アリ、般若寺ノ文殊ノ剣ヲウチテ、奇特ヲ顕スカヂナリ、殊ニ刀・小刀、上手ナリ」と名人の名が現れる。全国有数の軍需産業の中心地であった。

「利剣」は仏法の障碍《しょうげ》を打ち破る護法の武器と象徴的に考える思想があるのは事実である。だがそう割り切るのは心理的抵抗がある。私が境内都市をアジールと呼ぶのを躊躇した理由は、これほど軍需産業が繁栄を極めた場所が、平和なアジールにふさわしくないという感覚を脱しきれなかったからである。

この地は京街道に面しており、奈良の出入り口に当たっているため、宿屋を経営するものも住んでいた。『大乗院寺社雑事記』には「ハタコ屋（旅籠屋）無縁堂」（文明八年六月二六日）の池端《いけのはた》御童子《みどうじ》という者が現れる。旅籠は食事つきの宿泊施設である。無縁堂は旅客が食物を持参し薪炭《しんたん》代《だい》のみを負担する鎌倉時代の接待所・旦過《たんが》のような宿泊所である[40]。池端御童子は両方を兼ねた宿を営んでいたのだろう。

南北朝の文和頃（一三五二～一三五六）には、唐人の末孫で東大寺七郷の散所御童子となるものがあった[41]。東大寺の境内都市は今日思い浮かべる「門前町」のような小規模な存在ではなく、国際都市の様相を呈していた。

宗教的中心点

境内都市は全く世俗化したようであるが、聖地か世俗都市かを一義的に決めることはできない。境内都市の中心聖域（オレンダに満ちた場所）は依然として意義を失っておらず、ヘンスラーのいう宗教的中心点でありつづけたからである。行人・聖（二次的な人格的アジール）の経済行為、金融などはオレンダに支えられており、オレンダ化された聖なる対象の力の（それに触れた者の）四肢にまで移ってゆき、それによって、そこで執行される行為が高次の諸霊による特別な保護のもとに置かれる。

だから僧侶・神人などは常に宗教的中心点とつながっていなければならない。これが切断されると経済行為の根拠（オレンダ）が根底から崩れ去り、債権取り立てに必要不可欠な強制力が失われる。為替は中世固有の信用経済の制度であるが、信用を保証したのは朝廷や幕府ではない。その根源に神霊による「保証」があったのではないかと考えられる。

堂衆は、興福寺では東西金堂衆、延暦寺では根本中堂衆・横川中堂衆などであって、寺の中枢伽藍、中心点、金堂に属している。一二六〇年代には東大寺で大仏殿灯油聖の活動が盛んになる。

高野山の中心点は二つある。一つは根本大塔と御影堂を含む壇上伽藍、そしてもう一つは奥之院の弘法大師廟である。弘法はここに生きたまま入定《にゅうじょう》していると信じられている。前者が学山としての象徴であり、後者が霊山としての高野山の象徴である。前者が学侶にとっての中心であり、後者が高野聖にとっての中心である。

参詣者は例外なく奥之院を目指す。高野山は高野聖の全国遊行によって、後世「日本国総菩提所」として有名になる。現在奥之院には近世大名の墓所が林立しているが、その地下には中世の墓所が破壊されて眠っており、現代の墓地造成のたびに中世墓所遺構が発見される。壇上伽藍の近くには学侶方子院が多く、奥之院に近づくほど行人方子院が多い。高野聖は江戸幕府により時衆から真言宗に宗派を変更させられた（真言帰入令）ため、聖方子院は行人方となったものが多いと推定される。やはり行人・聖が寺社勢力の中心である。

当然のことであるが、ここまで述べてきたように、境内都市から宗教的要素を完全に削除してしまうのは困難である。境内都市は武力を持つ経済都市であるが、宗教都市としての性格も持ち合わせていた。

5 相対アジールと絶対アジールの共通点と相違点

相対アジールの不入権と武装

相対アジールである官製寺社にも目を向けてみよう。ここも都市であり、その形態は境内都市と変わりがない。また寺社はどこでも、御用寺社でさえも、微弱な不入権（アジール権）を持っていた。だが御用寺社のそれは権力に抵抗する可能性が全くない形式上のものである。

応安五年（一三七二）の文書には、「東福寺の境内と門前の検断は東福寺の権限である。ただし重大事件は侍所に報告してその命令に従え」とある[42]。これが相対アジール・御用寺社の自律性の限界で、境内・門前の検断権を一応持っているものの、その上位に侍所の検断権が優越して存在した。

僧徒の日常生活が、絶対アジールと相対アジールとで大きく異なっていたわけではない。鎌倉の勝長寿院《しょうちょうじゅいん》の僧房では闘乱が続きたびたび殺人事件も起こった。「武士の郎従すらこんな狼藉をしない。闘乱の原因は寺僧の中に武勇の輩が多いからである。今後は僧徒の兒《ちご》・共侍《ともざむらい》・中間《ちゅうげん》・童部《わらべ》・力者法師《りきしゃほっし》などが腰刀を差すことを禁ずる」という法令が出されている[43]。

応永二三年（一四一六）に、足利義持が相国寺《しょうこくじ》で兵具の調査を行ったところ、長櫃《ひつ》二合分の武器が見つかった。義持は大いに腹を立て、兵具を所持していた僧数十人全員を召し取り侍所に引き渡した[44]。官製寺社も寺社勢力と同様武装していたのである。

景観は境内都市と同じ

足利尊氏が関東公方基氏に命じて、鎌倉の覚園寺《かくおんじ》の敷地内にある民家を追い出し寺の築地を復旧させている（原文「退敷地居住之輩」[45]）。境内に民家があったことがわかる。その景観は境内都市と変わりがない。

また御用寺社も境内都市と同じ商工業都市であるものが少なくない。五山禅院がその典型である。たとえば、鎌倉市中のあちこちで建長寺の工房で作られた製品が出土する。考古資料によって絶対・相対アジールを区別することはできない。残念ながら考古学は遺跡と権力との関係を語ってくれない。

すべての都市は「寺社都市」

今は境内に船着き場がある寺社はめずらしく、ちょっとイメージしにくいが、中世では川や港湾を境内に含む寺社が少なくない。博多は全域が聖福寺・承天寺《じょうてんじ》・櫛田《くしだ》神社、さらに有名な碇石《いかりいし》がある大乗寺、などの寺社の境内の敷地からなっている。

大阪湾に面した渡辺津には四天王寺がある。「日本仏教最初の地」と言われて信仰を集めた。後白河院が何度も参詣し、内乱の最中にもかかわらず長期滞在するなど聖地として名高く、仏教的色彩に塗りつぶされている。延暦寺と園城寺との間で熾烈《しれつ》な四天王寺争奪戦が行われた。だがここはまず第一に港湾都市であり第二次的に寺社都市である。

鎌倉時代の大覚寺統の本拠地から出発して、南北朝時代以後、天竜寺などの寺社都市に変化した嵯峨は、境内都市の景観を研究するうえで大いに参考になる。鎌倉五山に関する諸研究（『図集 日本都市史』東京大学出版会、一九九三年）、秋山哲雄氏『都市鎌倉の中世史』（吉川弘文館、二〇一〇年）、松尾剛次氏『中世都市鎌倉の風景』（吉川弘文館、一九九三年）も有益である。また山田邦和氏『日本中世の首都と王権都市―京都・嵯峨・福原』（文理閣、二〇一二年）で明らかにされた寺社都市も、境内都市研究に資するところ大である。

これらの都市はいずれも仏教的装いである。全体社会が仏教文明・文化に覆われていることを

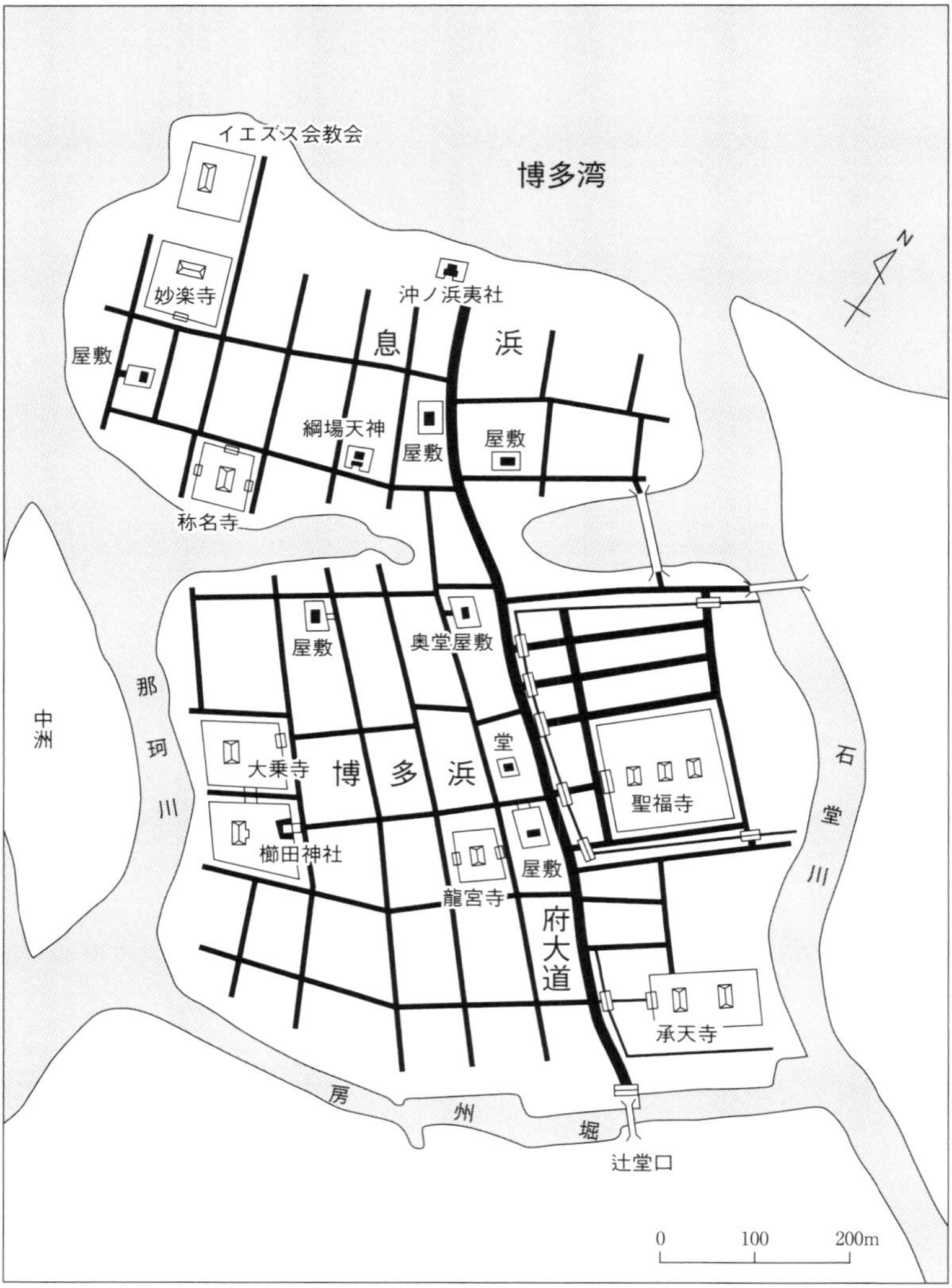

戦国時代末期の博多（想像図）（林文理「戦国時代の都市博多」『歴史の道・再発見』第7巻、1995年、フォーラムＡより）

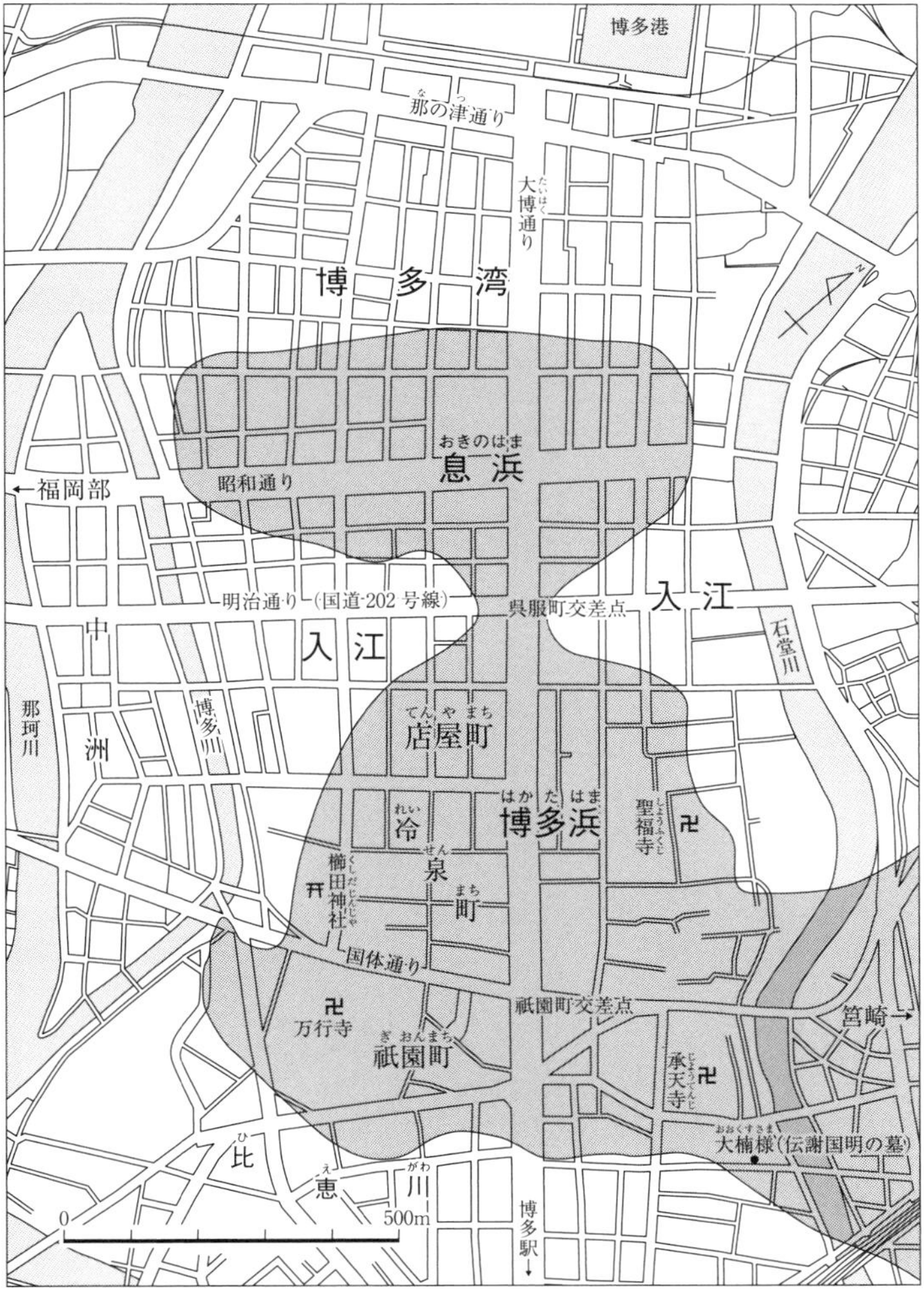

12世紀頃の博多（推定図）（林文理「博多綱首の歴史的位置」大阪大学文学部日本史研究室編『古代中世の社会と国家』清文堂出版より）

７図　中世博多図

武野要子『博多』（岩波新書、2000年）より考えれば、当然のことと言えよう。戦国城下町以前はすべての都市が……京・鎌倉などの政治都市も、港湾都市も……「寺社都市」である。寺社都市でないものを見つけ出すほうが難しい。

政権都市も巨大な寺社都市

院政時代、京の中心である白河の院御所の上には法勝寺九重塔が高くそびえ立つ。この地域に寺名に「勝」がつく六勝寺が甍《いらか》を並べる。室町時代になると、相国寺七重塔が花の御所の真北にあって京の街を睥睨《へいげい》する。ともに京で、さらに全国で最も高い建造物である。間違いなく首都京の政治の中心、権力のシンボルである。法勝寺も相国寺も、仏教による国家統合という支配者の企図から建立された寺院である。院政時代も室町時代も、支配者にとって、京とは巨大な御用寺社群からなる「寺社都市」である。

政治都市だけでなくほとんどの中世都市のモデルは境内都市である。境内都市の外観は、政治都市白河・平泉・鎌倉に先行する。外観だけでなく仏教色に覆われた雰囲気も同じである。最先端の文明・文化が仏教であるから、その装いを模倣するのは当然のことと言える。

都市的な場

網野は「都市的な場」というマジックワードを多用する。そしてこの語は（論者によって意味が異なるが）重要なキーワードとして定着している。よく言及されるのは市・宿・津・泊、また都市周縁などである。学会のテーマとして取り上げられ、『都市的な場』（山川出版社、中世都市研究会編、二〇一二年）という論文集が出版されているほどである。

ところで氏は大規模寺社を含めて、寺院は「都市的な場」であるとしているが、大寺社そのものを都市と見なす筆者がそれに従うことはできない。子院の間口の幅に応じて「間別銭」を賦課される高野山は都市以外の何物でもないだろう。[46]

場所的・人格的・時間的アジールというアジール論に即して考えると、都市的な場は後二者として、次のように容易に理解できる。

オレンダ（神的な力）を帯びた僧・神人など（人格的アジール）がやってきた時、及びオレンダに満たされる法会・祭礼とそれに伴う市の期間など（時間的アジール）である。すなわち一時的なアジール都市である。一定期間だけ神霊が滞在しオレンダに稠密《ちゅうみつ》に満たされた時空こそが都市的な場である。都市周縁は魔術的中心点から遠く神霊のオレンダが弱くなっている場所である。都市的な場とはアジール論によってこのように位置づけるのが明解であろう。

世界宗教と自由都市

もともと各地の農村から流れてきた商人同士は見知らぬ他人であり、農村でのように共通の祖先のもと呪術的な原理にもとづいて団結することは不可能であった。そのため、彼らが一丸となって領主に対抗する際には、キリスト教の平等と友愛の理念にしたがって、互に対等な存在として法的団体を形成する必然性があった。コンユーラーチオは、このようにして魔術的なるもの、祖先崇拝的なるもの、氏族的なるもののはたらく場を絶対に許さぬ個人平等の誓約団体である。

（増田四郎『西欧市民意識の形成』講談社学術文庫、初版一九五八年）

この記述には、共同体宗教と異なる世界宗教キリスト教が、中世都市の発展を促進した側面が示されている。日本には仏教がある。すべての人は同じく仏になることができるという天台宗の一乗説、それと同義の悉有仏性《しつうぶつしょう》説には平等観念が含まれており、この思想が中世には主流になっていた（末木『日本宗教史』）。

上座部仏教思想にはすべての人が仏の救済にあずかれるという思考が含まれている。非共同体的人間関係、また仏前の平等は、自由都市的思惟の萌芽となる可能性がある。本来、寺院は自由都市的心情の温床である。祖先崇拝的・氏族的ではない。

もっとも奈良〜平安時代前期の寺院はそうではない。律令国家は僧尼令《そうにりよう》で得度《とくど》・受戒制を定め、受戒料を負担できない人々を実質的に切り捨て、僧尼の地位は事実上貴族・豪族の特権と化した。だが出家はそもそも国家統制になじまない。国家が嫌悪する私度僧の増大こそが仏教の真の定着であった。勝手に髪を剃って僧形となった人々に対し、寛遍のような学侶は眉をひそめるだろうが、行人・聖が増大し台頭することによって、初めて真に仏教的な世界が成立した。末法思想についての項で述べたように、正式の僧でない比丘も尊敬の対象となる。『末法灯明記』は国家に独占された祭祠権を民衆の手に奪い返そうとしたものといえる。

自由都市・自治都市の典型

境内都市は、人口の密集、第二次・第三次産業の比重の高さ、物流の多さ、非定住者の頻繁な出入りなど、都市の要件を十二分に満たしている。境内都市は場所的なアジール、神霊が永住する都市である。集会による意志決定方式は自治都市であることを明らかに示している。

そして自由都市的思考に満ちた場でもある。集会の際、仏前における平等の観念と非共同体的人間関係があり、非共同体的思想に包まれている。社会の中でこういう場はほかにはない。「誰も個人支配者のいない境内都市」の項で述べたように、都市的思考の根底にはまぎれもなく仏教がある。西欧のキリスト教の役割を仏教が果たしているだろうことは想像に難くない。境内都市こそが中世都市の一つの重要な一類型である。これと並びその対極にある都市類型は、平等とは正反対の厳しい身分制のもとにある京・鎌倉・平泉などの政治都市である。

それにしても「境内都市」の語は、その指すものがイメージしにくい。本当は、寺社の形態をとる都市のうち、筆者が境内都市と呼んでいる都市のみに対象を限定し、他を排除して「宗教都市」の用語を使いたいところである。この場を支配する至高の権威を求めるならば、大宇宙の平和秩序を祈る宗教・神霊以外にはない。支配者や檀越の安穏を祈ることが第一目的ではない。民衆のためにも祈るのである。行人・聖がその構成員であるから当然とも言える。公家・武家の御用寺社も宗教が支配する都市であるが、大宇宙の平和よりは、権力に奉仕しその小宇宙の安穏を祈ることがより大きな任務である。権力者を呪詛することなどありえず、権力と対立する要素は皆無である。

神霊至上主義

境内都市・寺社勢力は、以下の性格を持っている。

A　大宇宙の平和を祈る神霊至上主義・宗教至上主義である。そのゆえに国家権力、王権から独立し自律性を保つ。また檀越からの干渉も受けない。だから場合によっては権力との対決を辞さない。国家至上主義・王権至上主義とは大きくかけ離れている。アジール性もここから派生する。

B　出自身分の高い学侶ではなく、行人・聖・神人・山伏などの身分の低い下僧が中核的構成員である。すなわち民衆身分の者が実権を握っている。誰も個人支配者がいない自由都市・自治都市である。一味の際には身分は消滅し平等観念に支配される。

C　高度な経済都市である。またAを担保するための武力を持っている。この側面があるため純粋なアジールであると断言しづらい。だが公家・武家と異なり、たびたび武器の廃棄を行っていることには注意しておきたい。

この三点が境内都市・寺社勢力の特徴である。B・Cはアジールを維持する必要から、境内都市を支える不可欠の要素であり、Aと緊密不可分に絡みあっている。A・B・Cを単独で取り出すことは困難である。Aを排除した筆者の旧説は理念型として一定程度は役に立った。けれどもAを切り捨ててしまうと説明できない部分がどうしても残る。

「大宇宙の平和」「平和秩序」の祈念は、アジールのやさしさを示すものである。しかしこれはアジールの二次的機能であり、実際には祈禱の内容は祭司の利己的な意図でねじ曲げられることが少なくない。けれどもそこに純粋性が含まれていることは否定できない。アジールの純粋性と不純性、ここがアジールに対する肯定的・否定的な評価の岐路である。冒頭に引用した阿部の「アジール制度というものの幻想性」がここにある。筆者の「宗教都市」概念も幻想性から自由ではない。大宇宙の平和祈念を至上とする寺社という概念も、実体というよりは理念型である。

　さて政治都市にも多数の寺社が林立している点を忘れてはならない。中世では政治都市も宗教色が非常に強い。これを「宗教的でない」と言えば間違いになるだろう。また政治都市の構成部分である五山などの御用寺社も都市の形態で存在する。寺社が建ち並ぶ鎌倉や室町・戦国の京都東山を「宗教都市」と呼ぶ研究者がいるが、さすがに的外れであり、これらは檀越たる権力に奉仕する政治都市以外のなにものでもない。また「寺社都市」という語を使うと境内都市と御用寺社との全くの混同となる。そのためやむなく「境内都市」の語を使っているが筆者の本意ではない。日本全体社会は仏教に覆われた「宗教的」存在であるから、安易に使えないのである。なお義江彰夫氏は自由都市・政治都市をあえて区別せず「寺社都市」を使っている。都市景観論においては両者を区別する必要はない。

　世界にはバチカン・ベツレヘム・アッシジなど特別に「宗教都市」と呼ばれる都市がある。日本では高野山・興福寺・善光寺・東大寺・吉野などが俗に宗教都市と呼ばれている。比叡山がそう表現されることはほとんどない。筆者の言う境内都市も、本来なら、俗語ではなく学術用語として「宗教都市」と呼ぶのが妥当である。もちろん先に述べたような神霊至上主義の寺社都市という狭い意味である。したがって五山禅院は政治都市、東大寺は宗教都市と呼んで峻別することになる。

『中世の寺社勢力と境内都市』を二十年前に書いたとき、ご指導を受けたのは故石井進先生であった。その時最も迷ったのはこの都市類型を何と呼ぶべきかであった。私がいくつか候補を出し、結局先生が「しかたがないいいから「境内都市」で行くか」とおっしゃって、以後基本的にこの用語を使っている。愛着もあるのだが、本書の執筆に際してやはりこの用語はわかりにくいと考えた。泉下の先生もこの用語が最善とは思っておられないと思うので、今後は必要に応じて「宗教都市」の語も使用したい。またほとんどの論者が「寺社勢力」の用語を使うが、神霊至上主義を奉ずる「宗教勢力」のほうが適切かもしれない。

6　国家とその外

黒田説の問題点

寺社勢力は公家・武家とならぶ日本における三大土地所有者であり、三大勢力である。その点で権門体制論には一理がある。だが寺社勢力の中核にいる行人・聖は、国家支配者と言えないどころか、その正反対の位置にあることは、繰り返し述べてきたところである。そしてこの勢力は国家外の全体社会にも活動舞台を持っている。このような存在が国政の一角を担っていた点が、世界的にも珍しい驚嘆すべき日本の特質である。また朝廷や幕府が一定の成熟した組織であるのに対し、彼らの組織は未熟であることも指摘してきた通りである。

強訴に際して寺社は「国法に反していても要求は通す」と断じているから、国家の上にある（外にある）世界の存在であると自認している。

そもそも寺社勢力が先導した商業・貿易が国家支配域の枠におさまるはずはない。全体社会を国家がコントロールできるわけはない。黒田の権門体制論は国家論の枠内に止まる。全体社会を見落としているのである。全体社会が国家を規定するのであってその逆ではない。国家の外に及ぶ寺社勢力についての所論は、国家論ではなく全体社会論で論ずべき問題である。ただし全体社会論は当時も今もほとんど議論されておらず、国家論一辺倒の立場に立つ研究者が大多数である。黒田のみに責めを負わせるべきではない。

「三権門」のうち寺社勢力の中核である行人・聖の動きを国家が統制することは失敗の連続であった。その「克服」には五百年という歳月を要した。

疑似寺社勢力

黒田の記述の中に違和感を覚える箇所がある。室町時代における仏教界の「再編と混迷」を論じた部分で、「五山のごときは数千の住侶を擁し、いわゆる五山文学なる独特の文化活動と幕府の外交顧問的な活動および厖大な寺領荘園によって、新型の寺社勢力を形成した。現にそのなかには、いち早く、武器をもち闘諍をこととする悪僧も発生していた」（『寺社勢力』岩波新書、一九八〇年、傍点引用者）とある部分である。

五山領荘園は室町幕府の重要な財政基盤である。また室町幕府の花の御所の北隣にある相国寺は、明使《みんし》を接待する外交の場であった。五山は明々白々な官製アジールである。武威をもって幕府を威迫することなど考えられない。すなわち「勢力」「権門」としての独立性と自律性を欠いている。それどころか黒田自身が「五山・十刹《じっさつ》は、形式上からいえば将軍を檀越とする私寺にほかならず」と認めているように、幕府組織の一部と言っても過言ではない。

先に述べたように勝長寿院で闘諍事件が頻発し、武勇を誇る「悪僧」というべき存在がいたことは事実である。だがこの「寺社勢力」の表現を是認するならば、武力を持ち多くの荘園を有する大寺社は、みな寺社勢力になってしまう。このような俗論はかなり広く流布しているが、筆者が大きな影響を受けた黒田自身が俗論に堕しているように見えて残念である。

南都北嶺など（旧型）と五山（いわゆる「新型」）は、たとえ比喩的にせよ「寺社勢力」と呼んで同じ範疇に入れてはならない。寺社都市・御用寺社の項目で述べたように両者が至上として祀る対象は全く別物である。このことは決定的な違いである。両者を同列に論ずるならば、黒田のいう寺社勢力とは何なのか、寺社勢力でないものは何なのかが不明になる。問題はそれだけに止まらない。本質的に異なる二者が一くくりにされているとなると、黒田の言う三つの権門の分類が適切な分類になっているのかが問題になる。「権門」とは何を指すのか、さらにはそれらの「相互補完」体制である権門体制とは何か、ということ自体が問われる。

五山は「国家を鎮護する寺院」という黒田の寺社勢力論の定義を一応は満たしている（ただし

それは最重要の役割ではなく、本分は幕府という檀越至上主義の氏族的・先祖崇拝的寺院であるが）。けれども幕府から独立した「勢力」「権門」ではない。南都北嶺と五山との「同一視」？　黒田の寺社勢力論・権門体制論にも、寺社勢力と官製寺社、絶対アジールと相対アジールとの混同という欠陥があって、筆者は従うことができない。

なぜこのような混同が起こるのだろう。寺社勢力を「国家を鎮護する寺院」と規定したことが誤りなのである。寺社勢力とは、国家至上主義とは相異なる神霊至上主義の有力寺社、と定義するのが正しいのである。国家を呪詛することをいとわない。

黒田は「寺社勢力は新しい権力にとって、その支配体制に組み込むことのできない異質の、独立的な存在であった」（「新しい権力」とは織豊政権を指す。『寺社勢力』あとがき）と自覚している。公家・武家が持ち合わせない寺社勢力の「異質」性とは、統一国家の統一を破りかねないそのアジールとしての性格である。絶対アジールの存在意義は極めて大きかったといえる。多くの絶対アジールを内包していたこれ以前の日本は、今日的意味での統一国家ではなかったのである。

聖俗二元論

日本の古代・近世、国政に参与するのはあくまで支配者のみであった。中世では国政に民衆・大衆が迂遠な形ながら参与している。寺社勢力は、国家の外（全体社会）に根拠を持ち、神霊至上主義を奉じつつ、場合によっては国政にも関与する。つまり一定の部分では国家の一部をなしている。これは前後に例を見ない異質な社会である。

中世は朝幕、すなわち文官・武官が結びついて国家を形成し、民衆を支配していた。ここまでは一応妥当な考えと思われる。[47] そこで顧みて中世全体社会に目をやると、国家至上主義（公家・武家）と根本的に性格を異にする神霊至上主義（寺社勢力）とが並立して力を持っていた。これこそが他国に類を見ない日本の特徴である。平泉澄の三者鼎立論（国家論）や黒田の権門体制論（国家論）よりも、聖俗二元論、国家・アジール二元論、二者の相互補完論（全体社会論）のほうが、より中世社会を特徴づける体制であると思われる。

寺社勢力に属する身分の高い学侶は支配層であるが、彼らは建仁の堂衆合戦で堂衆（行人）に敗れ朝廷・幕府の援軍を頼んだように、その中核とはいえない。行人・聖が実権を握っていた。その背後には無数の民衆・大衆が控えている。寺社勢力は黒田のいう「カースト制を想起させるような支配階級の分業」の担い手の一つとは到底言えない。

中世社会は組織された国家と未組織の民衆集団との二元論で理解するのが適切と思われる。鎌倉幕府の成立、ないしは承久の乱以後は、「国家」の実質を武家政権と見なしてよいかもしれない。そうなると武家と寺社のにらみあいと考える余地がある。公武と寺社勢力は、身分制・意志決定原理・組織原理など様々な面で本質的に異なった存在である。もちろん現代的な民主主義に見られるような組織を連想してはならない。オレンダに支えられた名もなき民衆の集合である。

文官と武官とが補完・分業関係にある国家は世界に数多く見られる。というよりも、その親疎や強弱を別にして、文官と武官の協力があって、はじめてわれわれが今日思い浮かべるような国家が成り立つ。したがって朝廷と幕府の補完関係は特に注目すべきものではない。だからこそ中世日本における聖俗の二元的政体は、際だった特徴なのである。もっとも宗教勢力が大きな力を持っている地域は世界に少なくないから、世界史的規模で非科学的なものを科学的に位置づける見直しが今後必要かもしれない。

終章

アジールと国家

アジールについて日本の実情を見てきた。ここまで書いてきて思うのは、日本史の底流をなすアジールの役割の大きさである。以下に本書の結論をまとめたい。

1　アジール論から歴史学を見直す

I　日本における歴史事象の再解釈

ヘンスラーの学説を参照することによって、日本史の諸事件・諸事象を真に理解するための助けになる部分が数多く発見された。日本におけるアジール法は必ずしも少ないとは言えない。そういう関心を持って史料の読み方をする研究者があまりいなかったため、未発見なだけではないかと思われる。私が挙げた実例がすべてではないだろう。

不入権（自由領域）、理不尽の訴訟（〈敢えて‐しない〉タブー）、国司の処罰の厳罰化（アジール法の整備）、寺社領荘園の形成（オレンダの転移）、寺社領荘園における比較的穏和な支配（平和領域）、一味・落書（平等観念）、神人（二次的なオレンダ）、山僧寄沙汰（国法の補完）、法会祭礼の不執行（ハイル更新の人為的断絶）……いずれも日本史上重要な問題ばかりである。正直言って筆者の歴史観は一八〇度変わった。また黒田・網野説ほかの諸説にアジール論の光を当てることによって多くの事象が見えやすくなった。その「不純性」も見ることができた。ヘンスラーの説は非常に優れたものである。黒田・網野説の融合という試みはアジール論にとって有効な方法である。寺社勢力は理念型と完全一致するものではないが、やはり典型的なアジールであった。

Ⅱ　時代区分

ヘンスラーの三段階説は多くの人が納得する区分であろう。そこでそれぞれの段階が日本では何時代に相当するか、筆者なりに考えてみた結果は次のようになる。

A　摂関政治期以前が宗教的・魔術的段階

B　院政期から室町時代までが実利主義的段階、わけても絶対アジールの時代である。荘園公領制の時代でもある。

C　戦国時代はアジールの退化・終末期である。荘園公領制の崩壊期に当たる。

私がBを実利主義的段階に比定する理由は、多様なタブー、〈敢えて‐しない〉アジール‐法があざやかに見て取れるからである。アジール法は実利主義的段階において、その文化史・法制史上の頂点に達する。すなわち国家との対立関係が最も明瞭に現れるのがこの時期である。

本書は宗教的・魔術的段階から実利主義的段階への転換について、国司流罪の厳罰化、愁訴から強訴への転換、寺社領荘園の形成期初期における貴族意識の変化（一一世紀前半の『御堂関白記』『小右記』『権記』と後半の『中右記』『長秋記』などとの比較）などについて述べた。一〇三二年に関白頼通が、神社の訴えにより処罰された者が恩赦に与かった先例の有無を長老の小野宮実資に諮問した頃が、アジール法強化の早い時期にあたる。

アジール法は必ずしもすべての人々に認められたものではなかった。強訴禁止令や神人制限法の制定者や仏陀法の否定論者など、アジールに懐疑を抱く人々も決して少なくないにもかかわらず、アジールは生き続けた。戦国時代、退化・終末期に至って、魔術からの解放が進み、アジールは崩壊する。

網野は「日本では鎌倉後期ごろから（中略）実利的なアジールともいうべき現象が広く社会に現れはじめ、室町～戦国期にいたって、それはほぼ完成した姿を示すといってよい」（『増補　無縁・公界・楽』）という。もしかりに網野説が正しいとすると、本書の約半分は宗教的・魔術的段階のアジールを取り扱っていることになる。神話・伝説でなく、この段階の史料がこれほど多数残っているとしたら、世界で全く比類のないことと言うべきである。そうだとすれば画期的な研究になるのだが筆者はこの説はとらない。これを証明するためには、鎌倉後期頃に、宗教的・魔術的段階から実利主義的段階への画期を見つけなければならないが、それは発見できなかった。

したがってAについてはほとんど同時代史料から解明することができなかった。だがBの時代にはAの残滓が数多く残っており、Aの状況を窺うことができると考えている。

Ⅲ　理不尽の訴訟が描き出す中世社会

強訴はもっとも目につきやすい政治的事件であるが、当時の人々にとってこれは神霊の怒りが顕現した怪異である。そして重要なのは支配者がこれを集団示威というよりは怪異としてとらえたことである。強訴は理不尽、「敢えて - 人間による審理を - しない」態度で扱われた。そして五世紀にわたってその効果が持続した。日本中世は実利主義的段階のアジールに対応する社会であるが、宗教的・魔術的性格が濃厚に残り、その世界を垣間見ることができると考えている。そしてこの時期、神霊至上主義の寺社勢力が、国家を上から見下す本質を持っていたことを決して忘れてはならない。上からの民衆闘争であった。

Ⅳ　宗教都市

公家・武家が持ち合わせない寺社勢力の力はやはり宗教・魔術である。月並みな表現ではあるが、これは学術用語として、「宗教都市」という呼称で呼ぶのが妥当だろう。日本の宗教都市（私の言う境内都市）は西欧の自由都市と共通する側面がある。ここは祖先崇拝的・氏族的な祖霊ではなく、習合した仏神を仰ぐ神霊至上主義である。日本の御用寺社（京・鎌倉などの政治都市の構成部分をなす）も宗教色の濃い寺社都市の景観を持ち、その日常も宗教都市と共通点があるが、支配者や檀越に奉仕することが第一の目的であり、祖先崇拝的・氏族的性格をぬぐい去ることができない。これらは国家至上主義・檀越至上主義である。

宗教都市が自由都市だとすれば、政治都市である御用寺社はその正反対の位置にある。国家権力からの自由を基準に都市を分類するならば、この両者は双極をなす。

なお議論を呼んでいる「都市的な場」が、ヘンスラーの説により整合的に理解できるようになった。これは場所的アジールでなく、人格的アジール都市または時間的アジール都市である。網野のマジックワードが論理的に規定できたことは、今後の研究に生きていくだろう。

2　歴史学からのアジール論の修正

本書ではアジールの実体研究の第一歩として、政治・経済史的な実効を持った事件、マクロ・アジール論の題材となりうるものを取り上げた。これらを参照しながらヘンスラーの説を修正できる点を挙げてみよう。

Ⅰ　アジールの全盛時代

平安時代末期、典型的な絶対アジール、寺社領荘園が国土の相当部分を占めていた。また中世末期の畿内近国には寺社と惣村アジールが無数にあった。荘園公領制論・惣村論は両方とも日本史の最重要テーマである。

伊賀国黒田荘で見るならば、実利主義的段階の場所的アジールは宗教的・魔術的段階のアジールの十五倍に当たる。このような寺社領荘園の肥大化は保元新制で禁じられているように、全国的なものであった。この点から見て、「実力に支えられたもの」には違いないけれども、アジール論のモデルとすべき時期が、実利主義的段階、中世にあることは明らかであろう。

問題は土地面積の大小だけに止まらない。アジールが諸段階において社会に占めていた役割の大きさについて考え直す余地がある。最初に述べたように、ヘンスラーが「本書の主要部」とする宗教的・魔術的段階のアジールの意義よりも、「国家がタブー侵犯者の処罰に関与するようになって、アジール法が最高の完成形態に至る」とする実利主義的段階におけるアジールの社会的意義のほうがずっと大きいのではないか、と考えられる。中世は本書で述べてきたように、今日では理解できない理不尽の強訴、仏陀法、墓所の法理、などアジール法が全盛を迎えているからである。アジール法が最も強力だったのは実利主義的段階であった。ただしヘンスラーは決して実利主義的段階を軽視しているわけではない。

初期の国家は未熟であり、「刑罰の種類と刑量に関して融通が利かず……体刑や死刑があまりにも多」かったことが挙げられる。日本中世国家にちょうど当てはまる。だが中世国家を「初期国家」として扱うと、律令格式を備えた古代国家とは何なのか、という別の問題が発生する。律令制虚構論に再び光を当てねばなるまい。律令の浸透度の再検証である。これ以上は筆者の能力を大きく超えるので、ここではあくまで推測に止めておく。

Ⅱ　タブーの演出者と背景の民衆

ヘンスラーは聖職者の権力を神霊の媒介者としての二次的なものと位置づけて軽視する。しかし日本の場合で見るならば、「祭司」（行人・聖など教学的に未熟な人々を含む）の勢力が非常に強い。法の執行者である彼ら（公正であるとは限らない）を過小評価するところに、法制史学者ヘンスラーの欠陥があると思われる。

絶対アジールは、タブー侵犯者であれば、たとえそれが院や天皇、摂関や将軍などの国家最高権力者、たとえ王権であっても、調伏・呪詛、さらには実力による制裁を辞さない。そうした姿勢を持たないのが相対アジールである。これらは国家（天皇）や檀越などの支配者の小宇宙の平穏を第一目的とする祖先崇拝的・氏族的な偏ったものである。アジール論の最大のポイントは、なんと言っても、国家からの自由である。だから絶対アジールと相対アジールとを峻別しなければならないのである。

タブーを喧伝するのは寺社勢力である。民衆はこのような特異な絶対アジールを創設した。アハト事件に相当する行為すら、（祭司自身の認識ではあるが）彼らには許されていたことは非常に興味深い。

宗教的・魔術的段階のアジールに比べて、実利主義的段階のアジールは遥かに強力である。アジールは中世という時代にあってその完成形態に至る。絶対アジールの中核は、黒田俊雄によれば「百姓」身分の行人、「広義の非人」身分の聖であった。彼らは民衆である。私説は、中世における民衆運動の意義を……その陰の部分から目をそらすことなく……高く評価する歴史観である。

聖なるものは「魅するもの」という側面とともに「戦慄すべきもの」という側面がある。失うもの多き上層には戦慄、それが少ない下層にとっては魅するものと、おおむね言えるであろう。聖なるものを祀る寺社勢力が下層に近い位置にいたことの意義は極めて大きいと言わねばならない。

Ⅲ　平等

アジールは自由領域、平和領域の両面からとらえられることが多かった。だが興福寺や高野山で見てきたように、「平等」「無身分」もまた重要な要素であると考えられる。上層・下層をすべて巻き込む一味の権威、寺院集会の多数決、落書における一票の価値の平等などが平等観念を基礎にしている。荘園における公人・堂衆の地位が荘官より高かったこと（寺の使者という立場の場合）、すなわち身分の逆転などもこうした観念がなければありえない。強力なオレンダの前ではアジールの成員はひとしなみに平等である。アジールの能動的性格、またアジールの智恵はこういう土壌から生まれたのであろう。アジールは自由と平和のみならず、平等思想も備えていた。

Ⅳ　アジールの自生と自壊

アジールは、原始の自由が一直線に後退するという経過をたどっていない。自生しさらに自壊するものである。中世寺社勢力は古代に淵源をもつものもあるが、そうした官寺としての性格から脱却し「自生」したのである。

日本では他国による征服や民族移動がなかった。つまり同一地域において、退化と終末の段階と見られる時代が鎌倉末期・戦国時代と二度あった。この点でヘンスラーの三段階説には疑問が感じられる。ある実利主義的段階のアジールが、別の実利主義的段階のアジールに取って代わられることがありうるのではないか。鎌倉時代のアジールと室町時代のアジールとの間には、南北朝時代がはさまっている。この画期における社会変動、悪党問題とその克服について十分明らかにできなかったことは、本書最大の痛恨事である。

Ⅴ　土地へのオレンダの転移

オレンダ（神的な力）は電流のように転移し磁場を形成する。動産にも不動産にも転移する。寺社領荘園の拡大過程（土地を持ったままの駆け込み）、仏陀法などの根拠が理解しやすくなった。なおヘンスラー以下アジール論者は誰一人オレンダの土地への転移について言及していない。しかしこれは閑却してはならない問題である。

Ⅵ　人格的アジール

ヘンスラーの言及は少ないが、場所的なアジールに駆け込んでオレンダ（神的な力）を身につけた人々が、アジールの外に出て盛んな活動をした。山僧・神人・山伏・聖、彼らは商人・職人であった。その社会進出はアジールの開放性に基づいており、寺社領荘園はもとより、寺社領以外の公領、交通路、そして全体社会すべて、さらには国外にまで及ぶ広汎なものであった。現場型墓所の法理はこれらの人々が殺害された際、大宇宙の平和秩序を回復するための「賠償法」である。

Ⅶ　一味の権威

中世、一貫して続いたのは一味の権威であった。文化面で見ると、寺社で発生した一味は、武士の一揆、民衆一揆の先駆である。寺社法は『御成敗式目』の手本である。一味の観念、特異なオレンダがこれほど長期にわたって維持されたことは大きな驚きである。諸外国でこのような例があるのだろうか。

Ⅷ　魔術からの解放

日本では実利主義的段階にありながら、宗教的・魔術的段階の思考の残滓が多く残っている。これは重要なことである。ヘンスラーは明言していないが、絶対アジールが廃止に至った根本原因は、やはり魔術からの解放であった。日本はアジールの退化・終末期において、神慮の力が大きく低下し、強訴から理訴へ、経済・文化・「宗教」の還俗などを経験した。仏陀法・閉門・強訴も無力なものになった。アジールの国家に対する魔術的威嚇が効果のないものになっていた。最後に残されたのは武力だけになった。このため寺社勢力のアジールはならず者の溜まり場と化し、退化・終末期を迎えることになった。

3　アジールの歴史的意義

アジールの能動的役割

アジールの国政参与は全くないわけではないが、それは抑制的なものであった。世俗の人事や政策決定の場に登場したり、当座の政争に積極的に参加したわけではない。内乱の帰趨に及ぼした影響などを見ると、消極的な位置に立っているといえる。

けれどもそうでありながらも、より大きな部分で……否、根底的な部分で……国家を変革していった。敢えて人間の側からの審理を行わず強訴の内容をそのまま承認する理不尽の訴訟は、アジール社会の典型的なあり方である。また大局的な目で見れば、目につきやすい政治的事件以上に、絶対アジールの成立とそれを支配者が模倣することによる世俗領荘園の形成、寺社領荘園の成立・維持、アジールそのものがその構造上の欠陥により悪党を生み出したこと、本章冒頭に挙げた事象など、アジールの果たした役割は実に広い範囲に及んでいる。

日本においては、アジールがどのように歴史を動かしたのかが一次史料から見て取れる。このことははかり知れないほど重要なことである。西欧アジール論は、一次史料がほとんどないため、理念論の枠から脱却することが難しい。

支配者の宗教的・魔術的段階、被支配者の実利主義的段階

実利主義的段階について、「主として世俗国家にとっての実利」という視角には疑問符がつく。むしろ宗教的・魔術的段階から続くアジール法の「敢えて‐しない」思考は色濃く残り続けた。むしろ強化されている。南都焼討と大仏の罰、南北朝時代における現場型墓所の法理、応安の強訴に際し恐懼した警固の武士たち、寺社の怪異に怯える満済、そして籤引き将軍の登場など、貴族・武士が様々な異変に揺れている。何と言っても「敢えて‐人間による審理を‐しない」理不尽の訴訟が一五世紀まで残ったことには重要な意義がある。宗教・魔術に振り回されていたのは、民衆よりもむしろ支配者の側であった。

一方、神輿を血で汚し破壊する山僧らの行為、神慮を恐れない法会・祭礼の不執行や閉門、祭礼の妨害などは、聖俗の聖の側の特権であった。アハト事件を敢えてする彼らの信仰はどんなものだったのだろうか。

私は宗教的・魔術的段階にあるかのような意識の下で起こった事件を、意図的に取り上げた。より古い時代の思考の残滓が残っているだろう。このような思考に懐疑を覚える人たちも少なからずいた。しかし多くの人々が魔術から解放され、マジカルな思考が払拭されるのは、戦国時代になってからである。アジールの退化・終末期である。それにしても室町時代以前の人々が、これほどまでに広く非科学的な魔術の力を信じていたことは、われわれの歴史常識を根底から覆すに足る事実である。

民衆の実利主義と聖俗二元論

日本史上の諸事件をみる限り、アジールは合目的的に実利主義的に利用されている。ただし国家にとっての実利というよりは、多くは「民衆にとっての実利主義」であった。領域型荘園の形成過程の重要な場面で、アジール法が姿を見せる。そうして完成した寺社領荘園は、個人支配者のいない比較的平和な空間であった。

繰り返すが、日本の古代・近世、国政に参与できるのはあくまで支配者のみであった。中世では国政に民衆・大衆が参与している。朝幕という支配者と民衆的基盤をもつ絶対アジール、この両者が対峙していた。中世全体社会は聖俗二元論、国家・絶対アジール二元論、二者の相互補完論のほうが、三権門の相互補完を主張する権門体制論よりは、社会の枠組みの説明として有効である。聖が神霊至上主義、俗が国家至上主義である。神霊至上主義者は国家や天皇の権威を認めていない。内心は王権を尊重していないけれども、外面は王法仏法相依論として表現した。なお公家・武家・学侶の三者を取り出して、これを補完関係を結ぶ支配者と見なすならば、権門体制論はかろうじて成り立つ可能性がある。

宗教的・魔術的段階のアジールは、国家の側もまだ未成熟である。アジールが国法を変えていく過程が日本史からはよく見える。アジールを、一面的に、国家による国法による克服の側面から論ずるのは図式的にすぎよう。

ヘンスラーに、「現在われわれが定義するような意味においての世俗国家」が発生し国家の法が形成される。しかしその法は「正しきものを承認し不正なものに罰を与えることを、個々の事例のすべてにおいて行えるほどに強力なものではない」という叙述があった。この「正しきものを承認し不正なものに罰を与える」役割の一端を担い国家の未整備を補ったものの一つが、国家権力を掣肘《せいちゅう》するアジール法であり、もう一つが絶対アジールの実力であった。この状況は実に前後五百年にわたった。両者が対峙していた期間の永さはまさしく驚異である。この国家・全体社会の仕組みは一つの体制と言ってよいだろう。

注意すべき点は、アジールにおいては、結果的に、強者の暴力、餓えなどにより死に直面した弱者が、多くその恩恵に与かったことである。

アジール——やさしさと不完全性

アジールの能動的性格などあってはならず、内裏の破壊などもってのほかという考え方はあるだろう。網野が寺社勢力を「無縁・公界・楽」の考察対象からはずした理由も、阿部の言う「(近代国家における) 裁判や警察権などのように、「何らかの実力」によって裏づけられていない」ものであるべきだという感覚からかもしれない。そういうアジールを理想郷視する見地からすれば本書は逸脱の極みであろう。だが本書で取り上げた諸事件は、(奇怪な事件もあるが) 歴史上に事実あったことである。簡単に捨象してはならない。

アジールには避難所という「やさしさ」に満ちた第二次的意義がある。しかしそれ以前に第一次的意義がある。人間本性の不完全性を備えた担い手がこれを動かしている。理念のアジールがそのまま存在しえないのはいたしかたないことだろう。アジールに関わる事件は、政治・経済・文化の諸分野の多岐にわたる。

阿部によればユダヤ人はアジールであるが、その金融活動や商業活動が国政に与えた影響は小さなものではなかったであろう。氏はアジールにつき「わが国では避難所という訳語があてられることが多く、やや消極的な感じがつきまとい、血の復讐 Blutrache との関連でのみ理解されかねない。アジールの新しい訳語を考えなければならない段階に来ている」(「ドイツ中世後期のアジール」)というが、そのとおりである。本書で見たとおり、アジールは通念より遥かに「積極的」である。

アジール論の未来

本書はアジール論でよく言及される山林・街道・宿駅・墓所・勧進・商人・職人などにほとんど触れることなく、荘園公領制・不入権・強訴・一味・惣村などに偏ったものになった。その結果やや大味なマクロのアジール論になった。だが私はこれでよかったと思っている。ミクロ - アジール論とマクロ - アジール論は、今後相補いあって進んでゆくべきものだからである。どちらが正しいかという問題ではないだろう。ミクロ - アジール論は『増補　無縁・公界・楽』を出発点として、諸家の研究が順調に進められていると思う。本書で述べた筆者の神人論もミクロ - アジール論の一つである。

網野が『増補　無縁・公界・楽』で倒叙法をとらざるをえなかった理由は、拠るべき「原始の自由」についての一次史料が皆無だからである。だが膨大な史料を……最初に述べたとおり世界で最も多く……擁する平安後期という実利主義的段階、現代よりはずっと古い時点を出発点としつつ、前の時代、さらに後の時代に論を進める方法は有力であり、今後の研究が進むべき方向であると思う。網野は史料論、特に古文書研究における第一人者であった。ヘンスラーよりも、立脚点がはるかに確実なのである。網野の研究を批判的に継承しようとする日本史家は、ヘンスラーよりはるかに恵まれた環境にある。

日本の中世史料の中には、アジール論の視点から読み直しうるものが少なからずあることがわかった。また逆にアジール論を日本史から見直すこともいくらかはできた。ただマクロ - アジール論と言っても、史料の解釈や史実の評価はほとんどが通説や多数説によっている。筆者のオリジナルという箇所は決して多くない。網野・黒田説など諸先学の研究に導かれた箇所ばかりである。その点忸怩《じくじ》たらざるをえない感が強い。はたして本書はアジール論の世界標準構築という目標に向かって、蝸牛《かぎゅう》の一歩を踏み出すことができただろうか。

あとがき

本書は最初、寺社勢力論をテーマとして書き始めたのだが、その途中で青土社から『総特集 網野善彦』（『現代思想』二〇一四年二月臨時増刊号）の「無縁」または「アジール」の項目の執筆を依頼された。自分の著書がアジール論として見られていることを意識したのは、このときが初めてであった。そこでヘンスラーの著書を熟読したのだが、その結果アジールの魅力に取り憑かれてしまった。中世の奇怪な法理がアジール、オレンダの転移説により次々に解けていくのである。そこで内容の変更を伊藤大五郎さんに申し出て快諾していただいた。感謝の意を表したい。

私が一〇歳まで育った家は、花街から五十メートルほどしか離れていない場所にあった。この花街は最盛期には、料亭四五軒、芸妓二一五名と繁盛したが、現在は昔日の面影はない。子供心に覚えているのは、黒塀と日本髪の女の人が多かったことぐらいである。小学校まではここが私の遊び場であり、友達は花街の子供たちがほとんどであった。色々な子供がいた。

私の人間形成また歴史観にこのことがどう関わったか、特に思い当たることはない。だが新興住宅街に引っ越すまでの私はアジールの子であった。今回アジールについての本を書くというのも何かの縁であろうか。私が学界人と変わった発想を持つ一方、論理的な思考が苦手で、インテリらしい文章をどうしても書けない理由は、どうやらこの生まれ育ちにあるらしい。

註

【序章】

1 『阿部謹也著作集』(八)、筑摩書房、二〇〇〇年
2 阿部謹也『ヨーロッパ中世の宇宙観』講談社学術文庫、一九九一年
3 笠松宏至他校注『中世政治社会思想』(上)(日本思想大系21)、解説参照、岩波書店、一九七二年

第Ⅰ部

【第一章】

1 笠松宏至『徳政令』岩波新書、一九八三年
2 大日本古文書『高野山文書』一巻五〇四号

【第二章】

1 今谷明『籤引き将軍足利義教』講談社選書メチエ
2 今谷明編『王権と神祇』思文閣出版
3 佐藤弘夫『アマテラスの変貌―中世神仏交渉史の視座』法蔵館、二〇〇〇年
4 堀勇雄『林羅山』吉川弘文館
5 圭室文雄『神仏分離』教育社歴史新書
6 「中世の国家と天皇」『日本中世の国家と宗教』岩波書店、初版一九六三年

7 「中世国家論の課題」『黒田俊雄著作集』第一巻、法藏館、初版一九六四年
8 『中世法制史料集』第一巻、鎌倉幕府法二八一
9 『押小路文書』正安四年四月三日
10 『押小路文書』正安四年閏五月九日
11 『国家学会雑誌』第九六巻三・四号
12 「中世における武勇と安穏」『黒田俊雄著作集』第三巻、法藏館、一九九五年
13 鋤柄俊夫「中世の商人と職人」『よくわかる　考古学』ミネルヴァ書房、二〇一〇年

【第三章】

1 『平安遺文』三〇三号
2 『中右記』承徳二年一〇月九日条
3 『大乗院寺社雑事記』明応四年正月二日
4 同前文亀二年八月
5 総本山金剛峯寺編『高野山文書』金剛三昧院文書三五六号
6 大日本古文書『高野山文書』一巻四三九号
7 「山門嗷訴記」応安元年七月
8 大日本古文書『高野山文書』六巻一三七一号
9 石井進「院政時代」『講座　日本史』第二巻、東京大学出版会、一九七〇年
10 『中右記』永久元年四月二一日条
11 同嘉承元年一〇月二二日条
12 『勘仲記』弘安六年正月六日条
13 『花園天皇宸記』元応二年八月一七日条

14 『八坂神社文書』文書下二、二三〇一号「続正法論」
15 『平安遺文』二六二二号
16 『八坂神社文書』文書下二、二三〇一号、「続正法論」
17 「続正法論」
18 『鎌倉遺文』一〇〇九号
19 『中右記』長久元年三月二五日条
20 『中右記』長治元年一〇月一四日条
21 『満済准后日記』応永三四年二月二二日条
22 『平安遺文』三五一一号、一一六九年
23 古瀬奈津子『摂関政治』岩波新書、二〇一一年
24 『中右記』長承二年七月二一日条
25 大日本古文書『高野山文書』四巻三二六号
26 『玉葉』安元三年五月二八・二九日条
27 五味文彦『平清盛』吉川弘文館、一九九九年
28 『玉葉』治承三年七月二五日条
29 『勘仲記』弘安四年閏七月二五日
30 『室町幕府文書集成』奉行人奉書篇一三九
31 『満済准后日記』永享二年一〇月一〇日条
32 『満済准后日記』永享二年閏一一月二五日条
33 粉河寺御池坊文書三五「三箇寺行人追加規式」『粉河町史』
34 『中右記』天永三年四月一八日条
35 『中右記』長治二年一〇月三〇日条

36 『中右記』天永三年一一月一〇日条

第Ⅱ部

【第四章】

1 『園太暦《えんたいりやく》』文和二年六月八・一三日条
2 『後愚昧記』康安元年一〇月二七日条
3 同一二月八日条
4 坂本賞三『日本王朝国家体制論』東京大学出版会、一九七二年
5 『御堂関白記』寛弘三年七月一二日条
6 『権記』寛弘六年七月、『中右記』保延元年五月六日条
7 『黒田俊雄著作集』(八)、初版一九七五年
8 『平安遺文』二八五一号
9 『平安遺文』一九六二号
10 『御堂関白記』寛弘三年七月一二日条
11 『小右記』長元五年三月一三日条
12 『中右記』長治二年一〇月二四日条
13 『中右記』同二年六月二三日条
14 『中右記』保延三年一〇月一五日条
15 『小右記』長元五年三月一三日条
16 『中右記』嘉保元年六月五日条
17 『中右記』長治元年二月一〇日条
18 『中右記』保安四年六月二四日条

19 『玉葉』文治三年四月一一日条
20 『満済准后日記』応永二一年一一月二九日条
21 『八坂神社文書』文書下一、一二七四号
22 『鎌倉遺文』一〇〇九号
23 『中右記』永久二年八月二五日条
24 『中右記』嘉保二年一〇九五年一〇月二三日条
25 『中右記』康和四年九月五日条
26 『中右記』長治元年（一一〇四）六月二四日条、同天永四年（一一一三）五月四日条
27 『玉葉』文治四年七月一一日条
28 『看聞日記』永享五年七月二四日、同閏七月一六日条
29 『中右記』長治元年正月四日条
30 『中右記』元永二年五月
31 『山王霊験記』続日本絵巻大成一二「解説」、中央公論社、一九八四年
32 『百練抄』嘉保二年一一月
33 『玉葉』治承五年閏二月五日条
34 『玉葉』治承五年閏二月一五日条
35 『玉葉』治承五年閏二月二〇日条
36 「南禅寺対治記」近江西教寺文書『大日本史料』第六篇之三十
37 『看聞日記』永享五年三月七日条
38 『中世法制史料集』第一巻、鎌倉幕府法一〇三
39 『百練抄』嘉禄三年六月二四日条
40 『玉葉』承安三年六月二七日条

41 「新抄」『続史籍集覧』第一冊、原文「今日天台三塔衆徒等寄合、奉書写如法百ケ法花経、自今日始行之、令焼失三井寺懺懺悔云々、又先例云々」
42 『本朝世紀』長保元年六月一四日
43 『朝野群載』永承四年四月二八日
44 『平記』〈行親記〉『続々群書類従』第五
45 『中右記』大治四年一一月
46 『玉葉』文治二年九月二二日条
47 『玉葉』文治二年一〇月一〇日条
48 『玉葉』治承四年一二月九日条
49 『玉葉』治承五年六月一四日条
50 『玉葉』治承五年三月一一日条
51 『吉記』寿永二年六月条
52 『玉葉』文治元年一二月二七日条
53 『玉葉』文治二年閏七月一六日条
54 『玉葉』文治二年五月六日条
55 『玉葉』文治二年閏七月一六日条
56 『玉葉』文治二年一一月一六日条
57 『玉葉』文治二年閏七月一六日条
58 『吾妻鏡』建久二年四月三〇日条
59 『吾妻鏡』嘉禎二年七月一七日条
60 『天台座主記』
61 『中世法制史料集』第一巻、鎌倉幕府法五九

62 『天台座主記』
63 『玉葉』治承四年一一月二六日条
64 『吾妻鏡』弘長元年一〇月五日条
65 『山門嗷訴記』

【第五章】

1 『鎌倉遺文』一七八〇二号
2 『公衡公記』正和四年四月二五日条
3 「田中忠三郎氏所蔵文書」、豊田武『中世の商人と交通』吉川弘文館、一九九一年
4 『三年一請会引付』
5 『和歌山市史』第四巻、南北朝時代一六一号、建仁寺両足院文書
6 平泉前掲書・坂上氏前掲報告参照
7 阿部『阿部謹也著作集』八「ドイツ中世後期のアジール」
8 中野栄夫『日本中世史入門』雄山閣出版、一九八六年
9 『平安遺文』二八〇号
10 『平安遺文』二〇〇〇号
11 稲垣泰彦編『荘園の世界』東京大学出版会、一九七三年参照
12 原文は「大仏に免じ奉る」『平安遺文』三六六六号
13 小山靖憲「初期中世村落の構造と役割」『講座　日本史』二巻、東京大学出版会、一九七〇年
14 『鎌倉遺文』一三三六一号
15 『平安遺文』一五五四号、根来要書下、紀伊国大伝法院陳状案、紀伊国大伝法院僧徒重解案『平安遺文』三三三四号、根来要書下

16 『鎌倉遺文』九七二〇号
17 『平安遺文』七〇二号
18 『満済准后日記』応永三三年九月一日条
19 『鎌倉遺文』一三三一七号
20 「身曳きと〝いましめ〟」「罪と祓」『石井進著作集』第六巻、岩波書店、二〇〇五年
21 『中右記』永久二年二月三日条
22 『中右記』長治元年一〇月一四日条など
23 『中右記』永久二年七月六日条
24 『中右記』永久二年七月二日条
25 『愚昧記』安元三年五月一六日条
26 大日本古文書『高野山文書』七巻一六一四号、真国荘惣追捕使代法蓮起請文など、拙著『中世の寺社勢力と境内都市』吉川弘文館、一九九九年参照
27 新井孝重『黒田悪党たちの中世史』NHKブックス、二〇〇五年
28 『鎌倉遺文』一二〇六号
29 大日本古文書『高野山文書』一巻五〇一号
30 大日本古文書『高野山文書』四巻五五号
31 大日本古文書『高野山文書』五巻七五六号、詳しくは『中世の寺社勢力と境内都市』参照
32 大日本古文書『高野山文書』四巻五五号
33 大日本古文書『高野山文書』八巻一八五五号
34 『御影堂文書』志富田荘、室町八〇号、『かつらぎ町史』かつらぎ町所収
35 大日本古文書『高野山文書』四巻三九五号
36 大日本古文書『高野山文書』五巻七五四号

37 総本山金剛峯寺編『高野山文書』金剛峯寺文書四五号
38 大日本古文書『東大寺文書』一二巻三〇〇号
39 伊藤正敏『無縁所の中世』ちくま新書、二〇一〇年参照
40 大日本古文書『高野山文書』四巻三九五号
41 大日本古文書『高野山文書』八巻一八五八号
42 黒田弘子『ミミヲキリハナヲソギ―片仮名書百姓申状論』吉川弘文館、一九九五年
43 『中世法制史料集』第一巻、鎌倉幕府法二八八
44 『中世法制史料集』第五巻、『吾妻鏡』第一巻、鎌倉幕府法二三八

【第六章】

1 大日本古文書『高野山文書』七巻一五七九号
2 大日本古文書『高野山文書』七巻一五四三号
3 『鎌倉遺文』一一四六三号
4 『中世法制史料集』第一巻、鎌倉幕府法参考二三
5 『鎌倉遺文』二五九七四号
6 『中世法制史料集』第一巻、鎌倉幕府法参考五〇～五三号
7 黒田俊雄『寺社勢力』岩波新書、一九八〇年
8 安田次郎『中世の興福寺と大和』山川出版社、二〇〇一年
9 総本山金剛峯寺編『高野山文書』旧行人方文書三六号
10 総本山金剛峯寺編『高野山文書』旧行人方文書三五号
11 たとえば『鎌倉遺文』二七五五八号
12 「粉河寺文書」九号『粉河町史』

13 総本山金剛峯寺編『高野山文書』旧行人方文書三七号
14 大日本古文書『高野山文書』五巻七五〇号
15 『満済准后日記』応永三四年二月一日条
16 田中慶治『中世後期畿内近国の権力構造』清文堂出版、二〇一三年
17 『老松堂日本行録《ろうしょうどうにほんこうろく》』
18 『日吉社室町殿御社参記』
19 豊田武『中世の商人と交通』
20 『応仁記』二
21 『大館常興日記』天文八年七月一七日条
22 『満済准后日記』応永二〇年一一月二六日条
23 『満済准后日記』正長二年五月四日条
24 『看聞日記』永享六年一〇月七日・同七年二月四日条
25 『看聞日記』永享六年一二月一〇日条
26 石井進『中世を読み解く』東京大学出版会、一九九〇年
27 『満済准后日記』永享六年七月四日条
28 『大館常興日記』天文八年一二月三〇日条
29 『中世法制史料集』第二巻、室町幕府法五〇四
30 『室町幕府文書集成』奉行人奉書篇下二五〇五号、記載順序は文書に記載されるとおり
31 『中世法制史料集』第一巻、仁治二年四月一三日条
32 『鎌倉遺文』二〇巻、一五四八五〜一五五一九号
33 『嘉元記』
34 『嘉元記』

35 『中世法制史料集』第一巻、鎌倉幕府法四一六
36 藤木久志『戦国の作法』平凡社選書、一九八七年
37 「戦国法」『岩波講座　日本歴史』第八巻、一九七七年
38 伊藤正敏「紀州惣国と在地領主」『史学雑誌』第一〇一篇一一号
39 『静岡県史料』第五輯、大久保文書、天文一〇年五月五日、今川義元朱印状、この史料は石井進先生のご教示による
40 『後愚昧記』応安元年八月二一日条
41 大日本古文書『高野山文書』二巻六八一号
42 『中世法制史料集』第二巻、室町幕府法参考一六二
43 桜井英治『室町人の精神』講談社学術文庫、二〇〇九年
44 『政基公旅引付』文亀元年七月一三～二〇日条
45 『大乗院寺社雑事記』文亀元年四月二六日条
46 芳賀幸四郎『東山文化』塙書房、一九六二年
47 桜井前掲書
48 新訂増補国史大系『後鏡』四、佐藤弘夫『偽書の精神史』講談社選書メチエ、二〇〇二年
49 『満済准后日記』永享六年一二月二日条
50 『政基公旅引付』文亀二年一〇月一八日条
51 『祇園社記録』三巻七七頁
52 『中世法制史料集』第二巻、室町幕府法二一二
53 『中世法制史料集』第二巻、室町幕府法参考三三〇、『室町家御内書案』意見状
54 同右、類本一四四　東本一四四
55 桜井『室町人の精神』

56 『大徳寺文書』一、九七号

57 聖福寺文書参考一『新修 福岡市史』資料編、中世①、平泉が紹介している

第Ⅲ部

【第七章】

1 『大乗院寺社雑事記』寛正四年一二月条

2 大日本古文書『高野山文書』八巻一七七〇号

3 豊田前掲書

4 『玉葉』安元三年正月一三日条

5 『中世法制史料集』第一巻、鎌倉幕府法六七

6 室町幕府法一二三

7 笠松宏至「「墓所」の法理」『日本中世法史論』東京大学出版会、一九七九年

8 『八坂神社文書』下一、二〇六六号、『八坂神社記録』四巻四七三頁、文明九年

9 『新修八坂神社文書』一二四号

10 大日本古文書『高野山文書』一巻四四五号

11 『八坂神社文書』上巻一二四六号

12 東大寺文書『大日本史料』六編一〇

13 『園太暦』貞和三年五月二日条

14 『一代要記』

15 『八坂神社記録』二巻二一三頁

16 『康富記』嘉吉二年六月一四日条

17 『建内記』嘉吉元年六月七日

18 『凡舜日記』元和四年八月一八日条
19 『八坂神社記録』四巻三一六頁
20 『満済准后日記』応永三一年六月七日条
21 『玉葉』建久三年三月三日条
22 『政基公旅引付』文亀元年閏六月二一日、永正元年四月五日条
23 『満済准后日記』永享五年閏七月一日条
24 『八坂神社文書』上巻七四四号、祇園社神輿造替先例書
25 『玉葉』治承四年七月一五日、治承五年閏二月二六日条
26 『満済准后日記』応永二一年閏七月一三日条
27 『八坂神社記録』四巻一一二頁
28 『平安遺文』一八六八号
29 『平安遺文』一六八〇号
30 『平安遺文』二七〇七号
31 『平安遺文』二七三九号追而書
32 『平安遺文』三一五七号
33 『平安遺文』三一八七号
34 『興福寺流記』『扶桑略記』
35 『中右記』康和四年九月四日条
36 『東大寺八幡験記』
37 永村真『中世東大寺の組織と経営』塙書房、一九八九年
38 『平安遺文』二五一六号
39 『鎌倉遺文』二九九六六・二九九六七号

40 伊藤正敏「地域社会と禅律僧」『日本歴史』四七五号

41 内閣文庫蔵「東大寺文書」、豊田前掲書参照

42 『中世法制史料集』第二巻、室町幕府法一二四

43 『中世法制史料集』第一巻、鎌倉幕府法二〇一

44 『満済准后日記』同年六月一・二日条

44 『鎌倉市史』史料編第一、五〇二号、文和二年

45 大日本古文書『高野山文書』三巻三七三号

46 権門体制論への批判としては、西は朝廷、東は幕府を中心とする東西二国家が、併存していたという有力な異論がある。また東西の王権が存在するとする批判もある。そうした立場に立てば鎌倉幕府や関東府は単なる武官ではなく国王である。ここでは単一国家説に従っておく。

47

伊藤正敏 いとう・まさとし

一九五五年東京都生まれ。東京大学大学院人文科学研究科修士課程修了。思想家・中世史研究家。一乗谷朝倉氏遺跡調査研究所文化財調査員、文化庁記念物課技官、長岡造形大学教授などを歴任。現在は研究・執筆活動に専念している。文献史学、考古学、文化財保護行政などをフィールドとしている。研究対象は日本村落史と中世寺社勢力論。著書に、『寺社勢力の中世』『無縁所の中世』（以上、ちくま新書）、『中世後期の村落』『中世の寺社勢力と境内都市』『日本の中世寺院』（以上、吉川弘文館）などがある。

筑摩選書 0185

アジールと国家《こっか》 中世日本《ちゅうせいにほん》の政治《せいじ》と宗教《しゅうきょう》

二〇二〇年二月一五日 初版第一刷発行

著者 伊《い》藤《とう》正《まさ》敏《とし》

発行者 喜入冬子

発行所 株式会社筑摩書房
東京都台東区蔵前二-五-三 郵便番号 一一一-八七五五
電話番号 〇三-五六八七-二六〇一（代表）

装幀者 神田昇和

印刷 製本 中央精版印刷株式会社

ISBN978-4-480-01687-4 C0321

筑摩選書
0036

伊勢神宮と古代王権
神宮・斎宮・天皇がおりなした六百年

榎村寛之

神宮をめぐり、交錯する天皇家と地域勢力の野望。王権は何を夢見、神宮は何を期待したのか？　王権の変遷に翻弄され変容していった伊勢神宮という存在の謎に迫る。

筑摩選書
0066

江戸の風評被害

鈴木浩三

市場経済が発達した江戸期、損得に関わる風説やうわさは瞬く間に広がって人々の行動に影響を与え、政治経済を動かした。群集心理から江戸の社会システムを読む。

筑摩選書
0082

江戸の朱子学

土田健次郎

江戸時代において朱子学が果たした機能とは何だったのか。この学の骨格から近代化の問題まで、思想界に与えたインパクトを再検討し、従来的イメージを刷新する。

筑摩選書
0149

文明としての徳川日本
一六〇三―一八五三年

芳賀　徹

「徳川の平和」はどのような文化的達成を成し遂げたのか。琳派から本草学、蕪村、芭蕉を経て白石や玄白、源内、崋山まで、比較文化史の第一人者が縦横に物語る。

筑摩選書
0164

魔女・怪物・天変地異
近代的精神はどこから生まれたか

黒川正剛

ヨーロッパ中世末期、怪異現象が爆発的に増殖した。魔女狩りが激烈を極め、異形のモノへの畏怖と関心が錯綜する中、近代的精神はいかにして現れたのか。図版多数。